本书的出版获得以下资助：全国教育科学规划国家一般项目

"多模态教育视角下自闭症儿童跨通道感觉统合障碍的神经机制及干预研究"（BBA180083）

浙江师范大学出版基金（Publishing Foundation of Zhejiang Normal University）

多模态教育下
自闭症儿童的困境与思考

汪 俊 —— 著

autistic
students

Dilemma and Reflections of
Autistic Children Under Multimodal Education

ZHEJIANG UNIVERSITY PRESS
浙江大学出版社
·杭州·

图书在版编目（CIP）数据

多模态教育下自闭症儿童的困境与思考 / 汪俊著.
杭州 ： 浙江大学出版社，2025. 8. — ISBN 978-7-308
-26645-1

Ⅰ. G766

中国国家版本馆 CIP 数据核字第 2025XA9677 号

多模态教育下自闭症儿童的困境与思考

汪　俊　著

责任编辑	蔡圆圆	
责任校对	许艺涛	
封面设计	雷建军	
出版发行	浙江大学出版社	
	（杭州市天目山路 148 号　邮政编码 310007）	
	（网址：http://www.zjupress.com）	
排　　版	大千时代（杭州）文化传媒有限公司	
印　　刷	杭州钱江彩色印务有限公司	
开　　本	710mm×1000mm　1/16	
印　　张	19.25	
字　　数	266 千	
版 印 次	2025 年 8 月第 1 版　2025 年 8 月第 1 次印刷	
书　　号	ISBN 978-7-308-26645-1	
定　　价	98.00 元	

在精神病学的历史长河中，研究者对自闭症的诊断、治疗和发病原因的探究从未停止。近些年来，随着科学的进步和技术的发展，科学家和医者离自闭症的真相越来越近，大众对自闭症的认识也更深刻，自闭症患者的处境也得到了改善。自闭症患者的症状在儿童时期就表露出来了，如果这些症状没有及时被发现且改善，患者将终其一生与这些病症伴随。

本书的关注点在于自闭症儿童所面对的教育困境。现今，由于疾病所带来的影响，特殊儿童需要在更包容的教育环境中进行学习，比如融合教育和多模态教育。在融合教育下，自闭症儿童的身心得到了更好的发展。但考虑到更长远的能力发展和社会适应，这些年来兴起的新教育方式——多模态教育——能帮助教育者更有效地调动特殊儿童的多个感官，提升他们的学习能力，缩小他们与正常儿童之间的差距。在丰富的理论支持下，多模态教育已经被验证在多个学科领域中具有良好的应用性。然而，自闭症儿童往往存在严重的感觉统合障碍，多模态教育在自闭症儿童身上所达到的教育效果往往甚微，远不及在正常儿童身上的教育效果。

由此，本书将基于自闭症儿童所遇到的教育困境，详细介绍自闭症的教育现象、自闭症的感觉统合障碍、传统感觉统合障碍的行为干预手段，以及在未来更有发展前景的现代神经干预技术。研究发现，采用传统的行为干预手段来改善感觉统合障碍，整个过程是比较缓慢的。我们试图将感觉统合障碍干预手段的方向转到神经干预的领域，以寻求更加有效且持久的方式，帮助自闭症儿童应对教育问题。

围绕"多模态教育下自闭症儿童的困境与思考"这一标题，本书搭建起一个具有内容逻辑的框架。第一章介绍自闭症的概念、诊断标准、发病原因及自闭症儿童教育现状;第二章介绍多模态教育的历史、理论、应用及在自闭症儿童上的应用和困境;第三章进一步介绍造成自闭症儿童教育困境的首要原因——感觉统合障碍,主要展开书写自闭症感觉统合障碍的概念、表现、神经基础及理论解释;第四章介绍针对自闭症感觉统合障碍的传统行为干预手段,以及这些手段应对自闭症感觉统合障碍的不足;第五章从具有前景的神经干预技术,即非侵入性脑刺激技术和生物反馈训练技术切入,以期未来自闭症感觉统合障碍治疗能在这些技术的帮助下得到飞跃性的发展。希望读者通过阅读本书,能了解自闭症患者群体所面临的困境和当下及未来的自闭症研究趋势。

最后,感谢我的博士生郑峥、陆家豪、赵梦飞、潘婷婷和硕士生陆人杰、向丽雅协助我完成本书的资料搜集、调查研究、框架梳理及文本部分内容的撰写工作。感谢全国教育科学规划国家一般项目"多模态教育视角下自闭症儿童跨通道感觉统合障碍的神经机制及干预研究"(BBA180083)及浙江师范大学出版基金的资助。

CONTENTS **目录**

第一章　自闭症概述

　　自闭症（autism），又称为孤独症，通常发现于儿童早期，对儿童的整个人生会造成严重的影响。[①] 在自闭症的研究领域内，自闭症的病因、诊断和治疗长久以来是科学研究的热点，这些研究的发现有助于寻找更有效的治疗方法，减少对自闭症儿童的影响。通过阅读本章，读者可以了解到自闭症的发展历史、核心症状表现、医学诊断指标与诊断方法、自闭症的发病机制及近30年来的患病情况等，从而进一步了解到自闭症的本质。本章最后一节还会介绍自闭症儿童的教育现状、所面临的教育问题、社会实施政策，以及当下比较主流的教育措施——融合教育，读者从中可以了解自闭症儿童的教育情况、生活日常及他们的教育困境。

第一节　自闭症的发展历史及症状

一、自闭症概念的提出

　　自闭症在过去通常指的是肯纳症（Kanner 氏自闭症）。后来，美国精神医学学会（American psychiatric association，APA）将自闭症定义为广泛性发育障碍（pervasive developmental disorder，PDD）。除了肯纳症之外，广泛性发育障碍还包括雷特综合征（Rett syndrome）、阿斯佩格综合征（Asperger

---

[①]　注：2022 年 3 月 4 日，中国残疾人联合会宣传文化部印发《关于宣传报道中残疾人及残疾人工作有关称谓提示》，其第 7 条明确规定"称'孤独症'，不用'自闭症'"。本书为保持术语一致性及尊重学术写作习惯，在行文中沿用"自闭症"这一广泛使用的历史称谓，特此说明。

syndrome)、儿童瓦解性精神障碍(children disintegrative disorder)及待分类的广泛性发育障碍(pervasive developmental disorder not otherwise specified)。由于广泛性发育障碍的各个亚型在社交障碍、言语交流、兴趣狭窄和行为刻板等维度上具有共性,只是在严重程度上像光谱一样分布,因此其被称作自闭症谱系障碍(autism spectrum disorder)。2013 年,《精神障碍诊断与统计手册(第 5 版)》(*Diagnostic and Statistical Manual of Mental Disorders-*Ⅴ,DSM-5)修订了自闭症的定义和范围,自闭症的诊断标准不再细分为肯纳症、阿斯佩格综合征、雷特综合征、儿童瓦解性精神障碍及待分类的广泛性发育障碍等,而将整个自闭症谱系障碍作为自闭症的诊断标准。[①]

二、自闭症的发展历史

"自闭症"一词最早由瑞士精神病医生布洛伊勒(Paul E. Bleuler)于1911 年提出并引入自闭症专业领域。肯纳(Leo Kanner)教授在 1938 年第一次观察到自闭症的核心症状表现。1943 年,肯纳教授在对自闭症儿童进行临床观察研究后,以"情绪接触的自闭性障碍"(autistic disturbances of affective contact)为主题[②],首次报告了 11 例患自闭性障碍的儿童病例,提出"自闭症"作为医学诊断的分类,明确自闭症儿童的特有表现是:极其自闭孤独、同一性和强迫性行为、过度的刺激敏感性、兴趣活动的局限性、言语的模仿和迟误、卓越的机械记忆能力、良好的认知能力及高智商的家庭背景。这些儿童病例被称为"早期幼儿自闭症"(early infantile autism)。这次报告之后的 50 年内,对自闭症的研究一直止步不前,研究者没有将关注的重点放在儿童自闭症上。然而,随着越来越多的病例被发现,儿童自闭症作为广泛性发育障碍的典型代表,受到了世界范围的普遍关注和重视。1944 年,医生报道了阿斯伯格综合征。20 世纪 50—70 年代,"冰箱母亲"理论盛行。1987

---

① American Psychiatric Association. Diagnostic and Statistical Manual of Mental Disorders, DSM-5[M]. Washington, D. C. : American Psychiatric Association, 2013:809.

② Kanner L. Autistic disturbances of affective contact[J]. Nervous Child, 1943, 2(3): 217-250.

年,洛瓦斯(Lovaas)教授报告了应用行为分析疗法治疗自闭症的成功经验,自闭症教育干预逐渐受到重视。20 世纪末,自闭症发病率逐渐增高,病因研究呼声强烈。1994 年,《精神障碍诊断与统计手册(第 4 版)》(*Diagnostic and Statistical Manual of Mental Disorders*-Ⅳ,DSM-4)[①]正式提出包含自闭症在内的广泛性发育障碍概念。在 2000—2010 年的 10 年间,自闭症病因研究在基因学上有了新的发现,一些与自闭症有关的基因异常被公布出来。2007 年 11 月,联合国正式通过"世界自闭症日",以便让更多民众认识该特殊的疾病。2013 年 5 月,《精神障碍诊断与统计手册(第 5 版)》明确提出自闭症谱系障碍的诊断标准,使医学界的自闭症诊断有了明确的书面科学依据。

我国自闭症研究相较于国际社会的发现和发展都较晚。1982 年,南京儿童心理卫生研究所的陶国泰教授发表了论文《婴儿孤独症的诊断和归属问题》[②],报道了我国大陆地区最早的 4 例自闭症病例。之后的 2~4 年,南京儿童心理卫生研究所接待了 12 名自闭症儿童。但那时,由于国内民众对自闭症的认识较少,且绝大多数儿科、神经科和精神科医生没有接受过儿童精神医学方面的专业训练,这些自闭症儿童被误诊为智力落后、多动症、精神分裂症,甚至散发性脑炎等。随着经济和技术的发展,经过几十年对自闭症的深入研究,目前对儿童自闭症的研究在国内外已取得了不少新的进展,更多人认识且了解了自闭症病因,自闭症诊断技术逐步提高,治疗技术扩展到更广的范围。[③]

三、自闭症的症状表现

肯纳教授第一次提出自闭症表现时,强调自闭症的主要症状是极端的孤独和知觉对象的同一性占据意识中心。这表明从少数病例样本得到的数据

---

① Bell C C. DSM-IV:Diagnostic and statistical manual of mental disorders[J]. JAMA,1994,272(10):828-829.
② 陶国泰. 婴儿孤独症的诊断和归属问题[J]. 中华神经精神科杂志,1982,15(2):104-107.
③ 静进. 孤独症谱系障碍的治疗干预现状与建议[J]. 中国儿童保健杂志,2023,31(9):939-944.

描述并不能准确地涵盖自闭症的核心症状。在诊断和观察自闭症儿童的过程中,精神科医生相继发现自闭症的五种障碍。这五种障碍是知觉障碍(听觉、视觉、触觉、嗅觉、味觉和前庭平衡觉障碍)、刻板行为(如习惯性拍手)、人际关系障碍(缺乏视觉接触和社会性微笑、情感反应)、语言障碍(说话能力迟滞,鹦鹉学舌似的发声,说话节奏单调)、心智技能发展次序异常。路特(M. Rutter)归纳过儿童自闭症的三个主要诊断特征:人际关系障碍、语言交流障碍、知觉僵化。① 具有人际关系障碍的儿童在 5 岁前缺乏父母依恋行为,极少有目光交流;而在 5 岁后更愿意一个人活动,表现孤独,不能正常地感受他人情感和反应。自闭症儿童在语言交流障碍上的表现为语言理解和表达能力均发展迟滞,使用工具的能力欠缺,模仿他人话语,语言发声单调。在知觉僵化上的表现为对游戏方式的变化无动于衷,心智活动僵硬和呆板,想象力极其有限;强烈地依赖特定物品,执着于单一活动,拒绝环境的改变;存在仪式性或强迫性动作。

　　然而,截至目前,学术界对自闭症儿童的症状表现没有统一的观点,之前的这些特征概述都是基于比较老的数据和观察分析得到的结论。现在,根据世界卫生组织(World Health Organization,WHO)的《国际疾病与相关健康问题统计分类(第 10 版)》(*The International Statistical Classification of Diseases and Related Health Problem*,ICD-10)②,以及美国精神医学学会的《精神障碍诊断与统计手册(第 4 版)》认定自闭症为一种特殊类型的广泛性发育障碍。2013 年,最新的《精神障碍诊断与统计手册(第 5 版)》不再将自闭症从广泛性发育障碍中独立出来,而是将肯纳症与其他广泛性发育障碍统合为"自闭症谱系障碍",采用"谱系"(spectrum)的理念。自闭症谱系障碍是一种有各种相似症状,但程度不同的疾病。《精神障碍诊断与统计手册(第 5 版)》强调了自闭症谱系障碍的两大主要临床表现:第一,社会交往障碍,包括

———————————

① Rutter M. Aetiology of autism: Findings and questions[J]. Journal of Intellectual Disability Research,2005,49(4):231-238.

② International Statistical Problems: Alphabetical Index[M]. Geneva: World Health Organization,2004.

社会互动和情绪互动困难、维持关系严重困难和非言语交流困难。第二,刻板重复的行为、兴趣和活动,包括对惯常模式等非常固执、拒绝变化、重复的言语或行为、强烈特定的兴趣、整合感官知觉信息存在困难或避免感官刺激。最新的《国际疾病分类(第11版)》(*International Classification of Diseases-11*, ICD-11)①对自闭症谱系障碍的描述提供了更高的临床适用性,在这本书中"自闭症谱系障碍"被归到第一章"神经发育障碍",并且将自闭症的范围扩展到成人。《国际疾病分类(第11版)》提到了自闭症的两个核心特征:(1)社会交往和沟通障碍;(2)狭窄兴趣与刻板行为。综合来说,尽管所有自闭症都会表现出社交障碍和刻板行为,但不同亚型患者在儿童发育的不同时期表现有所不同,同时在智力、感知觉和情绪等方面也明显异于正常儿童。下面将详细说明自闭症谱系障碍的主要临床症状表现:社会交往障碍、重复刻板行为这两大主要的特征及其他异常行为。

（一）社会交往障碍

社会交往障碍是自闭症谱系障碍的核心症状。首先,儿童存在社交障碍,在社交-情感互动及在非言语沟通行为的社交互动上存在缺陷。在社交-情感互动过程中,儿童的社交方式存在异常。自闭症儿童往往极少与交谈或互动中的个体进行目光对视、情绪表达,不回应他人的呼唤,婴儿时期难以表现出社会性微笑;极少依恋父母,与父母疏远,与父母亲的依恋情感障碍或延缓,对父母离开自己也没有强烈的反应;缺乏必要的社会模仿行为,表现得"目中无人",难以相处。长到一定年龄后,自闭症儿童想和小朋友一起玩的时候,不会表达自己的意愿,也不懂游戏的规则,所以无法进入小朋友的游戏中。② 成年后的自闭症患者可能选择孤独离群,不会与人建立正常的联系,缺乏与人的交往与交流。他们对周围的人和事物漠不关心,似乎是听而不闻,视而不见,自己愿意怎样做就怎样做,毫无顾忌,旁若无人,周围发生什么

① International Classification of Diseases, Eleventh Revision (ICD-11)[M]. Geneva: World Health Organization, 2022:394.
② 雷秀雅.自闭症儿童教育心理学的理论与技术[M].北京:清华大学出版社,2012:4.

事似乎都与他无关,很难引起他的兴趣和注意;目光经常变化,不易停留在别人要求他注意的事情上面,似乎生活在自己的小天地里。社会交往能力的缺损导致自闭症患者不能对典型社会互动行为的动态变化片段进行有效地组织,形成了僵化、重复、异常的社会性交流方式,难以完成社会性的"观点获取",注意力缺失,感受和理解情感及其表达能力受损,限制了自己和他人分享共同关注事物和情感的能力,降低了社交动机和社会互动能力。这些能力的缺损以不同的方式共同影响着自闭症患者,构成自闭症儿童及成人后社会性障碍的基础。

其次,自闭症儿童的社会交往障碍可能也有语言障碍方面的原因。语言交流障碍是大多数自闭症谱系障碍儿童就诊的主要原因。一般自闭症儿童通常在 2 岁和 3 岁时仍然不会说话,或者在正常语言发育后出现语言倒退[①],具体表现为不会说话或语言发育迟缓,语言能力倒退,常常自言自语或经常表达无意义的语音,表达出刻板、重复、鹦鹉式语言,你我(人称代词)不分,自我中心的话题,语调、重音、节律和速度等方面异常。自闭症儿童到 2—3 岁才能说出有限的单词,基本上能不说就不说。约有 25% 的自闭症儿童在 1.5 岁以前已经学会了 10 个左右的单词,但之后逐渐退化到完全失语。有 25%~50% 的自闭症儿童终生失语或仅能说极为有限的单词。如果 5—6 岁的自闭症儿童还不会说话或只有极少的语言,那么他们很有可能终生失语或不能有功能性语言。但实际上,自闭症儿童具有正常的沟通能力,却往往不愿意说话而选择用手势表达。他们运用语言的能力比较落后,行为表现往往拘谨且反复。甚至有的儿童只会模仿别人说过的话,而不会用自己的语言来进行交谈。虽然该儿童已经具有一定的语言能力,甚至拥有丰富的词汇量,但他不懂得在活动中该如何去开始或维持对话。在语言的交流上还常常表现出代词运用的混淆颠倒,如常用"你"和"他"来代指自己。还有不少自闭症儿童常出现莫名其妙的尖叫,这种情况有时能持续到 5—6 岁或更久。

---

① 肖福芳,申荷永. 自闭症谱系障碍的患病现状与研究综述[J]. 教育导刊(上半月),
2010 (7):57-60.

最后,在非语言的交流中,自闭症儿童的表现也较差。人们在与他人的社会交往中,接近 2/3 的信息来自面部情绪、身体姿态和手势动作等其他非语言表达,但自闭症儿童难以主动去关注且难以理解这些信息。与正常儿童相比,自闭症儿童较少关注交流对象的眼睛、肢体等传达社会信息的身体部位,也不能整合社交对象不同身体部位所传达出来的信息。自闭症患者也不会巧妙地使用各种身体姿势、面部情绪等与他人进行交流。

（二）重复刻板行为

刻板行为是指重复的、固定的且无明确意义的行为,当这种行为被打断时,会引起强烈的情感冲突。自闭症儿童的刻板行为表现出三个方面的特点:(1)刻板重复的动作和语言;(2)坚持事物相同性;(3)极端狭窄、固定的兴趣。大部分自闭症儿童都会表现出这些刻板行为。自闭症儿童的刻板行为种类繁多,每个自闭症儿童在不同时期也表现不一。

在刻板重复的动作和语言方面,自闭症儿童常沉溺于没有特殊的实际意义的常规动作或仪式动作,常见的重复动作有看手、转圈、摇晃身体、仰头看灯等。他们也会经常重复一些日常的行为,如排列玩具、搭积木、开关灯具和电器、撕纸、看电视广告和天气预报或循环播放和收听同一首歌等。他们还会陷入重复言语的行为,说的很多内容为动画片的内容或者听到的其他人所说的话,即便与他对话的人已经回应了他多次,但自闭症儿童还是会不断重复。

重复行为会影响到自闭症患者的生活,他们保持较少的兴趣,强烈要求环境尽可能保持不变。自闭症儿童常常在较长时间里专注于固定的游戏或活动,如着迷于旋转锅盖,单调地摆放积木块,热衷于观看电视广告和天气预报等。面对通常儿童较喜欢的动画片、儿童电视、电影等,他们表现出没有兴趣的样子。在生活中,他们天天要吃同样的饭菜,出门要走相同的路线,排便要求用同样的便器,如有变动则大哭大闹表现出明显的焦虑反应,不肯改变其原来形成的习惯和行为方式,难以适应新环境。

刻板行为也有好的一面,有的自闭症儿童对数字、文字、某些知识有着超强的记忆力,喜欢记忆看到的电话号码或公交的各条路线等。自闭症儿童平时的刻板行为本质上是对感官的单一刺激,他们身处于刺激丰富的环境时会感到焦虑不安、恐惧、紧张,通过重复动作或行为他们会得到安慰、愉悦。自闭症儿童这些看似没有意义的行为对他们来说有重大的意义,让他们自己能够平静、安逸且安心。但刻板行为也会带来不良的影响,比如重复的问题或难以摆脱的痛苦等都会让自闭症患者陷入无尽的痛苦中。

（三）其他异常行为

自闭症儿童还会表现出其他异常行为,如智力异常、感觉异常、多动、注意力分散、发脾气、自我攻击、自我伤害等。

自闭症儿童的智商非常难以测量。导致这一现象的原因之一是现有的儿童智商测验(如韦氏儿童智力测验)在构建常模时,主要考察的是测量结果,而忽略了对测量过程的观察,所以给自闭症儿童使用具有一定的局限性。因此,目前用一般智力测验测到的结果显示,70%左右的自闭症儿童智力落后,但这些儿童可能在某些方面具有较强的能力,约20%的自闭症儿童的智力在正常范围,约10%的自闭症儿童的智力超常。由于测量方式并不适用于自闭症儿童,因此,这样的测量结果说服力较低。目前的智力测验工具对自闭症儿童的智力水平无法给出具有权威性的解释,且多数自闭症儿童记忆力较好,尤其是在机械记忆方面,例如记数字、年代等。部分自闭症儿童在音乐、绘画和艺术或者科学领域可能具有特殊的能力,表现出"智障学者"现象。[1] 所以,当前研究者用"智力异常"描述自闭症儿童智力的特点。

自闭症儿童的感觉异常具体表现为对光、噪声、触觉或痛觉等反应过度、迟钝或过度敏感,有些儿童甚至表现出无法过滤及整合有效信息。具体表现有:有些自闭症儿童特别害怕气球爆破的声音,有些自闭症儿童对柔软的沙子非常喜欢,有些自闭症儿童对静电有异常的恐惧等,这些表现因人而异。

多动和注意力分散行为在大多数自闭症谱系障碍儿童中较为明显,常常因为自闭症儿童具有这些特征而被误诊为儿童多动症。部分自闭症儿童也

---

[1]　肖振华,陈曦,王立新. 自闭症者颞上沟发育异常与其社会交往障碍探讨[J]. 中国特殊教育,2010(7):44-48,58.

常存在运动障碍,包括体态的异常,脸部、头、身体和四肢的运动异常,眼睛的运动异常,重复性的手势和动作及笨拙的走路姿态等。但经典型自闭症患者多数动作灵活,外观正常。

自闭症儿童甚至还会出现自伤自残行为,如反复挖鼻孔、抠嘴、咬唇、吸吮等。[①]

第二节　自闭症的诊断标准

一、自闭症的诊断标准和历史发展

自闭症是当前国际上难以治疗和诊断的一类儿童发育性障碍。每年自闭症的患病率都会发生变化,但是近 30 年来,自闭症的发生率不断上升是一个不争的事实。对于这一情况,研究者认为是由于过去诊断标准的不清晰将自闭症儿童误诊为其他儿童障碍疾病,但近些年自闭症的诊断标准更加明确,因而对自闭症儿童出现误诊的情况减少。自闭症的历史发展验证了现有的诊断标准,这对自闭症的及时发现具有重要的意义。《精神障碍诊断与统计手册》和《国际疾病分类》是影响自闭症谱系障碍诊断最大的两个诊断系统。其中,《精神障碍诊断与统计手册》由美国精神医学学会出版,也是被各国用来诊断精神疾病的指导手册。1952 年开始出版第 1 版《精神障碍诊断与统计手册》,2013 年 5 月发布了最新的《精神障碍诊断与统计手册(第 5 版)》。这期间美国精神医学学会不断修订对不同精神疾病的诊断标准,以还原精神疾病的真实面目并符合当前医学诊断要求。《国际疾病分类》是由世界卫生组织主持编写的疾病手册,全球 70％左右的医疗记录采用该医学手册对疾病进行编码,这是使用范围最为广泛的诊断分类系统,几乎涉及所有与健康有关的疾病。世界卫生组织在 2018 年 6 月发布了最新的《国际疾病分类(第 11版)》。由于研究发现和医学诊断的进步,在这两本手册中,自闭症的诊断标准不断发生变化,逐渐形成统一的标准,但并不排除未来仍会不断变化的可

---

① 雷秀雅.自闭症儿童教育心理学的理论与技术[M].北京:清华大学出版社,2012:5.

能性。《精神障碍诊断与统计手册(第 5 版)》和《国际疾病分类(第 11 版)》的诊断标准与之前的版本大有不同,提出了采用"自闭症谱系障碍"的概念,以此作为自闭症儿童的诊断标准,即将典型的自闭症和其他儿童广泛性发育障碍合并起来。[①]

(一)诊断标准的修订历史

了解自闭症首先要清楚自闭症诊断标准的发展历程和现状。这里主要介绍《精神障碍诊断与统计手册》和《国际疾病分类》这两本国际上公认的医学手册,同时也介绍《中国精神障碍分类与诊断标准》这本在国内普遍使用的手册。

最初两版的《精神障碍诊断与统计手册》书写的背景是医生和技术都不算发达,但逐渐重视诊断准确性的时期。这两版中将患者对经历和环境的神经过敏反应作为诊断依据,从而导致了诊断结果的混乱。特别是由于自闭症儿童常伴有脑部异常、智力障碍及一些遗传类疾病,因此对其诊断的正确性不高,自闭症儿童常会被误诊为儿童期精神分裂症,由此阻碍了自闭症相关研究的科学发展。20 世纪 70 年代,人类认识到自闭症的主要症状表现为社会互动障碍、语言沟通障碍及重复的刻板行为等三大障碍。[②] 1980 年的《精神障碍诊断与统计手册(第 3 版)》[③]将儿童自闭症从先前的儿童期精神分裂症中移出,首次出现儿童自闭症的单独的诊断标准。这也是首次将典型自闭症(autistic disorder,AD)、儿童期起病的广泛性发育障碍(childhood onset pervasive developmental disorder),以及非典型广泛性发展障碍(atypical pervasive developmental disorder)共同归入"广泛性发育障碍"的分类下,但

---

① Widiger T A, Clark L A. Toward DSM-V and the classification of psychopathology [J]. Psychological Bulletin, 2000, 126(6): 946-963;毕小彬,范晓壮,米文丽,等. ICD-11 和 DSM-5 中孤独症谱系障碍诊断标准比较 [J]. 国际精神病学杂志, 2021, 48(2): 193-196.

② Wing L, Gould J. Severe impairments of social interaction and associated abnormalities in children: Epidemiology and classification[J]. Journal of Autism and Developmental Disorders, 1979, 9(1): 11-29.

③ Association A P. Diagnostic and statistical manual of mental disorders, DSM-Ⅲ[M]. Washington D C: American Psychiatric Association, 1980:89-99.

此时还没有"谱系"的概念。1987 年,《精神障碍诊断与统计手册(第 3 版修订版)》[1]扩大了自闭症的研究范围,提及了自闭症的发展性变化,提出了"非典型广泛性发育障碍",而阿斯佩格综合征也第一次得以被作为一种自闭症的相关亚型。同时,这本手册更加灵活地定义了自闭症,诊断标准更加宽泛。但是,第 3 版修订版的诊断标准只能在一定程度上诊断出具有较高认知能力的个案。1994 年出版的《精神障碍诊断与统计手册(第 4 版)》受到当时较为成熟的自闭症研究的影响,提供了更加明确的自闭症诊断标准,相较于以前有了很大的变动。第 4 版的作者团队通过大量分析全球范围的自闭症样本,给使用该诊断标准的人提供了更加可靠的数据。美国精神医学学会编写第 4 版《精神障碍诊断与统计手册》时,让诊断分类系统与《国际疾病分类》尽可能贴近,从而实现了两个系统的诊断标准的可靠性和互通性。在第 4 版中,儿童瓦解性精神障碍、雷特综合征及待分类的广泛性发育障碍三类自闭症的亚型被归入到广泛性发育障碍中。在 2000 年《精神障碍诊断与统计手册(第 4 版修订版)》(DSM-Ⅳ-R)中诊断分类标准的变化并不多,但正式提出了自闭症的三大领域和 12 项标准。另外,在广泛性发育障碍中排除了注意缺陷多动障碍(attention-deficit hyperactivity disorder,ADHD)。[2] 2000 年开始,《精神障碍诊断与统计手册(第 5 版)》就开始着手准备,整理资料,不断修订,直到 2013 年才发布。这一次,美国精神医学学会提出了"谱系"这个概念,涵盖了自闭症不同程度的表现[3],典型自闭症、阿斯伯格综合征、儿童瓦解性精神障碍和待分类的广泛性发育障碍等广泛性发育障碍的亚型也正式被称为"自闭症谱系障碍",所有亚型的诊断标准统一为一个,从原来的三个领域 12

[1]　Association A P . The diagnostic and statistical manual of mental disorders:DSM-Ⅲ-R [M]. Washington D C:American Psychiatric Pusblishing Inc,1987.
[2]　卜凡帅,徐胜. DSM 孤独症谱系障碍诊断分类标准的演变、影响与展望[J]. 中国心理卫生杂志,2015,29(6):425-430.
[3]　Lord C,Jones R M. Annual research review:Re-thinking the classification of autism spectrum disorders [J]. Journal of Child Psychology and Psychiatry,2012,53(5):490-509;Singer E. Diagnosis:Redefining autism [J]. Nature,2012,491(7422):S12-S13.

项标准变为两个领域 7 项标准。原来属于广泛性发育障碍的雷特综合征由于可以被基因异常解释，所以被从该谱系中排除。

　　《国际疾病分类》从第 1 版到第 5 版都没有提及精神障碍，第 6 版第一次对精神障碍进行了分类，但没有提供诊断指南，第 7 版也没有很大的变化。《国际疾病分类（第 8 版）》中的精神障碍分类中首次出现了"autism"一词，并将"婴儿自闭症"(infantile autism)列入"精神分裂症"的"other"子分类中，没有提供明确的描述和诊断。《国际疾病分类（第 9 版）》将"婴儿自闭症"列入"源自儿童期的精神病"(psychoses with origin specific to childhood)类别，指出婴儿自闭症在出生时或 30 月龄前出现症状。1990 年，自闭症在《国际疾病分类（第 10 版）》中被归类到广泛性发育障碍(F84)分类下，将自闭症分为 8 种不同的广泛性发育障碍：儿童自闭症、非典型自闭症、雷特综合征、儿童瓦解性精神障碍、伴智力缺陷和刻板运动的过度活动障碍、阿斯佩格综合征、其他广泛性发育障碍和待分类的广泛性发育障碍。[①] 1990 年的修订变化也影响到了《精神障碍诊断与统计手册》的系统及对不同精神疾病的诊断。2018 年，《国际疾病分类（第 11 版）》将自闭症研究范围扩大到成年自闭症。更重要的是，这版手册提出了自闭症的两个核心领域和 12 项标准。

　　我国的《中国精神障碍分类与诊断标准》中的自闭症诊断分类标准也是以《国际疾病分类》评估系统为蓝本编撰而成的。但我国精神障碍分类起步要晚于《精神障碍诊断与统计手册》，1958 年因受苏联精神科学界的影响，经多年研究，于 1979—1984 年出版了《中国精神障碍分类与诊断标准（第一版）》及对应的修订版。该手册为了符合中国的真实现状，在全国 77 个精神卫生机构对 22285 例门诊患者和 8061 例住院患者进行了测试检验，由此结合第一版和实践结果整理出版了 1989 年的《中国精神障碍分类与诊断标准（第二版）》。接下来，较为成熟的《精神障碍诊断与统计手册（第 4 版）》和《国际疾病分类（第 10 版）》出版了。中国精神科学界基于《国际疾病分类（第 10 版）》开始完善《中国精神障碍分类与

---

① 　毕小彬，范晓壮，米文丽，等. ICD-11 和 DSM-5 中孤独症谱系障碍诊断标准比较 [J]. 国际精神病学杂志，2021，48(2)：193-196.

诊断标准》,出版了第二版的修订版。1996 年到 1998 年间,由中华精神科学会成立的《中国精神障碍分类与诊断标准》文本撰写小组调查了 17 种成人及 7 种儿童精神障碍分类与诊断标准,在 2001 年正式出版了符合我国现实情况的《中国精神障碍分类与诊断标准(第三版)》。[①] 但由于医学诊断逐渐走向国际化,精神疾病的诊断标准也逐渐趋于统一,《中国精神障碍分类与诊断标准(第三版)》与现在出版的《精神障碍诊断与统计手册(第 5 版)》和《国际疾病分类(第 11 版)》的诊断标准差距较大,之后中国精神医学可能也会参考后两者的标准来进行医学诊断。

通过这三本通用手册的变化我们可以看到,自闭症诊断随着研究水平和科学技术及对自闭症的现状认识的发展而不断波动前进。虽然我们不知道将典型自闭症和其他广泛性发育障碍统合一起是促进了对自闭症的研究,还是对自闭症谱系障碍中不同亚型的治疗造成了麻烦和混淆,但是人类时刻保持着对自闭症谱系障碍的诊断标准更为严谨的考虑,通过更合适的标准帮助诊断者寻找到更多自闭症儿童及减少误诊的比例。

(二)诊断标准的最新内容

这一部分主要介绍最新版本的自闭症诊断标准,即 2001 年的《中国精神障碍分类与诊断标准(第三版)》、2013 年的《精神疾病诊断与统计手册(第 5 版)》,以及 2018 年的《国际疾病分类(第 11 版)》。由于旧版本的自闭症的诊断标准已经不再适用于当下,因此,以下将简单描述相应标准。

1.《中国精神障碍分类与诊断标准(第三版)》

《中国精神障碍分类与诊断标准(第三版)》定义儿童自闭症是一种广泛性发育障碍的亚型,以男孩多见,起病于婴幼儿期,主要表现为不同程度的人际交往障碍、兴趣狭窄和行为方式刻板。约有 3/4 的患儿伴有明显的精神发育迟滞,部分患儿在一般性智力落后的情况下某方面具有较好的能力。该手册提出了三个领域,自闭症儿童应符合 7 条标准,且在第一领域至少符合 2 条,在第二、第三领域至少各符合 1 条(见表 1-1)。

---

① 中华医学会精神病学分会.中国精神障碍分类与诊断标准(第三版)(精神障碍分类)
　[J].中华精神科杂志,2001,34(3):184-188.

表 1-1 《中国精神障碍分类与诊断标准(第三版)》的自闭症谱系障碍诊断标准

领　域	症状标准
人际交往存在质的损害(至少符合2条)	(1)对集体游戏缺乏兴趣,不能对集体的欢乐产生共鸣; (2)缺乏与他人进行交往的技巧,不能以适合其智龄的方式与同龄人建立伙伴关系,如仅以拉人、推人、搂抱作为与同伴的交往方式; (3)自娱自乐,与周围环境缺少交流,缺乏相应的观察和应有的情感反应(包括对父母的存在与否亦无相应反应); (4)不会恰当地运用眼对眼的注视及用面部表情、手势、姿势与他人交流; (5)不能进行扮演性游戏和模仿社会的游戏(如玩过家家等); (6)当身体不适或不愉快时,不会寻求同情和安慰,对别人的身体不适或不愉快不会表示关心和安慰。
言语交流存在质的损害(至少符合1条)	(1)口语发育延迟或不会使用语言表达,也不会用手势、模仿等与他人沟通; (2)语言理解能力明显受损,常听不懂指令,不会表达自己的需要和痛苦,很少提问,对别人的话也缺乏反应; (3)学习语言有困难,但常有无意义的模仿言语或反响式言语,应用代词混乱; (4)经常重复使用与环境无关的言辞或不时发出怪声; (5)有言语能力的患儿,不能主动与人交谈、维持交谈及应对简单; (6)言语的声调、重音、速度、节奏等方面异常,如说话缺乏抑扬顿挫,言语刻板。
兴趣狭窄和活动刻板、重复,坚持环境和生活方式不变(至少符合1条)	(1)兴趣局限,常专注于某种或多种模式,如旋转的电扇、固定的乐曲、广告词、天气预报等; (2)活动过度,来回踱步、奔跑、转圈等; (3)拒绝改变刻板重复的动作或姿势,否则会出现明显的烦躁和不安; (4)过分依恋某些气味、物品或玩具的一部分,如特殊的气味、一张纸片、光滑的衣料玩具、汽车的轮子等,并从中得到满足; (5)强迫性地固着于特殊而无用的常规或仪式性动作或活动。

【严重标准】社会交往功能受损。
【病程标准】通常起病于 3 岁以内。
【排除标准】排除阿斯佩格综合征、儿童瓦解性精神障碍、雷特综合征、特定感受性语言障碍、儿童分裂症等。

资料来源:2013 年的《临床精神医学杂志》期刊文章《中国精神障碍分类与诊断标准第 3 版与第 10 版国际疾病分类的比较》。①

———————————

① 戴云飞,肖泽萍. 中国精神障碍分类与诊断标准第 3 版与国际疾病分类第 10 版的比较[J]. 临床精神医学杂志,2013,23(6):426-427.

2.《精神障碍诊断与统计手册(第 5 版)》

在 1980 年的《精神障碍诊断与统计手册(第 3 版)》中,儿童自闭症与儿童期起病的广泛性发育障碍及非典型广泛性发育障碍作为广泛性发育障碍的一种,分别有单独的诊断标准。但是儿童自闭症诊断标准相对笼统。[①] 在《精神障碍诊断与统计手册(第 3 版修订版)》中明确了自闭症的三大核心症状,即社会交往障碍、言语与非言语发育障碍及重复行为和异常的兴趣爱好,将起病时间确定为 3 岁前。《精神障碍诊断与统计手册(第 4 版)》将雷特综合征、阿斯伯格综合征及儿童瓦解性精神障碍从待分类的广泛性发育障碍中分离出来,与自闭症并列归属于广泛性发育障碍。而目前的《精神障碍诊断与统计手册(第 5 版)》取消了儿童自闭症和阿斯佩格综合征的概念,以"自闭症谱系障碍"替代了广泛性发育障碍。第 5 版包含 2个主要领域和 7 个诊断标准,也表明自闭症儿童必须符合 A、B、C、D 四个诊断标准(见表 1-2,其严重程度分类见表 1-3)。

表 1-2　《精神障碍诊断与统计手册(第 5 版)》的自闭症谱系障碍诊断标准

诊断标准等级	诊断标准内容
A	在各种情景下持续存在的社会交流和社会交往缺陷,不能用一般的发育迟缓解释,需要符合以下三项。 (1)社会、情感互动缺陷:轻者表现为异常的社交接触和不能进行来回对话,中者对兴趣、情感和情感的分享及社交应答减少,重者完全不能发起社会交往; (2)用于社会交往的非言语交流行为缺陷:轻者表现为言语和非言语交流整合困难,中者目光接触和肢体言语异常,对非言语交流的理解和使用缺陷,重者完全缺乏面部表情或手势; (3)发展、维持和理解人际关系存在缺陷(与抚养者的除外):轻者表现为难以调整自身行为以适应不同社交场景,中者分享想象游戏和结交朋友存在困难,重者明显对他人没有兴趣。

---

① Widiger T A,Clark L A. Toward DSM-V and the classification of psychopathology [J]. Psychological Bulletin,2000,126(6):946-963.

续　表

诊断标准等级	诊断标准内容
B	行为方式、兴趣或活动内容狭窄、重复,在以下症状中至少存在两项。 (1)躯体运动、物品使用或说话方式表现得刻板或重复,如简单的刻板动作、回声语言、反复摆弄物体、说古怪独特的句子; (2)坚持相同性,过分坚持某些常规及言语或非言语行为的仪式,或对改变的过分抵抗,如仪式行为,坚持同样的路线或食物,重复疑问,或对细微的变化感到极度痛苦; (3)高度狭窄、固定的兴趣,其在强度和关注度方面是异常的,如对不寻常的物品强烈依恋或过分沉迷,兴趣过于局限、持久; (4)对感觉刺激反应过度或反应不足,对环境中的感觉刺激表现出异常的兴趣,如对疼痛、热、冷等感觉麻木,对某些特定的声音或物料出现负面反应,过多地嗅或触摸某些物体,沉迷于光线或旋转物体。
C	症状必须在儿童早期出现。
D	所有症状共同限制和损害了日常功能。

若个体患有已确定的 DSM-V 中判定的自闭症、阿斯佩格综合征障碍或未特定分类的广泛性发育障碍,应给予自闭症谱系障碍的诊断。若个体仅在社交交流方面存在明显缺陷,但其症状并不符合自闭症谱系障碍的诊断标准,应再做社交交流障碍的评估。

资料来源:(1)2015 年的《中国心理卫生杂志》期刊文章《DSM 孤独症谱系障碍诊断分类标准的演变、影响与展望》[1];(2)2021 年的《国际精神病学杂志》期刊文章《ICD-11 和 DSM-5 中孤独症谱系障碍诊断标准比较》[2]。

表 1-3　《精神障碍诊断与统计手册(第 5 版)》的自闭症谱系障碍的严重程度分类

严重程度	社会交流	受限的重复行为
Ⅲ级 (需要极大的支持)	严重的言语和非言语社会交流技术缺陷导致严重功能受损;极少发起社交互动,对来自他人的社交示意反应极少	行为缺乏灵活性,应对改变极其困难,或其他局限的/重复行为显著影响了各方面功能;改变注意力或行动很困难/痛苦

---

① 卜凡帅,徐胜. DSM 孤独症谱系障碍诊断分类标准的演变、影响与展望[J].中国心理卫生杂志,2015,29(6):425-430.
② 毕小彬,范晓壮,米文丽,等. ICD-11 和 DSM-5 中孤独症谱系障碍诊断标准比较[J].国际精神病学杂志,2021,48(2):193-196.

续　表

严重程度	社会交流	受限的重复行为
Ⅱ级 （需要较多的支持）	显著的言语和非言语社会交流技巧缺陷；即使给予现场支持也表现出明显社交受损；较少发起社交互动，对他人的社交示意反应较少或异常	行为缺乏灵活性，应对改变困难，或其他局限的/重复行为对普通观察者来说看起来足够明显，且影响不同情况下的功能；改变注意力或行动很困难
Ⅰ级 （需要支持）	在没有支持的情况下，社会交流缺陷造成可察觉到的功能受损；发起社交互动存在困难；对他人的社交示意的反应显得不正常或不成功，可能表现出社交兴趣减少	缺乏具有灵活性的行为，显著影响一个或多个情境下的功能；难以转换不同的活动；组织和计划的困难妨碍了其独立性

资料来源：(1)2015 年的《中国心理卫生杂志》期刊文章《DSM 孤独症谱系障碍诊断分类标准的演变、影响与展望》①；(2)2021 年的《国际精神病学杂志》期刊文章《ICD-11 和 DSM-5 中孤独症谱系障碍诊断标准比较》②。

3.《国际疾病分类(第 11 版)》

1977 年，《国际疾病分类(第 9 版)》认为自闭症是儿童期的精神分裂症，1990 年的《国际疾病分类(第 10 版)》将儿童自闭症、非典型自闭症、雷特综合征、儿童瓦解性精神障碍、伴智力缺陷和刻板运动的过度活动障碍、阿斯佩格综合征及待分类的广泛性发育障碍都归入广泛性发育障碍。2018 年的《国际疾病分类(第 11 版)》将自闭症谱系障碍定义为：(1)以持续性地发起和维持社会互动交流能力缺陷为特征，伴有不同程度的局限、重复和刻板行为及兴趣；(2)疾病发生在儿童早期，成年后当面对的社会需求超过有限的能力时，所有症状才会完全表现出来；(3)缺陷严重到足以造成个人、家庭、社会、教育、职业等重要功能领域的损害，即使这些症状可能因为社会、教育等背景的不同而产生变化，但通常在所有情况下都可观察到个人功能的普

① 卜凡帅，徐胜. DSM 孤独症谱系障碍诊断分类标准的演变、影响与展望[J]. 中国心理卫生杂志，2015，29(6)：425-430.
② 毕小彬，范晓壮，米文丽，等. ICD-11 和 DSM-5 中孤独症谱系障碍诊断标准比较[J]. 国际精神病学杂志，2021，48(2)：193-196.

遍特征；（4）自闭症谱系障碍个体可以表现出各种各样的智力水平和语言能力。在《国际疾病分类（第 11 版）》中，自闭症谱系障碍被细分为 8 个亚型，采用 4 到 5 个字母与数字代表具体疾病类型，小数点后面是疾病所属的亚型或标注（见表 1-4）。

表 1-4　《国际疾病分类（第 11 版）》中自闭症谱系障碍的分类和编码

编　码	分　类
6A02	自闭症谱系障碍
6A02.0	自闭症谱系障碍，不伴有智力发育障碍，伴有轻度功能性语言障碍或无功能性语言障碍
6A02.1	自闭症谱系障碍，伴有智力发育障碍，伴有轻度功能性语言障碍或无功能性语言障碍
6A02.2	自闭症谱系障碍，不伴有智力发育障碍，伴有功能性语言障碍
6A02.3	自闭症谱系障碍，伴有智力发育障碍，伴有功能性语言障碍
6A02.4	不伴有智力发育障碍，伴有功能性语言缺失
6A02.5	伴有智力发育障碍，伴有功能性语言缺失
6A02.Y	其他特定的自闭症谱系障碍
6A02.Z	待分类的自闭症谱系障碍

资料来源：2021 年的《国际精神病学杂志》期刊文章《ICD-11 和 DSM-5 中孤独症谱系障碍诊断标准比较》①。

注：（1）轻度功能性语言障碍或无功能性语言障碍，指使用功能性语言（口语或符号语言）表达个人需求或意愿等的能力轻度受损或没有受损；（2）功能性语言障碍，指与年龄相关的功能性语言显著受损，不能使用多个词语或简单句型来表达个人需求或意愿；（3）功能性语言缺失，指完全或者几乎完全丧失与年龄相关的功能性语言来表达个人需求或意愿。

二、自闭症和其他行为障碍的区分

尽管在三个典型症状上具有共性的表现，但是自闭症患者的个体症状表

---

① 毕小彬，范晓壮，米文丽，等. ICD-11 和 DSM-5 中孤独症谱系障碍诊断标准比较
　 [J]. 国际精神病学杂志，2021，48(2)：193-196.

现差异很大,每个个体的三大特征呈现会有自己独特的方式。例如,患者的社会交往障碍表现存在差异,有些患者不会有任何主动交往行为,而有些患者会不分场合及方式地和人进行相同方式和语言的交往,在刻板行为和语言的表现上更是百人百态,有的刻板于数字,有的刻板于地图等。由于典型症状在不同儿童障碍疾病中的表现形式和程度各有不同,因而,过去在诊断过程中最可能出现的问题是我们会把典型自闭症和其他儿童行为障碍混淆。

2013 年,美国精神病学学会修改了《精神障碍诊断与统计手册》,将广泛性发育障碍的亚型(自闭症、阿斯佩格综合征、未分类的广泛性发育障碍等)合并为自闭症谱系障碍。但是,2018 年的《国际疾病分类(第 11 版)》将自闭症谱系障碍分为 8 个亚型,并且逐一给出了诊断标准。那么,典型自闭症和其他几个亚型有什么不同呢? 为什么难以区分呢? 这里,我们列举几类容易与典型自闭症混淆的其他儿童行为障碍,以便于大家更好地掌握自闭症的诊断。

(一)自闭症与阿斯佩格综合征

儿童自闭症与阿斯佩格综合征在《精神障碍诊断与统计手册(第 5 版)》中都是属于广泛性发育障碍,被归入到自闭症谱系障碍。阿斯佩格综合征以社会功能障碍和兴趣、活动局限,刻板和重复的行为模式为主要临床表现,但言语流畅和智能发育正常或基本正常、有较好的认知能力。

与自闭症儿童相比,阿斯佩格综合征患儿同样存在社交技能缺乏、兴趣狭窄、言语交流常常围绕其感兴趣的话题并在交谈中使用较多的书面语言、缺乏必要的灵活性、对某些特定学科或知识十分专注、动作笨拙、运动技能发育落后等。但是,其与典型自闭症的最大区别在于,此病没有明显的语言和智能障碍,患者的语言发育正常、表达流畅,但是使用语言来进行沟通的能力差,在交谈过程中察言观色的能力差,不关注对方的反应,不管对方对所谈内容是否感兴趣,也不顾忌别人的感受,过度书面化,咬文嚼字,给人以古板、生硬、夸张的感觉。①

---

① 邹小兵,李咏梅,陈凯云,等. 孤独症和 Asperger 综合征儿童的心灵理论对照研究[J]. 中国神经精神疾病杂志,2005(6):426-429.

（二）自闭症与儿童瓦解性精神障碍

儿童自闭症与儿童瓦解性精神障碍（Heller 综合征）在《精神障碍诊断与统计手册（第 5 版）》中也都被归入自闭症谱系障碍。患儿 2 岁以前发育完全正常，生活自理能力、语言及行为与同龄儿童无异，一般在正常发育 3—4 年后起病，起病后一些生活技能出现严重退化甚至迅速丧失。与儿童自闭症相似的是，这些儿童出现社会交往、交流障碍及刻板、重复的动作行为。6 岁时症状加重，患者表现出不能连贯地讲话，不能表达自己的意思，最后发展为不能说话，不能理解别人表达的意思。行为也开始紊乱，表现为明显的波动性，有时大喊大叫、大哭大闹、乱走乱跑、在地上打滚，有时候甚至伤人或自伤；有时，他们会害怕声音、易惊、走路蹑手蹑脚，上述两种情况交替出现。[1] 最后，这些孩子的生活自理能力也逐渐出现减退，甚至严重到不能自主进食，大、小便都不能自理。该障碍与正常发育一段时期后才起病的儿童自闭症较难鉴别。主要鉴别点在于儿童瓦解性精神障碍患儿至少在 2 岁前，有一段明确的正常发育期，起病后所有已获得的技能全面倒退和丧失，难以恢复。[2]

（三）自闭症与雷特综合征

雷特综合征不属于《精神障碍疾病与统计手册（第 5 版）》的自闭症谱系障碍的一部分，但在《国际疾病分类（第 11 版）》中它与儿童自闭症被归入到广泛性发育障碍。雷特综合征是一种严重影响儿童精神、运动发育的疾病，是由于 MECP2 基因突变或缺失引起的，表现为智力下降、孤独行为、手的失用、刻板动作及共情能力失调，主要见于女性。

雷特综合征的临床表现分为四期：第一期（从出生 6 个月到 18 个月发病）表现为身体发育停滞，大脑生长变得迟缓，对游戏活动及周围环境毫无兴趣，慢慢丧失先前所掌握的身体感觉；第二期（从 1 岁到 3 岁发病）表现为发

---

① 占达飞，韩天明，刘向来，等.童年瓦解性精神障碍（Heller 综合征）一例［C］//中华医学会第十次全国精神医学学术会议论文汇编，2012：447.
② 周萍. 高功能孤独症儿童的智力特征分析［J］. 中国现代药物应用，2017，11（5）：188-189.

育迅速倒退并伴随易激惹现象,使用手的功能丧失,手做刻板动作,出现惊厥,行为孤独,语言丧失,睡眠状况较差,出现自虐行为;第三期(从 2 岁到 10 岁发病)表现为严重的智力倒退或明显的智力低下,自闭症状改善,惊厥,手做刻板动作,身体功能失调或丧失,反射增强,肢体僵硬,睡眠时有呼吸暂停,食欲好但体重却下降,早期的脊柱侧弯,咬牙,正常生活和社会功能及言语、行为、躯体运动功能迅速衰退甚至丧失;第四期(10 岁以上发病)表现为整个躯体的运动神经元受累时的身体表现,脊柱侧弯,肌肉失用,肌体僵硬,双足萎缩,失去独立行走的能力,生长迟缓,不能理解和运用语言。[①]《儿童孤独症诊疗康复指南》认为以下五点对鉴别、诊断雷特综合征具有重要的作用[②]:(1)患儿无主动性交往,对他人呼唤等无反应,但可保持"社交性微笑",即微笑地注视或凝视他人;(2)手部刻板动作,这是该障碍的特征性表现,可表现为"洗手""搓手"等刻板动作;(3)随着病情发展,患儿手部抓握功能逐渐丧失;(4)多度换气;(5)躯干共济运动失调。

（四）自闭症与注意缺陷多动障碍

注意缺陷多动障碍俗称儿童多动症,是儿童时期的常见病,有的甚至延续到成年。引起注意缺陷多动障碍的原因有很多,比如受环境、教育等因素的影响,注意缺陷多动障碍的发病率近年来呈现出逐年增高的趋势。注意缺陷多动障碍在判断时常常与典型自闭症混淆。患有注意缺陷多动障碍的孩子的表现为注意力难以集中、成绩表现差、书写潦草、身体动作过多。有的孩子表现为:(1)冲动任性、顶嘴冲撞、不合群;(2)缺乏自我克制能力或者行为幼稚、怪僻、无目的;(3)贪玩、逃学、打架、说谎、偷窃。随着年龄的增长,多动症儿童因自控力差,易受不良影响和引诱,较一般人更易发生行为问题,但患有注意

①　梁莉丹. 三级康复治疗对精神运动发育迟缓患儿康复的影响[J]. 中华物理医学与康复杂志, 2015, 37(11): 853-856.
②　儿童孤独症诊疗康复指南(卫办医政发〔2010〕123 号)[J]. 中国儿童保健杂志,2011, 19(3):289-294.

缺陷多动障碍的儿童多数智力基本是正常的,语言发育、交往能力均正常。[①]

（五）自闭症与学习障碍

世界卫生组织将学习障碍(learning disabilities,LD)定义为从发育的早期阶段起,儿童获得学习技能的正常方式受损。这种损害不是单纯缺乏学习机会的结果,不是智力发展迟缓的结果,也不是后天的脑外伤或疾病的结果。这种障碍来源于认知处理过程的异常,表现为在阅读、拼写、计算和运动功能等方面有特殊和明显的损害。[②]

（六）自闭症与智力障碍

儿童自闭症与智力障碍存在部分重合,但需要做出明确的区分。自闭症儿童的典型特征不是一般性的认知水平低下,而是心智和情感功能模式的异常,非言语交流和言语交流存在严重缺陷。许多自闭症患者具备某种令人惊异的超常能力,例如优秀的写实性绘画、音乐感受和表演能力超群、过目不忘的日期记忆、飞速的数字计算能力,但是可能终生只会用极其简单的言语交流,而且言语表达方式也明显地与众不同。自闭症儿童单调、奇怪的行为模式及其社会疏离性,也可能与其心智运作的异常有直接关联。这与智力障碍儿童的怪癖行为性质不同。近些年来,智力正常的儿童被确诊为自闭症的情况越来越多。

三、自闭症的诊断方法和筛查工具

当前,自闭症没有特定的实验室诊断手段,但可以通过量表、行为观察和现有的技术进行诊断。根据典型临床表现进行自闭症诊断并不难,当前国内常见的量表有《婴幼儿自闭症筛查量表(修订版)》(modified checklist for

---

① 麻宏伟. 儿童注意缺陷多动障碍诊断及治疗[J]. 实用儿科临床杂志,2007,22(11):805-808;杨莉,王玉凤,钱秋谨,等. 注意缺陷多动障碍患儿的临床分型初探[J]. 中华精神科杂志,2001,34(4):204-207.

② 程灶火,龚耀先. 学习障碍儿童记忆的比较研究[J]. 中国临床心理学杂志,1997,7(1):8-11;静进,森永良子. 学习障碍筛查量表的修订与评价[J]. 中华儿童保健杂志,1998,6(3):197-200.

autism in toddlers,M-CHAT)①、《儿童自闭症评定量表》(childhood autism rating scale,CARS)②、《自闭症行为量表》(autism behavior checklist, ABC)③、《自闭症诊断面谈量表(修订版)》(autism diagnostic interview-revised,ADI-R)④、《自闭症诊断观察量表》(autism diagnostic observation schedule,ADOS)⑤。新的筛查量表如《社会反应量表》(social response scale,SRS)⑥考虑了谱系障碍的问题。现有的神经影像技术包括电子计算机断层扫描(computed tomography,CT)、核磁共振成像技术(magnetic resonance imaging,MRI)、正电子发射断层成像技术(positron-emission tomography,PET)、脑电图(electroencephalogram,EEG)、染色体、诱发电位技术等检查有助于鉴别诊断。

(一)早期筛查工具

常规诊断流程是评估人员依据标准化诊断工具对儿童进行评定,评定方式包括心理教育测量、医学检查、监护人访谈、日常观察等。有研究显示,尽

---

① Robins D L, Fein D, Barton M L, et al. The modified checklist for autism in toddlers: An initial study investigating the early detection of autism and pervasive developmental disorders[J]. Journal of Autism and Developmental Disorders, 2001(31): 131-144.

② Schopler E, Reichler R J, Renner B R. The childhood autism rating scale (CARS) [M]. Los Angeles: Western Psychological Services, 2010:1-10.

③ Volkmar F R, Cicchetti D V, Dykens E, et al. An evaluation of the autism behavior checklist[J]. Journal of Autism and Developmental Disorders, 1988(18): 81-97.

④ Tadevosyan-Leyfer O, Dowd M, Mankoski R, et al. A principal components analysis of the autism diagnostic interview-revised[J]. Journal of the American Academy of Child & Adolescent Psychiatry, 2003, 42(7): 864-872.

⑤ Lord C, Risi S, Lambrecht L, et al. The autism diagnostic observation schedule—generic: A standard measure of social and communication deficits associated with the spectrum of autism[J]. Journal of Autism and Developmental Disorders, 2000(30): 205-223.

⑥ Constantino J N, Davis S A, Todd R D, et al. Validation of a brief quantitative measure of autistic traits: Comparison of the social responsiveness scale with the autism diagnostic interview-revised [J]. Journal of Autism and Developmental Disorders, 2003(33): 427-433.

管自闭症儿童的行为症状早在 1—2 岁就能表现出来,但典型自闭症诊断的平均年龄却在 4 岁以后,轻度自闭症的诊断年龄在 5.6—8.6 岁,高功能自闭症甚至要延迟到 11 岁以后。但早发现、早干预对自闭症的预后发展有着重要的作用,能在很大程度上提高自闭症患儿的社交沟通能力和自理能力。研究者建议初级儿童保健医生对 9 个月及以上的全部婴幼儿进行自闭症谱系障碍筛查。美国儿科学会(American Academy of Pediatrics)建议所有的儿童在 1.5 岁到 2 岁(18—24 个月)的时候进行自闭症检测,并且认为在 9、18、24 和 30 月龄进行常规的发育检查和自闭症筛查效果较好。

2007 年,美国儿科学会提出了三级筛查诊断程序,采用筛查量表和诊断工具对所有 9 月龄的儿童进行全面诊断,其中一级和二级是筛查过程,三级是诊断过程。一级筛查的对象是所有的 9 月龄的儿童;二级筛查对象是有高风险的儿童,包括存在相关家族史、家长或医生担忧的一级筛查阳性的儿童;三级诊断主要是对有发育障碍的儿童进行诊断,基本上由多学科的专家(儿科医生、精神科医生或心理学家)协作完成,专业人员需要直接与儿童互动观察。[①] 不同的阶段使用了不同的筛查工具,如表 1-5 所示。

表 1-5　一级、二级和三级筛查工具

筛查诊断程序	常用量表	其　　他
一级	《婴幼儿自闭症筛查量表修订版》	目前国际常用的一级筛查工具,包含 23 个项目。适用于年龄 16 到 30 个月的婴幼儿
	《婴幼儿自闭症筛查量表(中文版)》	国内常用的简化的婴幼儿自闭症筛查量表。适用于 18 到 24 个月的婴幼儿
	《交流与象征性行为量表》	父母报告共 14 个项目。适用于年龄大于 24 个月的幼儿

---

① 陈光华,陶冠澎,翟璐煜,等. 自闭症谱系障碍的早期筛查工具[J]. 心理科学进展,2022,30(4):738-763.

续　表

筛查诊断程序	常用量表	其　他
二级	《婴幼儿量表》	国际上最常用的二级筛查工具。适用于6到24个月的幼儿
	《2岁儿童自闭症筛查量表》	量表适用于24到36个月的幼儿
	《自闭症早期检测》	澳大利亚的二级筛查工具
	《自闭症行为量表》	国家卫健委推荐使用的筛查工具,灵敏度为0.38～0.58,特异度为0.76～0.97。适用于6到18个月的幼儿
	《克氏自闭症行为量表》	国家卫计委推荐使用的筛查工具,灵敏度和特异度分别为0.58和0.84。适用于2岁以上的儿童
三级	《自闭症诊断观察量表》	自闭症诊断的金标准
	《自闭症诊断面谈量表(修订版)》	自闭症诊断的金标准
	《儿童自闭症评定量表》	国内自闭症诊断工具

资料来源:五彩鹿自闭症研究院编:《中国孤独症教育康复行业发展状况报告(Ⅳ)》,光明日报出版社2022年版。

表1-5列出的是当前比较常用的量表,《自闭症诊断观察量表》和《自闭症诊断面谈量表(修订版)》由于信效度较高,具有较高实用性,而被奉为金标准。[1] 其中,《儿童自闭症评定量表》和《儿童自闭症行为量表》是国内常用量表。而《自闭症行为量表》和《克氏自闭症行为量表》的灵敏度都不高,可能会导致误诊。除了上面的量表,还有很多其他量表适用于婴幼儿的筛查,如灵敏度为0.75和特异度为0.97的《量化的婴幼儿自闭症筛查量表》(quantitative checklist for autism in toddlers,Q-CHAT)[2]、灵敏度为0.96

---

[1] 陈顺森,白学军,张日昇. 自闭症谱系障碍的症状、诊断与干预[J]. 心理科学进展,2011,19(1):60-72.

[2] Allison C, Matthews F E, Ruta L, et al. Quantitative checklist for autism in toddlers (Q-CHAT). A population screening study with follow-up: The case for multiple time-point screening for autism[J]. BMJ Paediatrics Open, 2021, 5(1):1-11.

和特异度为 0.93 的《中国婴儿期自闭症筛查量表》、《1 岁核查表》(firstyear inventory,FYI)[1]、《自闭症特质早期筛查表》(early screening for autistic traits,ESAT)[2],以及广泛性发育障碍筛查测验(pervasive developmental disorders screening test,PDDST)[3]。其中,《婴幼儿自闭症筛查量表》(checklist for autism in toddlers,CHAT)[4]等相关系列的量表是经过最严格的研究和验证、适用于年幼儿童的自闭症检测工具[5]。但是不同的诊断筛查工具会受到文化和地区的考验,由于文化背景对人类行为有着较大的影响,因而筛查工具应当基于广泛的文化背景来构建合适的筛查量表。[6]

(二)现代诊断技术

尽管测验工具凝聚了临床专家的丰富理论知识和扎实的实践经验,但通过标准化的诊断工具对儿童进行评定的过程效率不高,不但操作费时,而且对于评估人员具有极高的专业理论知识和临床经验要求,儿童还会被迫陷入"等待失败"的痛苦中。这种完全基于外在行为的诊断方式缺乏客观一致的精神科学指标,这导致误诊、漏诊等情况发生,也会妨碍自闭症患者早期干

---

① Turner-Brown L M, Baranek G T, Reznick J S, et al. The first year inventory: A longitudinal follow-up of 12-month-old to 3-year-old children[J]. Autism, 2013, 17 (5): 527-540.

② Dietz C, Swinkels S, Van Daalen E, et al. Screening for autistic spectrum disorder in children aged 14-15 months. Ⅱ: Population screening with the Early Screening of Autistic Traits Questionnaire (ESAT). Design and general findings[J]. Journal of Autism and Developmental Disorders, 2006(36): 713-722.

③ Siegel B. Pervasive developmental disorders screening test (PDDST) [J]. Encyclopedia of Autism Spectrum Disorders, 2021(1): 3447-3451.

④ Robins D L, Fein D, Barton M L, et al. The modified checklist for autism in toddlers: An initial study investigating the early detection of autism and pervasive developmental disorders[J]. Journal of Autism and Developmental Disorders, 2001 (31): 131-144.

⑤ 尤娜,杨广学. 自闭症诊断与干预研究综述 [J]. 中国特殊教育, 2006(7): 26-31.

⑥ 陈光华,陶冠澎,翟璐煜,等. 自闭症谱系障碍的早期筛查工具 [J]. 心理科学进展, 2022, 30(4): 738-763.

预、延误教育康复。随着神经成像技术的成熟，多模态技术已经给自闭症诊断带来了新的发展，人类通过科学技术可以更有效诊断自闭症，比如基于功能性磁共振成像发展起来的诊断算法①、外周血生物学标记物筛查自闭症法②等。

机器学习是一项能够提升医学诊断的灵敏度、特异度、准确性和效率的技术，它不会受到个体主观经验及诊断年龄范围的影响，甚至可以被运用于孕产期和新生儿筛查。机器学习识别和诊断是基于反映自闭倾向的特征及各种神经标记物来进行判断的一种诊断方法，比如年龄、性别、种族等人口统计学资料，社会性微笑、刻板行为等典型症状表现，家庭病史等临床资料，磁共振成像技术、脑电图等生理信号数据，以及不同数据类型组合而成的多模态数据。以这些神经生物标记作为机器学习技术的输入特征可以为自闭症分类提供客观证据，因此在研究中应用最为广泛。

将机器学习和自闭症的传统测验方式结合起来可以更加有效地诊断自闭症。③ 基于传统测验工具进行识别和诊断的形式有两种。第一种是将传统标准化测验所得结果借助机器学习技术进行数据分析，探究分类准确性。阿巴斯（Halim Abbas）等在 2018 年和 2020 年的两项研究中均将《自闭症诊断观察量表》和《自闭症诊断面谈量表（修订版）》中常用的行为模块作为分类器输入信息，提出了一种基于机器学习的多模块自闭症评估方法。④ 该方法包含三个模块，一是家长问卷，二是儿童家庭录像中标记的关键行为，三是临床问卷。第二种是机器学习算法通过对传统标准化量表或问卷的项目进行删减，筛选出最具代表性的问题构建分类器。值得注意的是，近一半

---

① 张礼，王嘉瑞. 基于图同构网络的自闭症功能磁共振影像诊断算法［J］. 南京大学学报（自然科学版）：2021，57(5)：801-809.

② 张瑜，卢红艳，唐炜，等. 自闭症谱系障碍儿童早期筛查外周血生物学标记物研究［J］. 中国学校卫生，2022，43(6)：916-919.

③ 侯婷婷，陈潇，孔德彭，等. 机器学习在自闭症儿童早期识别和诊断领域的应用［J］. 心理科学进展，2022，30(10)：2321-2340.

④ Abbas H，Garberson F，Liu-Mayo S，et al. Multi-modular AI approach to streamline autism diagnosis in young children［J］. Scientific Reports，2020，10(1)：1-8.

基于量表分类的文献是同时采用两种或两种以上工具,希望通过不同测验的融合,获得更佳分类效果。之后有研究者借助机器学习模型简化传统量表[1],开发了一款适合自闭症筛查的移动应用程序(名为 ASD Tests),该工具可以在手机端免费下载使用,适用范围涵盖婴幼儿期(1—3 岁)、儿童期(4—11 岁)、青少年期(12—16 岁)和成人期(17 岁之后)四个阶段,每个阶段仅有 10 道测试题,测试时间在 3～5 分钟内,非专业人员也能轻松操作。Cognoa 是一款以机器学习技术为支撑的新型自闭症评估程序,兼具筛查、诊断和风险预测功能。该程序主要服务对象是婴幼儿至学龄前期(18 个月—5 岁)自闭症儿童。[2]

利用机器学习和眼动追踪技术对儿童进行自动化早期自闭症诊断成为当前自闭症早期诊断领域的研究热点。使用瞳孔绝对直径的研究发现,2—6岁的自闭症儿童存在非典型的瞳孔对光反射效应[3],在典型发育组中,基线瞳孔半径与年龄有明显正相关性,而自闭症组没有。自闭症儿童异常的瞳孔响应表明自闭症儿童可能具有更强的瞳孔扩张能力和更弱的瞳孔收缩能力。因而,研究者可以将正常儿童和自闭症儿童的瞳孔指标作为重要的参数。[4]

机器学习是当前最客观的自闭症诊断技术,但该理论模型应用于实际诊断中还未成熟,还需要建立更加标准化的模型分类数据体系。当前研究者正努力建立一个合适的诊断计算方法,比如,章枫叶欣等提出采用标记分布学

---

① Thabtah F, Kamalov F, Rajab K. A new computational intelligence approach to detect autistic features for autism screening[J]. International Journal of Medical Informatics, 2018(117): 112-124.

② Kanne S M, Carpenter L A, Warren Z. Screening in toddlers and preschoolers at risk for autism spectrum disorder: Evaluating a novel mobile-health screening tool[J]. Autism Research, 2018, 11(7): 1038-1049.

③ Dinalankara D M R, Miles J H, Nicole Takahashi T, et al. Atypical pupillary light reflex in 2-6-year-old children with autism spectrum disorders[J]. Autism Research, 2017, 10(5): 829-838.

④ 刘强墨, 何旭, 周佰顺, 等. 基于机器学习和瞳孔响应的简易高性能自闭症分类模型[J]. 清华大学学报(自然科学版), 2022, 62(10): 1730-1738.

习解决自闭症数据中的噪声,来解决样本不平衡问题,并采用基于支持向量回归的标记分布学习方法,解决高维度带来的分类困难,实现"多分类 ASD"的辅助诊断。[1] 张春香等提供了一种解释性强、分类更加准确的模型——不确定性联合组稀疏建模方法 JGSI-TSK。[2] 张英等针对静息态功能磁振图像(functional magnetic resonance imaging,fMRI)高维特征、传统的线性特征提取方法不能充分提取其中的有效信息用于分类,因而面向静息态功能磁振图像数据提出一种新型的无监督模糊特征映射方法,应用于自闭症的计算机辅助诊断。[3]

第三节　自闭症的患病率及波动原因

一、自闭症的患病率

在 1980 年以前,自闭症被认为是一种罕见疾病,鲜有人患此病,而后各国报道自闭症的患病率有显著上升趋势。目前,世界范围内自闭症的发现率为 0.62%~0.70%。最新的关于自闭症的 8 项大规模流行病学调查显示,自闭症的发现率为 1%~2%,近年来急剧上升。2007 年 12 月联合国大会通过决议,从 2008 年起,将每年的 4 月 2 日定为"世界自闭症关注日",以提高人们对自闭症和相关研究与诊断及自闭症患者的关注。在国际组织的呼吁下,各国积极采取手段来诊断自闭症儿童。

美国疾病控制与预防中心(centers for disease control and prevention,CDC)在 2014 年的调查报告中统计发现,2014 年在美国 11 个州的 8 岁儿童中,每 68 个儿童中就有 1 个患有自闭症谱系障碍,每 42 个男孩中就有 1 个

① 章枫叶欣,王骏,贾修一,等. 面向多分类自闭症辅助诊断的标记分布学习 [J]. 计算机科学与探索,2022,16(1):194-204.
② 张春香,王骏,张嘉旭,等. 面向自闭症辅助诊断的联合组稀疏 TSK 建模方法 [J]. 计算机科学与探索,2020,14(12):2083-2093.
③ 张英,王骏,鲍国强,等. 面向自闭症辅助诊断的无监督模糊特征学习新方法 [J]. 智能系统学报,2019,14(5):882-888.

患有自闭症,儿童自闭症的发现率高达 1.5%。① 近 20 年来,世界各国的自
闭症谱系障碍发生率都大幅度增长。美国疾病控制与预防中心的官方网站
上 2021 年的最新数据显示,自闭症谱系障碍的发生率在 2018 年达到了1/44
的惊人比例。在过去的 30 年中,美国自闭症发病率的增长率甚至达到
了 600%。②

其他国家也发现了较高的自闭症患病率。英国 2008 年到 2009 年对
14043 个平均年龄为 7 岁的青少年进行调查发现,英国地区的自闭症患病率
达到 1.7%,其中自闭症与注意力缺陷障碍的并发病例达到 0.3%。③ 英国
2011 年再次调查,该年的自闭症儿童的发现率为 1.6%。④ 加拿大的流行病
学监测数据表明,2—14 岁的幼儿和青少年群体的自闭症患病率从 2008 年的
9.7%升高到 2010 年的 14.6%,近年来自闭症的发现率急剧上升。⑤ 冰岛地
区对 1994 年至 1998 年出生的 22229 名儿童进行自闭症筛查,其中 267 例被
诊断为自闭症,男孩有 197 例,女孩有 70 例,平均患病率为 120/10000。⑥

据北美洲、亚洲和欧洲所做的调查统计估算,自闭症的患病率达到了每万
名儿童中就有 2—13 个。挪威 2020 年的研究发现,在 6—16 岁的学龄儿童和

① Baio J, Wiggins L, Christensen D L, et al. Prevalence of autism spectrum disorder among children aged 8 years—Autism and developmental disabilities monitoring network, 11 sites, United States, 2014[J]. MMWR Surveillance Summaries, 2018, 67(6): 1.

② 李洪华,杜琳,单玲,等. 孤独症谱系障碍流行病学研究现状 [J]. 中华临床医师杂志(电子版),2014, 8(24): 4471-4474.

③ Russell G, Rodgers L R, Ukoumunne O C, et al. Prevalence of parent-reported ASD and ADHD in the UK: Findings from the Millennium Cohort Study[J]. Journal of Autism and Developmental Disorders, 2014,44(1): 31-40.

④ 刘艳虹,董鸣利,胡晓毅,等. 国外孤独症谱系障碍研究前沿探测 [J]. 中国特殊教育,2015(12): 51-57,89.

⑤ Ouellette-Kuntz H, Coo H, Lam M, et al. The changing prevalence of autism in three regions of Canada[J]. Journal of Autism and Developmental Disorders, 2014,44(1): 120-136.

⑥ Sæmundsen E, Magnússon P, Georgsdóttir I, et al. Prevalence of autism spectrum disorders in an Icelandic birth cohort[J]. BMJ Open, 2013, 3(6):1-6.

青少年中,自闭症的发生率有明显的性别差异,男生的自闭症患病率为 1/157,而女生的自闭症患病率为 1/544;1—6 岁的学龄前儿童中,发生率分别为男生 1/349,女生 1/1594。[1] 欧洲 14 个国家成立了欧盟自闭症谱系障碍联合会(autism spectrum disorders in Europe Union,ASDEU),并在 2016 年对 12 个欧洲国家 0—3 岁的 5457 名儿童进行自闭症谱系障碍的发生率筛查,结果发现自闭症的发生率为 1%。[2]

在亚洲地区,韩国在 2011 年对 7—12 岁学龄儿童进行诊断,发现自闭症的发生率高达 2.6%,而成人自闭症的发现率与儿童相差不大。其中,大约有 45% 的自闭症患者伴随有智力残疾,32% 的自闭症患者出现了智力衰退现象。2014 年,根据《精神障碍诊断与统计手册》的自闭症最新诊断标准,韩国对 55266 名 7—12 岁学龄儿童进行调查,该年度自闭症患病率达 2.2% 之高。[3] 日本在 2006 年的自闭症患者调查显示,每万名儿童中就有 10 个。

我国内地自闭症患病率的首次调查是在 1982 年,这年陶国泰先生首次报告了我国 4 例自闭症儿童病例,但只是在部分地区进行了流行病学调查。[4] 2001 年,在卫生部、公安部、中国残联和国家统计局及联合国儿童基金会的支持下,南京精神病研究所组织了中国六省市 0—6 岁残疾儿童的抽样调查,调查内容包含听力、视力、智力、肢体、精神等五类残疾。本次精神残疾的调查采用了《中国精神疾病分类(第三版修订版)》和《美国精神病分类(第四

① Özerk K, Cardinal D. Prevalence of Autism/ASD among preschool and school-age children in Norway[J]. Contemporary School Psychology, 2020, 24(4): 419-428.

② Boilson A M, Staines A, Ramirez A, et al. Operationalisation of the European Protocol for Autism Prevalence (E) PAP for autism spectrum disorder prevalence measurement in Ireland[J]. Journal of Autism and Developmental Disorders, 2016, 46(9): 3054-3067.

③ Kim Y S, Fombonne E, Koh Y J, et al. A comparison of DSM-IV pervasive developmental disorder and DSM-5 autism spectrum disorder prevalence in an epidemiologic sample[J]. Journal of the American Academy of Child & Adolescent Psychiatry, 2014, 53(5): 500-508.

④ 刘艳虹,董鸣利,胡晓毅,等. 国外孤独症谱系障碍研究前沿探测 [J]. 中国特殊教育,2015(12): 51-57,89.

版)》作为临床诊断标准,共抽样调查 60124 名儿童,筛出疑似精神残疾 140 人,确诊精神残疾 61 人,精神残疾患病率为 0.101%。调查发现,0—6 岁精神残疾儿童的前四位致残原因依次是自闭症、不典型自闭症、脑器质性疾病和癫痫。2004 年,北京市对 2—6 岁儿童进行广泛性发育障碍的流行病学调查,发现该年龄阶段的儿童中广泛性发育障碍的患病率为 0.153%。2012 年,深圳市对 3624 名 18—24 月龄婴幼儿进行自闭症谱系障碍的筛查及三年的随访,确诊的自闭症儿童有 10 名,患病率达到了 0.276%。[①]

2006 年,我国进行了第一次全国性流行病学调查研究,发现 0—6 岁的儿童患精神疾病的有 11.1 万人,其中,自闭症儿童已经占到 36.9%(约 4.1 万人)。2011 年,我国对 10 个省市 0—14 岁儿童进行自闭症患病率的调查,发现自闭症的总患病率是 0.255%。虽然这些结果显示我国的自闭症患病率低于西方国家[②],但有一些地区的数据比较接近国外的数据。宁波市对 12123 名 1—6 岁儿童进行筛查,自闭症发生率为 1.15%。[③] 2013 年,中山大学和广州残联开展的一项流行病学风险调查,广州普通幼儿园自闭症发生率为 1/133。《中国自闭症儿童发展状况报告》引用广州的这项流行病学调查,发现虽然广州自闭症幼儿患病率达到了 0.75%,但该项调查不包括散居的儿童及特殊机构的儿童,所以实际患病率可能更高,跟世界其他国家差不多接近,患病率约为 1%,那么我国自闭症个体将超过 1000 万人,其中 0—14 岁的自闭症儿童已超过 200 万。[④] 2017 年的《中国自闭症教育康复行业发展状况报告》表明,中国有 150 万名自闭症儿童,达到人口比例的 1‰,上升比例在

---

①   五彩鹿儿童行为矫正中心.中国自闭症教育康复行业发展状况报告[M].北京:光明日报出版社,2015.

②   Sun X, Allison C, Wei L, et al. Autism prevalence in China is comparable to Western prevalence[J]. Molecular Autism, 2019,10(1):1-19.

③   程薇,吕兰秋,钱莹莹,等. 宁波市 1—6 岁儿童孤独症谱系障碍调查 [J]. 预防医学, 2016, 28(11):1168-1171.

④   刘艳虹,董鸣利,胡晓毅,等. 国外孤独症谱系障碍研究前沿探测 [J]. 中国特殊教育, 2015(12):51-57,89;王馨、杨文翰,金宇,等. 广州市幼儿园儿童孤独症谱系障碍患病率和相关因素[J]. 中国心理卫生杂志,2011,25(6):401-408.

10％～17％。[1] 2020 年,我国进行了一次较大规模的调查,共调查了 6—12 岁的学龄儿童 142086 名(有效样本为 125806 名),共筛查出 867 例自闭症谱系障碍的患儿,自闭症的患病率达到了 0.69％,该数据较为接近国际的患病率(1％)。[2]

二、自闭症患病率波动的原因

近 10 年国内外相关流行病学调查数据显示,世界各国自闭症患病率均呈明显上升趋势。仅 2012—2018 年,自闭症谱系障碍患病率的增长幅度就超过了 56.8％,这一现象引起了社会各界的广泛关注。李洪华等在探讨自闭症谱系障碍患病率上升的原因时,分析了遗传疾病、筛查及不同诊断标准的使用,以及临床医师、教育研究者及家长对自闭症的认识水平提高等方面。[3]

(一)医学诊断标准变化

我国儿童精神科起步较晚,自闭症被医学界熟悉之前,绝大多数儿科、儿童保健医学、精神科及康复医学医生没有经过儿童精神医学的教育和训练。所以在 10 年前,自闭症儿童可能被误诊为其他发育障碍或者多动障碍、注意力缺陷、精神分裂甚至散发性脑炎等。现在,因为自闭症知识的普及和诊断标准的改变与完善,越来越少的自闭症儿童被误诊,导致自闭症患病率近年来出现上升趋势。现在新颁布的自闭症谱系障碍的诊断标准将以往的阿斯佩格综合征和未分类的广泛性发育障碍都归类于自闭症。

(二)大众对自闭症的认识水平提高

近 10 年来,随着网络、媒体的普及及科普演讲的大量宣传报道,越来越

① 刘霞,魏燕荣. 我国自闭症儿童教学干预研究综述 [J]. 乐山师范学院学报,2019,34(8):134-140.
② Zhou H, Xu X, Yan W, et al. Prevalence of autism spectrum disorder in China:A nationwide multi-center population-based study among children aged 6 to 12 years[J]. Neuroscience Bulletin,2020(36):961-971.
③ 李洪华,杜琳,单玲,等. 孤独症谱系障碍流行病学研究现状 [J]. 中华临床医师杂志(电子版),2014,8(24):4471-4474.

多的人通过互联网和宣传媒体了解到了自闭症的知识,很多家庭也越来越重视孩子的精神健康问题。父母一旦发现孩子行为异常,会去医院咨询,多数会送到医院诊治并采取一些干预治疗手段,因此医院诊断到的自闭症患儿数量也会上升。尤其是居住在城镇中的女性监护人、受教育水平较高的人群更容易识别出自闭症儿童,且更愿意送其就诊。① 之后应该更重视社区宣传教育,提高家长对自闭症的认识程度,以使更多的家长能够早期识别出自闭症儿童。

(三)现代医疗改革

随着"世界自闭症日"在各国的宣传普及,以及各国的改革深化,医疗机构采取了很多应对的便民措施,给自闭症患者的诊断和救治创造了更多、更便捷的条件,使得更多的自闭症患儿能够被及时发现并得到有效的治疗。

第四节　自闭症的病因分析及发病机制

自闭症的病因是不明确的,却是近 20 年来的研究热点之一。最初"冰箱妈妈"理论(即认为父母在情感方面的冷漠和教养过分形式造成自闭症)被推翻,到后来"注射疫苗增加自闭症谱系障碍风险"被证伪。专家普遍认为自闭症是由于大脑结构或功能有明显异常状态所导致的。近年来,通过神经影像学证明了自闭症儿童和正常儿童确实存在大脑结构和形状的不同。但实际上,美国疾病控制与预防中心及现在的研究者们认为自闭症是由多种因素导致的,如遗传、神经生物、母亲健康、生活环境和心理等因素。

一、遗传因素

儿童自闭症是一种具有生物学基础的心理发育性障碍,是一种带有遗传易感性的个体在特定环境因素作用下发生的疾病。在《科学》《自然》等著名杂志上有若干自闭症谱系障碍的文章探讨了自闭症谱系障碍不是单基因遗

---

① 王佳,吴晶,杨凤娟,等. 3—6 岁儿童抚养人孤独症相关信息知晓现况调查 [J]. 中国心理卫生杂志,2013,27(6):451-456.

传性疾病,而是多基因疾病,存在多种罕见的变异。

一些儿童生来就有易患自闭症的倾向,他们天生携带易感或致病的基因。家庭病学调查结果显示,自闭症儿童的父母往往表现得冷漠、刻板、过度敏感、焦虑、不善交际等,这就意味着他们可能存在类似自闭症儿童的心理问题。① 另外,如果家里第一个孩子有自闭症,那么生下的其他孩子患有自闭症的概率相比于正常家庭要高得多。最经典的例子就是患有自闭症的同卵双胞胎或多胞胎。19世纪70年代的一项关于双胞胎的研究第一次提出了遗传因素在自闭症中起到的重要作用。英国一项研究显示,1994—1996年,同卵双生的患病比例(77%～99%)显著高于同性异卵孪生。② 2019年,对丹麦、芬兰、瑞典、以色列和西澳大利亚的家庭和双胞胎的研究结果显示,在这些人中,有80.8%的人有自闭症基因。③ 自闭症患儿的兄弟姐妹中,患有认知障碍(包括自闭症、精神发育迟滞、学习障碍)和言语障碍者达6%～24%之高。在双生子研究中发现自闭症是以遗传倾向性为基础的认知障碍中的一种表现,其轻者为学习障碍,而其最为严重者即是自闭症。儿童自闭症有"家庭聚集"的现象,自闭症家庭中的自闭症患者负担加重,自闭症患者及其父母也有相似的认知障碍和特殊的个性特点,一级亲属的自闭症发病率为3%～5%,该比例是正常人的30～100倍。④ 这些研究都表明自闭症是一种高度遗传的儿童精神疾病。

当前,研究自闭症的科学家一直在利用双生子研究寻找自闭症儿童和非自闭症儿童特征的非共享环境影响的证据。言语和语言发育迟缓是最常见的自闭症早期症状。自闭症儿童在语言能力上存在很大的差异,从不会说话

① 雷秀雅.自闭症儿童教育心理学的理论与技术[M].北京:清华大学出版社,2012:6.
② Colvert E, Tick B, McEwen F, et al. Heritability of autism spectrum disorder in a UK population-based twin sample[J]. JAMA Psychiatry, 2015, 72(5): 415-423.
③ Bai D, Yip B H K, Windham G C, et al. Association of genetic and environmental factors with autism in a 5-country cohort[J]. JAMA Psychiatry, 2019, 76(10): 1035-1043.
④ 王哲.儿童孤独症的病因及影响因素初探[J].中国妇幼保健,2012,27(35):5834-5836.

的儿童（约占自闭症患儿的 20%）到患有阿斯伯格综合征的儿童，他们没有表现出任何明显的语言发育延迟，并可能拥有大量的词汇。双生子研究已经证明了语言的中度到高度的遗传性。类似于研究自闭症和智商重叠的研究，双生子研究可以揭示语言发育迟缓和自闭症之间的基因相关性。

　　自闭症也容易出现在其他有遗传性疾病的患者中。理查兹（Caroline Richards）和其他研究人员发现，在雷特综合征和科恩综合征中，有 50% 以上的人患上了自闭症；在德朗热综合征、结节性硬化综合征、安格曼综合征、充电综合征和 X 综合征等有特殊遗传学或染色体特点的病症中，30% 以上的病人都会有自闭症症状。幸运的是，通过产前筛查、妊娠期超声检测等，可以发现这些疾病的基因状况。[①]

　　目前，研究人员还发现，自闭症的产生有可能根源于基因。目前已有几百个可能引起自闭症的基因，包括 FOXP2、CNTNAP2、SHANK3、神经连接蛋白等。其分成三大类：第一类是与突触的形成及作用有关的基因；第二类是基因通过一种叫作"转录"的方法来调控其他基因的指令进入细胞内的蛋白生产；最后一种类型的基因会影响 DNA 在细胞中的纠缠，从而形成一种叫作染色质的结构。[②] 美国华盛顿大学的精神病和行为学部曾与世界各地的研究组织合作，发现在 6176 个患有自闭症的孩子中，有 15 个带有 CHD8 基因。2014 年，在 2147 例自闭症儿童中，发现 4.6% 的儿童存在新的拷贝数变异（de novo CNV）基因。[③] 结合该计划和西蒙斯自闭症数据库（simons simplex collection，SSC）的数据发现，与自闭症相关的基因位点有 6 个，包括

---

①　Richards C，Jones C，Groves L，et al. Prevalence of autism spectrum disorder phenomenology in genetic disorders：A systematic review and meta-analysis[J]. The Lancet Psychiatry，2015，2(10)：909-916.

②　刘艳虹，董鸣利，胡晓毅，等. 国外孤独症谱系障碍研究前沿探测 [J]. 中国特殊教育，2015(12)：51-57,89.

③　Pinto D，Delaby E，Merico D，et al. Convergence of genes and cellular pathways dysregulated in autism spectrum disorders[J]. The American Journal of Human Genetics，2014，94(5)：677-694.

1q21.1、3q29、7q11.23、15q11.2-13、16p11.2 和 22q11.2。①

二、神经生物因素

从神经生物角度,通过神经解剖和影像学研究,科学家认为自闭症儿童的大脑发育异常可能是自闭症发作的原因,也可能是基因变异导致了大脑发育发生了不可逆的过程。

自闭症儿童存在小脑异常,如小脑体积减小、浦肯野细胞数量减少及海马回、基底节、颞叶、大脑皮层等异常。自闭症儿童的小脑发育异常有两种类型:第一种是小脑蚓部和小脑半球发育不全。在 240 名接受检查的自闭症儿童中占据 89 ％。其表现是小脑蚓部 VI-VII 叶和小脑半球明显小于正常人。显微镜下显示,该小脑发育不良的原因是浦肯野细胞的大量丢失。在小脑蚓部 VII-I 和 II-X 叶中,浦肯野细胞损失 $50\%\sim60\%$,而在后侧的小脑半球损失了 $42\%\sim56\%$。② 卡珀(Ruth A. Carper)和库尔切斯尼(Eric Courchesne)的研究也发现自闭症患者小脑蚓部的浦肯野细胞数量减少。③ 第二种恰好相反,是小脑蚓部的增生。11% 的自闭症患者有细胞增生现象,其蚓叶 VI-VII 比正常人大 34 ％。但是这种细胞增生的病理现象还没有获得解剖学上的证据。小脑由其深层核团所发射的投影纤维与脑干的网络激活系统、丘脑、顶叶、额叶等部分有关联。浦肯野细胞是唯一能抑制其深层核团的神经元。浦肯野细胞的大量丢失,意味着小脑对网状结构、丘脑、顶叶和额叶等区域的调节功能缺失,使其运动、感觉、注意、记忆和唤醒水平出现障碍。④

① 五彩鹿儿童行为矫正中心. 中国自闭症教育康复行业发展状况报告(IV)[M].北京:光明日报出版社,2022:54;Sanders S J, He X, Willsey A J, et al. Insights into autism spectrum disorder genomic architecture and biology from 71 risk loci[J]. Neuron, 2015, 87(6): 1215-1233.
② Courchesne E, Yeung-Courchesne R, Hesselink J R, et al. Hypoplasia of cerebellar vermal lobules VI and VII in autism[J]. New England Journal of Medicine, 1988, 318 (21): 1349-1354.
③ Carper R A, Courchesne E. Inverse correlation between frontal lobe and cerebellum sizes in children with autism[J]. Brain, 2000, 123(4): 836-844.
④ 李宁生. 自闭症神经机制研究的新进展 [J]. 心理科学, 2001(2): 249-250.

　　功能性磁共振成像技术也显示了正常和自闭症儿童大脑边缘系统、额叶和颞叶等区域的差异。[①] 1—4 岁患有自闭症的儿童,其前额叶皮质发育不良,与正常儿童相比,其体积较大。[②] 与正常人相比,青少年和成年自闭症病人的前额叶皮层容积明显减少,脑白质密度也降低了。[③] 相关性分析表明,前额叶皮质的减少与自闭症症状的严重程度显著相关。哈佩(Francesca Happe)采用正电子发射断层扫描技术对高功能自闭症患者的研究发现,在一般问题解决过程中,自闭症患者的内侧前额叶皮质的激活程度较正常个体显著增强;而在心理理论任务中,自闭症患者的内侧前额叶皮质的激活程度降低,这说明自闭症患者内侧前额叶皮质的变化可能与患者的社会认知缺陷有高度相关。[④]

　　颞上沟是心理理论、言语知觉、视听整合、面孔加工、生物运动加工和社会知觉等心理活动发生的主要脑区。[⑤] 研究者认为,颞上沟结构和功能的异

① Bloss C S, Courchesne E. MRI neuroanatomy in young girls with autism: A preliminary study[J]. Journal of the American Academy of Child & Adolescent Psychiatry, 2007, 46(4): 515-523; Hazlett H C, Poe M D, Gerig G, et al. Early brain overgrowth in autism associated with an increase in cortical surface area before age 2 years[J]. Archives of General Psychiatry, 2011, 68(5): 467-476; Shen M D, Nordahl C W, Young G S, et al. Early brain enlargement and elevated extra-axial fluid in infants who develop autism spectrum disorder[J]. Brain, 2013, 136(9): 2825-2835.

② Hoeft F, Walter E, Lightbody A A, et al. Neuroanatomical differences in toddler boys with fragile X syndrome and idiopathic autism[J]. Archives of General Psychiatry, 2011, 68(3): 295-305.

③ Mitchell S R, Reiss A L, Tatusko D H, et al. Neuroanatomic alterations and social and communication deficits in monozygotic twins discordant for autism disorder[J]. American Journal of Psychiatry, 2009, 166(8): 917-925; Schmitz N, Daly E, Murphy D. Frontal anatomy and reaction time in autism[J]. Neuroscience Letters, 2007, 412 (1): 12-17.

④ Happe F, Ehlers S, Fletcher P, et al. "Theory of mind"in the brain. Evidence from a PET scan study of Asperger syndrome[J]. Neuroreport, 1996, 8(1): 197-201.

⑤ 肖振华,陈曦,王立新. 自闭症者颞上沟发育异常与其社会交往障碍探讨 [J]. 中国特殊教育,2010(7): 44-48,58.

常是自闭症发生的原因。^① 具体表现如下。

首先,自闭症患者大脑的脑白质和左颞极区的密度明显低于正常人。^②其中,自闭症病人的颞上沟灰质浓度下降与社会行为的不正常有关。

其次,自闭症病人的颞叶皮层厚度与年龄呈负相关,并且与正常人相比具有显著的负向关系^③,这意味着与同龄正常人相比,成年自闭症患者的颞上沟皮质更薄。2—3 岁自闭症患儿的颞叶灰质的体积较同龄正常发育儿童增大,但这种差异在年龄较大的患儿中不明显。^④ 该研究还探讨了脑叶体积与被试年龄之间的关系,结果发现,与 2—11 岁的正常儿童相比,自闭症患儿颞叶白质和灰质的体积变化更慢。

最后,对于患有自闭症的孩子,其两侧颞叶的血流灌注不足,而且随着灌注水平的降低,自闭症的症状也会加重^⑤,颞叶区域中颞上沟与颞上回的静息功能异常^⑥。

另外,全脑体积的变化也是值得关注的。波特(I. Pote)利用核磁共振技术对自闭症高危儿童和低危儿童的全脑容积进行了研究,结果显示,高危儿童在 4—6 个月时,其小脑及皮质下容积显著高于低危儿童,并且随着年龄的

① Zilbovicius M, Meresse I, Chabane N, et al. Autism, the superior temporal sulcus and social perception[J]. Trends in Neurosciences, 2006, 29(7): 359-366.

② Boddaert N, Chabane N, Gervais H, et al. Superior temporal sulcus anatomical abnormalities in childhood autism: A voxel-based morphometry MRI study [J]. Neuroimage, 2004, 23(1): 364-369.

③ Braden B B, Riecken C. Thinning faster? Age-related cortical thickness differences in adults with autism spectrum disorder[J]. Research in Autism Spectrum Disorders, 2019(64): 31-38.

④ Carper R A, Moses P, Tigue Z D, et al. Cerebral lobes in autism: Early hyperplasia and abnormal age effects[J]. Neuroimage, 2002, 16(4): 1038-1051.

⑤ Gendry M I, Zilbovicius M, Boddaert N, et al. Autism severity and temporal lobe functional abnormalities[J]. Annals of Neurology, 2005, 58(3): 466-469; Zilbovicius M, Boddaert N, Belin P, et al. Temporal lobe dysfunction in childhood autism: A PET study[J]. American Journal of Psychiatry, 2000, 157(12): 1988-1993.

⑥ Ohnishi T, Matsuda H, Hashimoto T, et al. Abnormal regional cerebral blood flow in childhood autism[J]. Brain, 2000, 123(9): 1838-1844.

增长,高危儿童的重复行为也会增加。[①] 同时,利用功能性磁共振成像技术,也可以观察到整个脑脊液的体积改变。在 6—9 个月时,患有自闭症的婴儿的脑脊液容量比正常婴儿和发育迟缓的婴儿明显增多,而且脑脊液容量在 12—15 个月和 18—24 个月内继续升高。[②] 进一步研究表明,在 24 个月内确诊为自闭症的高风险婴儿,其脑脊液容量在 6—24 个月时比一般婴儿明显增加。而且,脑脊液容量的升高与儿童自闭症的严重性有明显的相关性[③],应该指出,2 岁以下的自闭症儿童,其整个大脑的过度发育与其皮层的厚度无关,而是与其皮层的增加相关[④]。在 2—7 岁年龄段的自闭症儿童中,患儿颅内体积及全脑体积较正常发育儿童显著增加。[⑤] 弗赖塔格(Christine M. Freitag)的研究发现,儿童和青少年自闭症患者的整个大脑容积都要大于正常儿童。[⑥] 然而,哈登(Antonio Y. Hardan)的研究发现,自闭症青少年的整个大脑容量与正常人相比并没有太大差别,相反,他们的大脑中的灰质含量

①　Pote I, Wang S, Sethna V, et al. Familial risk of autism alters subcortical and cerebellar brain anatomy in infants and predicts the emergence of repetitive behaviors in early childhood[J]. Autism Research, 2019, 12(4): 614-627.

②　Shen M D, Nordahl C W, Young G S, et al. Early brain enlargement and elevated extra-axial fluid in infants who develop autism spectrum disorder[J]. Brain, 2013, 136(9): 2825-2835.

③　Shen M D, Kim S H, McKinstry R C, et al. Increased extra-axial cerebrospinal fluid in high-risk infants who later develop autism[J]. Biological Psychiatry, 2017, 82(3): 186-193.

④　Hazlett H C, Poe M D, Gerig G, et al. Early brain overgrowth in autism associated with an increase in cortical surface area before age 2 years[J]. Archives of General Psychiatry, 2011, 68(5): 467-476.

⑤　Bloss C S, Courchesne E. MRI neuroanatomy in young girls with autism: A preliminary study [J]. Journal of the American Academy of Child & Adolescent Psychiatry, 2007, 46(4): 515-523.

⑥　Freitag C M, Luders E, Hulst H E, et al. Total brain volume and corpus callosum size in medication-naive adolescents and young adults with autism spectrum disorder [J]. Biological Psychiatry, 2009, 66(4): 316-319.

会随着时间的推移而显著降低。[①]

在成年人群中,随着年龄增长,自闭症患者与正常人的脑部容积的差别也会随之消失。[②]

三、母孕健康因素

早期研究表明,自闭症患儿在母孕期、围产期和婴幼儿期等生长发育的关键时期各种并发症的发生率普遍高于正常儿童,若胎儿期或围产期产生了脑损伤,则自闭症症状于出生后不久就会出现。因此,孕产期的危险因素与自闭症之间是密切相关的。母孕期的高危因素包括父母生育年龄、孕期神经刺激、孕早期患病和感染、孕期服用药物与营养、是否接触过有毒物质、孕期喝酒和吸烟及妊娠期并发症等。

齐云柯等探究父母生育年龄与自闭症的关系,他们的研究发现:如果母亲或父亲任何一方生育年龄偏大,那么,这些高龄父母诞下的婴幼儿患有自闭症的风险会比正常人更高。[③] 这是由于高龄父亲的精子在形成过程中其部分功能会缺失,造成基因表达异常,而高龄母亲的卵子容易导致染色体变异和基因修饰,提高孩子的患病率。目前产妇年龄大于 35 岁被认为会增加子代患有自闭症的风险。

孕期神经刺激对母亲和婴儿的孕期环境都造成了严重影响,母亲怀孕期间多伴有紧张、焦虑或抑郁的状况,忧虑情绪高达 43%。如果母亲受到了严重的精神刺激,这会导致胎儿的脑部供血不足,还会通过胎盘造成胎儿体内的激素水平紊乱,干扰胎儿的正常生长发育。

---

① Hardan A Y, Libove R A, Keshavan M S, et al. A preliminary longitudinal magnetic resonance imaging study of brain volume and cortical thickness in autism [J]. Biological Psychiatry, 2009, 66(4): 320-326.

② Tepest R, Jacobi E, Gawronski A, et al. Corpus callosum size in adults with high-functioning autism and the relevance of gender [J]. Psychiatry Research: Neuroimaging, 2010, 183(1): 38-43.

③ 齐云柯,卢建平,寇聪,等. 父母生育年龄及母孕期因素与孤独症的关系 [J]. 国际精神病学杂志, 2015, 42(4): 8-12.

　　怀孕初期的妈妈自身患上自闭症的概率也比正常人高。处于情感状态较差和受病毒感染的孕妇最容易启动母体免疫活化（maternal immune activation，MIA）。该病主要与男性后代患自闭症有关，其发病途径多种多样。首先，母亲的免疫系统会产生炎症因子，从而影响到宝宝的迷走神经系统的发育。[1] 这种产前应激反应会影响子代围产期细胞因子谱的改变，尤其是白细胞介素-6。[2] 综合应激反应（integrated stress response，ISR）导致雄性后代的异常行为和皮质神经活动增加。[3] 另外，母体免疫激活通过影响母体肠道菌群来影响子代的微生物菌群。[4] 如果母亲患有多囊卵巢综合征则可能会影响女性子代的神经系统发育。[5] 而且，像患有多囊卵巢综合征这样的雄性激素相关疾病的母亲的女儿有更高的可能患自闭症，产前的高水平雌二醇比其他性类固醇有更大的可能性会增加子代患自闭症的可能性。

　　母亲的孕期用药和营养状况对子孙后代的健康有很大的影响。心理学研究者以丹麦 1996—2006 年间的儿童为对象，进行了深入研究，发现母亲在

---

① Yarandi S S, Peterson D A, Treisman G J, et al. Modulatory effects of gut microbiota on the central nervous system: How gut could play a role in neuropsychiatric health and diseases [J]. Journal of Neurogastroenterology and Motility, 2016, 22(2): 201-212.

② Andersson N W, Li Q, Mills C W, et al. Influence of prenatal maternal stress on umbilical cord blood cytokine levels [J]. Archives of Women's Mental Health, 2016, 19(5): 761-767.

③ Kalish B T, Kim E, Finander B, et al. Maternal immune activation in mice disrupts proteostasis in the fetal brain [J]. Nature Neuroscience, 2021, 24(2): 204-213.

④ Jiménez E, Marín M L, Martín R, et al. Is meconium from healthy newborns actually sterile? [J]. Research in Microbiology, 2008, 159(3): 187-193.

⑤ Cesta C E, Öberg A S, Ibrahimson A, et al. Maternal polycystic ovary syndrome and risk of neuropsychiatric disorders in offspring: Prenatal androgen exposure or genetic confounding? [J]. Psychological Medicine, 2020, 50(4): 616-624; Palomba S, Marotta R, DiCello A, et al. Pervasive developmental disorders in children of hyperandrogenic women with polycystic ovary syndrome: A longitudinal case-control study [J]. Clinical Endocrinology, 2012, 77(6): 898-904.

怀孕期间服用丙戊酸盐会明显提高后代患自闭症的风险。① 此外,研究人员还发现,在怀孕期间,如服用萨利度胺、米索前列醇、5-羟色胺(5-HT)再摄取抑制剂等,可能会增加后代患自闭症的概率。产前多维生素、长链多不饱和脂肪酸与叶酸的适当摄入可减少后代患自闭症的风险。② 但孕妇服用叶酸会带来双重影响,美国育龄妇女在美国自闭症发病率不断增加的这段时间里,已经开始全面补充叶酸③,但是,这是不是由于过早接触到叶酸而引起的自闭症增加还不清楚。另外,孕妇在怀孕期间接触可卡因、酒精等药物,出现病毒感染、甲状腺功能低下等情况都会增加儿童患自闭症的风险。④

孕妇在怀孕期间长期接触危险物质会增加婴儿感染风险。如果孕妇喝过受污染的水,吸入房间里的有害气体,或从母亲和胎盘中吸取有害的化学成分,婴儿的患病风险就更高。怀孕期间接触到污染的空气(PM2.5 和PM10),有可能引起胎儿神经发育不良。② 研究者发现,在怀孕期间,接近高速公路会使后代罹患自闭症和其他神经系统疾病的概率增大。美国国立科学研究院的研究表明,暴露于多氯联苯胺过量的婴儿,认知面部表情的能力

① Christensen J, Grønborg T K, Sørensen M J, et al. Prenatal valproate exposure and risk of autism spectrum disorders and childhood autism [J]. JAMA, 2013, 309(16): 1696-1703.

② Zhong C, Tessing J, Lee B K, et al. Maternal dietary factors and the risk of autism spectrum disorders: A systematic review of existing evidence [J]. Autism Research, 2020, 13(10): 1634-1658.

③ Williams L J, Rasmussen S A, Flores A, et al. Decline in the prevalence of spina bifida and anencephaly by race/ethnicity: 1995—2002 [J]. Pediatrics, 2005, 116(3): 580-586.

④ Rutter M. Aetiology of autism: Findings and questions [J]. Journal of Intellectual Disability Research, 2005, 49(4): 231-238.

较弱,综合智商较低。① 后代是否存在患自闭症风险还与农药的使用有关。②
美国曾做过一项调查,发现住在被有机氯类杀虫剂污染的农田周围 500 米内
的妇女,其子女患自闭症的风险比不住在农田附近的妇女高 6.1 倍。自闭症
发病风险随有机氯类杀虫剂的浓度上升而增大,随居住距离增加而减小。诱
发自闭症的因素甚至可能存在于阻燃剂与汽车尾气之中。

　　早产被认为是与自闭症发生相关的一个可能因素。妊娠少于 37 周的分
娩被认为是早产。美国每年大约有 1/8 的婴儿是早产的。胎儿的发育,尤其
是大脑的发育,会持续到妊娠晚期。这一时期发生的许多发育变化与大脑连
接的快速增加有关,早产会破坏这一过程。快速的大脑发育会导致发育迟
缓,与足月出生的婴儿相比,早产儿的皮质灰质较少。当孕周低于 36 周时,
发育迟缓的概率呈指数级增加。一些常见的由早产导致的发育迟缓包括认
知缺陷、社交困难、言语和语言缺陷等,导致患自闭症和精神疾病的风险增
加。总而言之,早产是自闭症和发育迟缓的危险因素之一,应当尽早采取强
化干预措施。近年来开展的一项针对 37634 名自闭症儿童和 12081416 名神
经典型发育者的分析发现,除了早产,其他围产期因素的影响,如产前出血、
剖宫产、诱导分娩、先兆子痫、胎儿窘迫、低出生体重、产后出血等与患自闭症
风险具有相关性。③ 围产期危险因素可能是自闭症的诱发因素。

四、生活环境因素

　　多项科学研究已经证明了自闭症受基因的影响,但是自闭症的诱发不仅
受出生的母婴环境影响,同时也会受家庭成长环境和物理环境的影响。甚至

---

① Davis D A,Bortolato M,Godar S C,et al. Prenatal exposure to urban air
nanoparticles in mice causes altered neuronal differentiation and depression-like
responses [J]. PloS One,2013,8(5):1-7.

② Von Ehrenstein O S,Ling C,Cui X,et al. Prenatal and infant exposure to ambient
pesticides and autism spectrum disorder in children:Population based case-control
study [J]. BMJ,2019(3):1-10.

③ Wang C,Geng H,Liu W,et al. Prenatal,perinatal,and postnatal factors associated
with autism:A meta-analysis [J]. Medicine,2017,96(18):1-7.

现在有研究者认为,具备自闭症基因的儿童只有在一定的生活环境中才会导致自闭症谱系障碍的发生。在《普通神经医学纪要》中提及,自闭症风险的发生由于环境因素的影响有高达55%的可能,而基因因素的影响低于40%。

最容易诱发自闭症的生活环境是不良的家庭环境。不良的家庭环境主要是指父母不和、分居、离异及家庭气氛紧张等因素。早期研究认为多数自闭症儿童的父母具有孤僻冷漠、不合群、不善交际、亲子关系疏远、缺乏同情心等个性特征,在这种家庭环境中成长的儿童的患病率较高。家庭环境作为重要的影响因素之一,教育者和研究者均强调它的重要性,认为良好的家庭环境和和睦的双亲关系对自闭症儿童的培养有积极的社会作用,不良的家庭环境对自闭症儿童的预后是不利的。

不良的家庭养育方式也是其发病原因之一。虽然"冰箱妈妈"理论给我们带来了一个错误的教训,使得讨论家长的抚养方式与孩子的自闭症之间的关系成为一个"禁忌",但最近几年,有些学者又开始关注家庭教养对自闭症患儿的影响,他们认为,如果家长不正确地教育,会造成孩子的焦虑和精神问题,这是造成自闭症的一个主要原因。[1] 家庭教养不当包括过分保护、溺爱、惩罚及母爱剥夺等等。家庭环境不良与教养方式不当两者结合起来会使儿童的情绪和行为障碍及品行障碍的发生率明显增加,使自闭症儿童的沟通与交往障碍更加突出,预后亦相应受影响。

心理学家曼迪(William Mandy)和赖孟川(Lai Meng-Ch)认为亲子互动会减少携带自闭症易感基因的儿童的一些"前驱"特征(包括活动水平、对主要照顾者关注和对社交情景关注等方面的减少)。[2] 莱文(April R. Levin)等发现,早期的社会剥夺和受虐与日后长期的社交功能失调有关,但在受到早期的社会排斥和虐待后,通过家庭照料,这些孩子的社交能力得到了有效的

---

① 五彩鹿自闭症研究院.中国孤独症教育康复行业发展状况报告(Ⅳ)[M]. 北京:光明日报出版社,2022:57.

② Mandy W, Lai M C. Annual research review: The role of the environment in the developmental psychopathology of autism spectrum condition [J]. Journal of Child Psychology and Psychiatry, 2016, 57(3): 271-292.

改善。① 邹小兵从遗传、环境、养育环境等方面的研究出发,结合曼迪的理论假设,提出了自闭症个体遗传与环境稳态、稳态失衡、理想稳态等相关概念,并给出相应的干预准则。②

身体状况也会影响自闭症的发生。一项对 55 名 5—16 岁的自闭症儿童和 44 名对照组进行的研究表明,在自闭症儿童的血液和尿液中,铅的浓度较对照组高 41%,尿中铅、铊、锡、钨的浓度则高出 74%,而血中的钙含量则低于对照组 19%,自闭症的严重性与身体中的重金属浓度有很大的关系。③

五、心理因素

神经心理学假说可以解释一些自闭症儿童的行为和心理机制,比如心理理论缺失理论、执行功能障碍理论、弱中央统合理论、破镜理论等。然而,这些假说都只能部分解释自闭症儿童行为和心理机制。

第五节　自闭症儿童的教育政策及教育措施

一、自闭症儿童的教育现状

根据 2019 年发布的《中国自闭症教育康复行业发展状况报告(Ⅲ)》,我国患有自闭症人数已经超过了 1000 万。但实际上中国的自闭症患者可能远远不止这个数目。一方面,自闭症的诊断和治疗干预资源主要集中在经济发达的城市,而经济水平较低的城市想要获得医疗资源是比较困难的。五彩鹿自闭症研究院调查了高学历的家庭中自闭症患者的成长经历,结果发现,在低经济水平的地区自闭症非常难诊断出来,需要辗转多家医院,到经济发达

---

① Levin A R, Fox N A, Zeanah Jr C H, et al. Social communication difficulties and autism in previously institutionalized children [J]. Journal of the American Academy of Child & Adolescent Psychiatry, 2015, 54(2):108-115.

② 转引自:五彩鹿自闭症研究院.中国孤独症教育康复行业发展状况报告(Ⅳ)[M]. 北京:光明日报出版社,2022:58.

③ Adams J B, Audhya T, Mcdonough-Means S, et al. Toxicological status of children with autism vs. neurotypical children and the association with autism severity [J]. Biological Trace Element Research, 2013, 151(2):171-180.

地区才能得到诊断和治疗。[①] 由此可见,不仅是自闭症儿童的父母不太了解自闭症症状和现状,我国医疗系统对自闭症症状的普及也是不足的,此外,父母对儿童能正常成长的期待让他们不愿意去了解儿童精神障碍疾病,因此一个自闭症儿童得到正确诊断的过程也是漫长的。另一方面,由于我国自闭症诊断缺乏统一的标准、掌握诊断技术的专业人员和清晰的干预路径,因此,一般自闭症儿童真正确诊需要经过漫长的过程。经过调查发现,自闭症从首次出现症状到获得诊断之间会有 11.7 个月的延迟[②],而首次出现症状到确诊实际上平均需要 4 年,接近 90％的孩子是在 2 周岁后才发现异常情况,将近30％的儿童确诊时间在一年以上,44.2％的自闭症儿童从怀疑到确诊花了半年以上的时间[③]。

　　现在,已经有非常多的研究者关注到自闭症,尤其在自闭症的诊断和症状及干预方面。但是只有较少研究者会关注自闭症患者的生命历程,尤其是自闭症患者及其家庭的社会融入情况。自闭症导致患者及其家庭需要付出比正常人家庭更多的努力才能在相应的人生阶段达到正常的水平。但事实上,自闭症儿童在成长过程中难以"按时成长"。所谓"按时成长"共有三层含义:(1)根据年龄层级来对个体人生轨迹中所需要承担的社会角色和经历的社会事件进行安排,如上学、工作、结婚、生育、退休等阶段[④];(2)个体具有主观能动性,其生命轨迹并不完全由社会期望和历史因素决定,个体有可能偏离社会期望下的标准时间表,来创造自己的历史进程;(3)个体与环境之间是相互匹配的,在个体主观能动性和社会历史时间的共同作用下,个体生命历

①　五彩鹿自闭症研究院. 中国孤独症教育康复行业发展状况报告(Ⅳ)［M］. 北京：光明日报出版社,2022：193.

②　Su X, Long T, Chen L, et al. Early intervention for children with autism spectrum disorders in China：A family perspective ［J］. Infants & Young Children, 2013, 26 (2)：111-125.

③　深圳市自闭症研究会. 中国自闭症人士服务现状调查［M］. 北京：华夏出版社, 2013：99.

④　Elder Jr G H. The life course as developmental theory ［J］. Child Development, 1998, 69(1)：1-12.

程可能会发生改变。① 自闭症儿童在每个人生阶段都不如一般人那样轻易做到结婚生子、工作和养育家人等。自闭症个体遇到的挑战和困境也比常人多得多。

通过前文的介绍，我们了解到自闭症在儿童早期出现，具有交互性社交和社会互动的损伤，这些行为问题导致他们的日常社会功能受限。他们表现出来的典型症状使得他们难以融入正常的社会环境中，难以达到正常人的水平。由于社交沟通障碍，自闭症儿童缺乏正常的社交能力，难以融入校园、社会生活。在学龄期，他们不懂得如何与其他儿童互动交流，不善于表达自己的情感，甚至严重到通过一些破坏性行为，如尖叫、掀桌子等来表达自己的情绪。有一些还存在智力障碍等共病，在学习上存在明显的落后。

一方面，在教育方面，根据随班就读的政策，自闭症儿童可以进入正常学校进行学习。这种体制可以让一些高功能的自闭症学生能够顺利读书、上大学，但大部分自闭症儿童在小学阶段进入普通小学，到了中学阶段进行特殊教育，实现与普通教育的分流，还有一部分孩子由于学习能力较弱，他们的教育可能止步于小学阶段。其实，一般的自闭症孩子无论去正规的学校还是特殊的学校，都要动用大量的人脉。因为对自闭症的特殊教育并非普及到所有学校，没有接受过专业训练的教师很难应对好自闭症儿童，国内专业人员培训不足，基本上普通教师都缺乏基础的特殊教育理念。② 2011 年的调查发现，了解自闭症核心症状的教师只有 18.3%。③ 另一方面，家长陪读情况也不容乐观，一部分受到家长自身情况的影响，另一部分是因为陪读的特殊性导致很多学校并不允许，认为自闭症儿童的情绪问题和行为问题可能会对正常教育过程造成麻烦，难以被其他正常儿童的家长接受。

虽然现代社会的教育与就业大多是为了多数群体而设立的，很少考虑自

---

① 包蕾萍. 生命历程理论的时间观探析 [J]. 社会学研究，2005(4)：120-133,244-245.
② 邓猛，黄伟，颜廷睿，等. 孤独症儿童教育康复现状与思考 [J]. 残疾人研究，2014(2)：37-42.
③ 杨广学，郭德华，钱旭强. 自闭症康复机构教师职业现状调查与分析 [J]. 中国特殊教育，2011(11)：66-71.

闭症人群的生存需要,但让自闭症儿童回到正常的教育环境,却是父母最大的愿望,半数的父母希望自己的子女能够在普通的教育环境下接受正规的教育。要知道,目前的教育体制对于特殊群体的容忍度实在是太低了,大龄自闭症患者很难接受到更好的教育,特别是在义务教育以外的高中教育、职业教育、大学教育等中,这些都是自闭症患者未来步入社会时的一个问题,他们很难找到合适的工作,也很难得到社会保障。

特殊教育和康复训练也是自闭症儿童受到教育或帮助、康复的重要途径。很多自闭症儿童的精英家长设立了自闭症儿童的康复机构或特殊学校,近 10 年来国内这些机构逐渐发展起来。但是特殊教育和康复训练在国内整体水平上缺乏专业人士的指导和足够的资金支持,收效甚微。为了能够进入普通教育的环境,越来越多的自闭症儿童开始接受康复训练,但目前的康复训练机构仍是供不应求,只有不到 1/3 的自闭症儿童在 3 岁之前可以接受康复训练,而将近 1/5 的自闭症儿童直到 6 岁才开始接受训练。更加残酷的是,由于普通教育体制的单一化及自闭症儿童的适应问题,即便一些自闭症儿童经过训练后症状得到改善,他们也很难接受普通教育。而特殊教育学校结合了康复训练和普通教育,成为一部分自闭症儿童唯一能接受教育的地方。

在美国,特殊教育学校有专门针对自闭症儿童的特殊教育方面的教师及康复人员,甚至在教育政策上规定了从事自闭症儿童康复训练的特教老师必须具备的一些专业素养。英国在 2010 年设立了一批符合家长要求的特殊类别的学校,可以将自闭症患者融入正常的教育环境,这是由家长、教师、慈善团体、商业组织、大学、宗教等在政府支持下成立起来的学校,但由于这样的特殊教育学校在各方面的需求很大,办学经费投入较多,一般家庭和贫困家庭都难以承担相应的教育费用。而我国在特殊教育方面还属于起步阶段,2014 年才颁布了支持特殊教育学校的政策,现有的特殊教育学校在资金和技术及教师方面都是极其缺乏的,当前还只是摸索期和尝试阶段。宿淑华等对 114 所特殊教育学校自闭症儿童教育现状进行调查后发现:(1)轻度和中度的自闭症儿童一般选择进入普通学校,特殊教育学校里中度和重度自闭症患者占比较大；（2）特殊教育学校提供自闭症儿童教育康复训练，自闭症儿童在语言能力、沟通能力、情绪行为能力、认知水平、社会适应能力等方面有明显进步，自闭症儿童能在特殊教育学校得到一定的康复；（3）在康复训练中，采用的技术主要包括综合应用行为分析法、结构化教学法、人际关系发展干预、感觉统合训练等。[1]另外，有研究者发现，我国特殊教育行业具有从事特殊教育行业的教师人数少、工资低、学历一般、掌握的技术较少、经验缺乏等特点。

随着科技的发展，特别是在最近几年的疫情暴发中，远程教育对自闭症的诊断、治疗、教育等方面都有很大的帮助。在远程自闭症诊断中，自闭症儿童家长可以在远程平台的指导下，对患儿的言语、行为、社交技能等进行诊断评估，另外，通过自闭症远程干预平台可以进行行为管理训练、应用行为分析干预训练、功能性沟通训练、社会沟通训练等。[2]远程指导促使特殊儿童教育资源在地区上基本实现了均衡化发展。

然而，现行的特殊教育都是针对可控的、经过康复训练的自闭症学龄儿童。而对于12岁以上的大龄自闭症儿童缺乏一种合适的教育方式让他们能够适应社会。90%以上的家庭担心自闭症儿童未来的就业问题、养老问题。进入青春期后，除了民营机构开展技能培养和托管，没有更多的政策保障和支持这群孩子的未来，他们也离社会越来越远。基本上，大多数家长会选择与自闭症患者共度余生或者再生一个健康的孩子陪伴他们终老。

二、自闭症儿童的教育政策

（一）特殊教育的教育政策

《残疾人权利公约》是联合国历史上第一个内容全面的保护残疾人权利的公约，中国在2007年正式签署了该《公约》，为国际残疾人的福祉做出一份

[1] 宿淑华，赵航，刘巧云，等. 特殊教育学校自闭症儿童教育康复现状调查［J］. 中国特殊教育，2017(4)：66-65.
[2] 陈雯珺，余英，Sue Ann Lee，等. 国外自闭症谱系障碍儿童远程诊疗：现状与启示［J］. 中国特殊教育，2022(1)：68-74.

贡献。2008 年《公约》正式在中国的法律和社会中生效。

我国的《中华人民共和国宪法》规定了残疾人身为公民的权利,因此特殊儿童自然享受教育权利,《中华人民共和国义务教育法》第十九条规定:"县级以上地方人民政府根据需要设置相应的实施特殊教育的学校(班),对视力残疾、听力残疾和智力残疾的适龄儿童实施义务教育。特殊教育学校(班)应当具备适应残疾儿童、少年学习、康复、生活特点的场所和设施。普通学校应当接收具有接受普通教育能力的残疾适龄儿童、少年随班就读,并为其学习、康复提供帮助。"该法律不仅规定了残疾人有受教育的权利,而且首次提到了"随班就读"这样的教育方式。《中华人民共和国残疾人保障法》第十八条和《中华人民共和国未成年人保护法》第二十八条均明确规定,特殊儿童享有接受教育特别是义务教育的权利。《中华人民共和国教育法》强调了国家、社会、学校及教育机构应当为残疾人教育共同做努力。

在这些法律的支持下,国家也提出了对应的政策。2008 年的《中共中央国务院关于促进残疾人事业发展的意见》提出:"加强师资队伍建设,提高特殊教育质量;完善残疾学生的助学政策,保障残疾学生和残疾人家庭子女免费接受义务教育;鼓励和支持普通高等学校开办特殊教育专业;支持师范院校培养特殊教育师资;落实特殊教育学校教师特殊岗位津贴政策。"这项政策使得我国特殊教育专业逐渐发展起来,受到特殊教育专业培训的教师也慢慢增多。《国家中长期教育改革和发展规划纲要(2010—2020 年)》的政策中关注到特殊儿童的终身教育问题,不但投入了足够的资金来支持特殊教育行业,同时也鼓励完善特殊教育体系:全面提高残疾人义务教育水平,发展残疾人学前教育,加快发展残疾人高中阶段教育;加快推进残疾人高等教育;大力推动成年残疾人的职业培训。

融合教育是特殊儿童教育的主要模式,在我国主要以随班就读的形式呈现。1986 年 9 月,《国务院关于实施义务教育法若干问题的意见》提出可在普通小学或初中附设特殊教学班,把虽然有残疾但不影响正常学习的儿童吸收到普通中小学上学。这是第一次提出融合教育的随班就读的概念。1988 年,全国第一次特殊教育工作会议明确了以随班就读为主体的特殊教育格局。《中华人民共和国残疾人保障法》在 2011 年的修订中对随班就读有了明确的规定。后来,融合教育也随着《残疾人随班就读工作管理办法》的提出和完善而有所进展。接着,2009 年《关于进一步加快特殊教育事业发展的意见》为提高特殊儿童的受教育率,推动教育体系和社会对该群体的认识,让更多特殊儿童能够完成义务教育,明确提出:"继续提高残疾儿童少年义务教育普及水平;鼓励社会力量举办学前特殊教育机构;不断扩大随班就读规模;确保随班就读的质量;加大特殊教育宣传力度,形成关心支持特殊教育、尊重特殊教育教师和残疾人教育工作者的舆论氛围;广泛动员和鼓励社会各界捐资助学。"可见国家从各方面发动社会对残疾人的关注,还着重强调了"随班就读"的推行。

　　为了促进"随班就读"这项政策的落实,《中国残疾人事业"十二五"发展纲要》规定"建立完善残疾儿童少年随班就读支持保障体系,依托有条件的教育机构设立特殊教育资源中心,辐射带动特殊教育学院和普通学校,提高随班就读质量。支持儿童福利机构特教班建设",并建议对 0—6 岁的特殊儿童进行早期干预、实行康复教育。同样,《中国儿童发展纲要(2011—2020 年)》也提到了提高 0—6 岁残疾儿童抢救性康复率,增强残疾儿童的生活自理能力和社会适应能力。融合教育在《特殊教育提升计划(2014—2016 年)》中再次被提出,该政策是在教育部、发展改革委、民政部、财政部、人力资源社会保障部、卫生计生委、中国残联共同努力下制定的,他们共同推动了融合教育的大力实施。

　　(二)自闭症儿童的教育政策

　　自闭症儿童也属残疾人范畴,因此对残疾人的政策和法律都适用于自闭症患者,但自闭症患者也有专属的法律法规。由于自闭症在义务教育法律条文中的规定不够明确,在现实执行当中会造成普通学校只考虑智力障碍学生而把自闭症儿童排除在校外的情况。因而,2011 年修订的《残疾人随班就读工作管理办法》中有很好的修正,提法变为"随班就读对象是指所有能适应普通学校学习的视力残疾、听力残疾、言语残疾、肢体残疾(包括脑瘫)、智力残疾、精神残疾(包括自闭症)、多重残疾等残疾人"。因此,自闭症儿童的义务教育权利得到了保障。同样,2009 年《关于进一步加快特殊教育事业发展的意见》提出,"积极创造条件,以多种形式对重度智力残疾、自闭症、脑瘫和多重残疾儿童少年等实施义务教育,保障儿童福利机构适龄残疾儿童少年接受义务教育",再度明确了自闭症儿童的义务教育权利。

2021年9月,《中国儿童发展纲要(2021—2030年)》围绕健康、教育等领域,提出以下与残疾儿童及自闭症儿童相关的策略措施。

1. 加强儿童保健服务和管理,加强儿童保健门诊标准化、规范化建设,提升儿童保健服务质量

推进以视力、听力、肢体、智力及自闭症五类残疾为重点的0—6岁儿童残疾筛查,完善筛查、诊断、康复、救助相衔接的工作机制。

2. 保障特殊儿童群体受教育权利

完善特殊教育保障机制,推进适龄残疾儿童教育全覆盖,提高特殊教育质量。坚持以普通学校随班就读为主体,以特殊教育学校为骨干,以送教上门和远程教育为补充,全面推进融合教育。大力发展残疾儿童学前教育,进一步提高残疾儿童义务教育巩固水平,加快发展以职业教育为重点的残疾人高中阶段教育。推进自闭症儿童教育工作。

3. 落实残疾儿童康复救助制度

完善儿童残疾筛查、诊断、治疗、康复一体化工作机制,建立儿童残疾报告和信息共享机制。提高残疾儿童康复服务覆盖率,提高为有需求的残疾儿童提供康复医疗、康复辅助器具、康复训练等基本康复服务的供给能力,规范残疾儿童康复机构管理。支持儿童福利机构面向社会残疾儿童开展替代照料、养育教育辅导、康复训练等服务。这项政策既衔接了当下时代的情况,进一步推动了融合教育在自闭症儿童上的应用和发展。

三、自闭症儿童的教育举措

20世纪60年代,西比尔·埃尔加(Sybil Elgar)成为第一位自闭症儿童教师,成立了国际自闭症学会(National Autistic Society)的前身自闭症儿童学会(Society for Autistic Children),为自闭症患者建立了合适的环境并开创了教学方式来帮助自闭症患者。1987年,应用行为分析法(applied behavior analysis,EBA)有效改变了多名自闭症儿童的症状。美国政府在 90 年代出台的政策法规使得特殊教育如同雨后春笋般迅速兴起,使其从孤立到整合。美国与英国的自闭症儿童的安置模式都是以融合学校为主,辅之以特殊教育班、特殊教育学院等。① 在日本,即将满 6 岁的学龄自闭症儿童被安置于普通班、特殊班或为障碍者专门设立的特殊班级及地方政府设立的特别支持养护学校。② 新加坡和韩国这些亚洲国家将自闭症儿童安置于特殊学校或者专门为自闭症儿童创办的学校。

我国自闭症儿童的教育安置方式与发达国家仍存在很大的差距,现有的教育安置方式有如下几类。③

第一类是完全在普通学校就读。学校同意接收没有明显行为问题、智力基本正常、生活能自理,经过训练后能适应学校常规学习活动的自闭症儿童。这种方法比较适合于轻度自闭症儿童,经过康复训练得到明显改善,这样自闭症儿童就能比较顺利地开展社会化的学习。

第二类是普通幼儿园或学校,但家长或专人在班级陪同。由于我国的特殊教育起步比较晚,在整个教育系统内缺乏专业的特殊教育教师,普通教师也缺乏应对特殊儿童的经验和对应的教学方案。因而,陪护起到照料自闭症儿童的作用。然而仅有少数的学校能允许家长进行陪同。

第三类是半随班就读方式。由于存在行为和情绪问题,自闭症儿童不能长时间待在学校。为了能适应普通的教育环境,他们需要在特殊学校或者康复训练机构接受教育适应训练。也就是说,自闭症儿童需要在特殊学校和普通学校交替接受教育,以求康复后能更好地进入普通教育环境。

第四类是完全随智力障碍教育班就读。接收智力低下,但其他社会功能

① 杨希洁. 英国自闭症儿童的教育现状、挑战及启示 [J]. 中国特殊教育,2014(10):28-33,45.
② 深圳市自闭症研究会. 中国自闭症人士服务现状调查:华南地区 [M]. 北京:华夏出版社, 2013:93-95.
③ 五彩鹿儿童行为矫正中心. 中国自闭症教育康复行业发展状况报告(Ⅳ)[M].北京:光明日报出版社,2022:221-248.

较为健全的学生。

第五类是单独编班。一般在特殊学校,再配备较高水平的师资及良好的教学资源,通过小班级的形式进行教学。

第六类是家庭养护与专家咨询(或社会机构服务)相结合的方式。接受该类教育的自闭症儿童症状较为严重,没有生活自理能力。

国内民营组织已经逐渐发展起来了,至今有近百家自闭症儿童培训机构。其中最具代表性的是中国残疾人联合会组织的资金充足、师资力量雄厚的全公办学校模式(如广州康纳学校)和教育部门全力支持的全公办学校,将正常儿童与障碍学生共同放在融合教育的环境中进行培养(如北京海淀培智学校)及残疾人康复中心支持下的康复中心。然而,这些能为自闭症患者提供服务的公办学校还不能满足当前自闭症患者的教育需求,多数组织缺乏资金和场地的硬件优势,教师的专业能力也不足。

在我国政府的大力支持下,社会上已经有越来越多的民办学校或机构,其规模和办学理念较为成熟,能为自闭症患者提供较为优质的个体服务。中国社会科学院 2009 年调查发现,我国各类民办自闭症服务机构超过 400 家,并且超过半数的机构是由自闭症儿童的母亲创办的。《2013 年中国残疾人事业发展统计公报》调查发现,共有 17000 余名自闭症儿童接受康复训练。[①]虽然我国民办组织发展迅速,但其中也存在着一些登记混乱、管理不规范、机构运营困难和师资队伍流动大的问题。

四、融合教育对自闭症儿童的应用

自闭症儿童的健康发展不再局限于治疗和康复训练,为他们提供更具有效性、包容性、发展适宜性的教育已成为当下自闭症儿童身心发展的全新导向,融合教育就是其中重要的途径。自 1994 年联合国教科文组织在世界特殊教育需要大会上发表《萨拉曼卡宣言》确立融合教育理念后,为特殊学生提供平等的教育机会已成为全球教育的重要发展趋势。融合教育是指让有特

[①]　王波. 中国内地孤独症研究 30 年回眸:发展、问题与对策 [J]. 教育导刊,2013(4):
　　　49-52.

殊需要的儿童进入普通班级,最大限度地发挥其潜能并使其与普通儿童共同发展。"融合"在国内也可以叫作"全纳",对应着心理和情感上的接纳与尊重,而"融合"是"全纳"的表现形式。在融合教育环境中成长的自闭症儿童有更好的社会环境适应能力①,并且能使其情绪和行为问题得到改善。但融合教育对高功能自闭症儿童的影响效果最好,对低功能自闭症儿童的影响不大,因而低功能自闭症儿童应当进行早期干预。② 当前,从全球范围来看,融合教育仍处于摸索、发展阶段,在不同国家和社会背景下,融合教育的定义、目标、途径和结构不太相同,存在着完全融合(接纳)和部分融合(接纳)的争论,这要求普通教育在教育观念、社会文化上的根本改变。

　　虽然融合教育在全球范围实行不太均衡,但在美国,融合教育发展得极好,被安置于普通班级的自闭症儿童已达到89.7%。③ 而根据残联的统计,我国有90%的自闭症儿童无法在学校接受义务教育,这可能与我国经济发展不均衡和政策较为落后有关。自国家《第二期特殊教育提升计划(2017—2020年)》及《江苏省第二期特殊教育提升计划》发布实施以来,江苏省持续推动特殊教育改革,在基础教育各学段全面实施融合教育。④ 当前,我国自闭症儿童融合教育的主要安置方式是普通学校的随班就读。康复教育机构、幼儿园、特殊教育学校、普通学校里的特殊班级也是融合教育的安置方式。

　　在学前阶段优先采用普通幼儿园随班就学的方式是学前融合教育的主要方式。自闭症幼儿的社会交往缺陷在学前融合教育中能得到较好的改善。这是因为同伴支持是一种有效的干预方式。在幼儿园中,帮助有需求的同伴是一种有组织的服务形式,大部分的幼儿具备对人友好的自然倾向,对这一

---

①　Gallagher P A. Teachers and inclusion：Perspectives on changing roles [J]. Topics in Early Childhood Special Education,1997,17(3)：363-386.

②　孙圣涛. 自闭症儿童的社会缺陷及其早期干预研究的介绍 [J]. 中国特殊教育,2003(3)：68-72.

③　连福鑫,贺荟中. 美国自闭症儿童融合教育研究综述及启示 [J]. 中国特殊教育,2011(4)：30-36,47.

④　周琴妹. 学前融合教育中自闭症幼儿同伴支持的现状及策略初探 [J]. 教师,2022(5)：69-71.

部分幼儿进行相关技能的培训,他们会更加具备责任感、适当的敏感性及移情能力,给同伴提供支持和帮助。同龄人的支持不仅能让自闭症患儿的社交能力得到改善,也有利于稳定和调节自闭症儿童的情绪和行为,从而获得舒适感和安全感,使他们更好地适应普通幼儿园的教育环境,也可以提高普通幼儿对差异的接受度,促进同理心的发展。① 自闭症幼儿还伴随语言、行为、认知、情绪等方面的问题,这些都是其同伴支持的阻力。而第三方机构的早期干预,可以帮助自闭症幼儿不同程度地减少这些阻力,为其同伴支持的顺利推进奠定良好的基础。然而,也有研究者认为这种奉献型的环境支持效果不大,将特殊儿童和普通儿童放在一起并不能保证真实的良性互动的产生,这种交互关系一旦脱离了教师或者家长的支持将难以维持。②

　　随班就读是最主要的融合教育方式之一,当自闭症儿童到了上小学的年龄,他们就会被送往普通学校就读。虽然普通学校的教师对自闭症儿童的接受是积极的,但接受程度也会受到教师本人的教学能力、学生的症状严重程度的影响。自闭症儿童属于被动学习型的学生,因此进入普通教室环境后,他们的听课状态非常不好,经常完全脱离课堂,即使在不断提醒下也只有一半能听讲,绝大部分很少或从不举手、不参与小组学习。③ 其中,轻度、中度自闭症学生上课可以做到比较专心,尽可能参与课堂活动,但是重度自闭症儿童在课堂中的表现是难以控制的。为了使自闭症儿童尽可能发挥他们的潜力,在教育环境中,需要学生、家长和老师之间进行合作,形成最优的融合社会互动模式,黄湘铃和蓝玮琛提出了一些建议:(1)直接通过各式各样的社

① 郭丽莎.普通小学随读自闭症儿童同伴支持的个案研究 [D].成都:四川师范大学,2015.

② Guralnick M J. The nature and meaning of social integration for young children with mild developmental delays in inclusive settings [J]. Journal of Early Intervention,1999,22(1):70-86; Guralnick M J, Connor R T, Hammond M A, et al. The peer relations of preschool children with communication disorders [J]. Child Development,1996,67(2):471-489.

③ 关文军.融合教育学校残疾学生课堂参与的特点及教师提供的支持研究 [J].中国特殊教育,2017(12):3-10.

交情景教会正常儿童一些社交技能;(2)用间接性的提示方式指导学生;
(3)由社交能力良好的学生带领、鼓励自闭症儿童在不同社会情景下参与人
际互动;(4)教导有良好社交能力的同学运用有效的技巧带动班上的自闭症
儿童。这些方式能使自闭症儿童在环境中建立良好的人际关系,让他们的社
会沟通能力得到提升。①

　　事实上,适合自闭症儿童成长的教育环境还是极为有限的,不仅是因为
自闭症儿童对环境需求的特殊性和敏感性、情绪和行为等问题,也是因为自
闭症儿童的情况受到正常儿童家长的排斥。融合教育真正实施起来存在诸
多挑战。首先,增加了普通教师的负担,因为自闭症儿童的症状表现各有不
同,教师需要考虑到他们的情绪障碍、学习表现、语言交流形式、行为模式等
方面,采取不同的教育模式和教学方案,帮助他们更好地适应普通教育环境。
其次,由于自闭症儿童与正常儿童之间的差异,他们会成为被欺凌和被排斥
的主要群体,不管是学生还是家长对自闭症患者的接纳程度都很低,因而导
致学校对接纳自闭症儿童产生顾虑。再次,自闭症的孩子需要一个能够帮助
他们缓解压力的环境,例如房间的布置和家具的摆放。最后,自闭症的孩子
也需要个人的空间来缓解他们的紧张情绪。这就对许多普通学校的教学条
件提出了更高的要求,所以许多学校都没有接收过患有自闭症的孩子入学。

小　结

　　通过本章的前四节,读者已经了解到什么是自闭症,包括自闭症的历史
发展、核心症状及当前自闭症的诊断和医治情况。最后通过第五节让读者看
到了自闭症儿童由于自身的症状所导致的艰难的受教育状况。尽管国家、社
会、教育系统已经开始关注、重视这群特殊儿童,但现状却无法给所有自闭症儿
童带去真正的改变。我们需要更多的探索、研究才能帮助到自闭症患者。比
如,在教育方法上,探索更适合自闭症儿童教育的途径;在诊断方法上,找到更

---

① 黄湘铃,蓝玮琛. 普通班融合教育情境中对泛自闭症学生之教学策略 [J]. 国教新
　 知,2012,59(4):15-25.

加高效的方式让自闭症儿童尽快得到确诊和医疗康复训练干预；在特殊教育培训上，建立完善的教师培养系统和特殊教育专业的体系，填补当下师资缺乏的漏洞。

第二章 自闭症儿童在多模态教学下的现状

　　自闭症儿童的症状难以被完全治愈,在成年之后,他们可能会遇到更多的社会困境。因而,国家和社会希望在自闭症儿童的成长过程中进行有效的教育干预帮助他们更好地应对社会问题。同样,如何让自闭症儿童走入社会、适应社会生活也是特殊教育领域关注的核心问题,教育者及自闭症儿童问题的研究者为此做了诸多探索,例如采用融合教育的手段、使用多种行为和神经技术改善自闭症儿童的情况。在本章中,我们将目光放在 20 世纪末兴起的一种教学模式——多模态教学上。多模态教学是一个全新的教学理念,即教师在课堂上运用声音、图像、动画、视频等多种教学形式,充分调动学生的多感官反应,使学生积极参与到学习过程中。

　　本章将围绕多模态教学及该教学理念在自闭症患者身上的应用展开详细的叙述。第一部分介绍多模态教学的起源和发展,窥探当时的教育环境和社会环境是如何促进该教学的发展,以及随着时代的变化和技术的迅速发展该教学发生了什么变化。第二部分阐述多模态教学在不同视角下的理论解释,包括多模态符号学、多元识读教学法、多模态话语理论及绘本教学动力学。多模态符号学强调了多元文化对多模态教学的影响。第三部分关注多模态教学在国内外的研究发展和教育实践成果,其中选择了部分教学实践案例了解多模态教学在课堂中如何被应用。第四部分重点突出多模态教学在自闭症儿童的特殊教育上如何应用及应用成效,这部分引出了我们的发现:虽然多模态教学是符合社会潮流和教育现状的理想教学理念,然而在自闭症儿童的特殊教育应用上却依然面临不小的挑战。

第一节　多模态教学的起源与发展

一、多模态教学的概念

20世纪90年代,语言学家克雷斯(Gunther R. Kress)和列文(Theo van Leeuwen)等开始关注视觉模态在辨别语法规则中的作用,并在批评话语分析的基础上提出了"多模态话语"的概念,即除了传统的语言符号外,还包括图像、表格、音乐等符号系统。① 我国学者顾曰国将模态定义为人类感官(如视觉、听觉等)和外部环境(如人、机器、物件、动物等)之间的互动方法。其中,单个感官叫单模态,两个感官叫双模态,三个及以上叫多模态(multimodal)。②

1994年,由美国、英国和澳大利亚的11名语言学家组成的"新伦敦小组"(The London Group)将多模态概念引入教育领域,提出了"多元读写"的概念,旨在培养学生的多元读写能力和读写多模态语义的能力。③ 继"新伦敦小组"提出"多元读写"概念后,斯坦(Pippa Stein)提出了"多模态教学"的全新教学理念,该理念指导教师在课堂上运用多种形式,如声音、图像、动画等,充分调动学生的多感官反应,使学生积极参与学习过程中。④

二、多模态教学诞生的背景

克雷斯和列文等提出"多模态话语"概念的初衷是为了应对当时的时代变化下对学生提出的新要求,其中,第一个时代变化是信息技术的发展促使表达意义的方式向着以多媒体为主导的方向过渡,第二个时代变化是全球化

---

① Kress G R, Leeuwen T V. Reading Images：The Grammar of Visual Design [M]. London：Routledge，2020.
② 顾曰国. 多媒体、多模态学习剖析 [J]. 外语电化教学，2007(2)：3-12.
③ 朱永生. 多元读写能力研究及其对我国教学改革的启示 [J]. 外语研究，2008(4)：10-14.
④ Stein P. Rethinking resources in the ESL classroom：Rethinking resources：Multimodal pedagogies in the ESL classroom [J]. Tesol Quarterly，2000，34(2)：333-336.

的推进使得文化多元化趋势和各种英语变体的出现。

第一个时代变化：随着以计算机和信息技术为代表的第三次产业革命的发展，人类进入了以"多媒体"为主导的时代，相对于传统的媒体（如广播、电视及各类印刷媒体），多媒体涵盖的范围非常广泛，它以数字化技术为依托，以互联网为主要的传播手段。在多媒体时代下，人们不再需要通过单一的书面文本来获取知识，而是可以通过听觉、视觉、手势、空间等多种渠道获取，因此，意义的产生和表达趋于多重化和整合化。

第二个时代变化：全球化的发展使得文化和语言（英语，国际通行语言，克雷斯和列文研究的主体）多样性越来越显著。各种亚文化在不同的维度上有着复杂的定义，例如性别、性取向、年龄和种族身份等。并且随着英语作为国际通行语言的使用，其内在的变化也越来越显著，如亚文化的、民族的、专业的等。①

基于以上两个主要的时代变化，克雷斯和列文等对课堂的表现形式赋予了新的概念，他们将课堂解释为社会空间，在社会空间中人们将制造多模态文本——视觉的、书面的、口头的、表演的、声音的或手势的来传达意义。同时期的"新伦敦小组"也认为强调如何将单词按照正确规则放入句子中的传统读写能力已经不再适应当下的社会。

于是，1994 年 9 月，在美国新罕布什尔州的新伦敦，语言学家和教育学家召开了为期一周的会议，共同商讨在时代变化背景下的教育改革，即面对变化迅速的未来应该向学生们教什么及怎么教。由此，他们提出了"多元读写"概念，其内涵是指学习者基于以往的知识和经历，创造性地运用通信技术，通过语言、视觉、听觉等多模态形式批判性地识读和理解多媒介提供的信息的能力。②

一个国家的国民读写能力的提高不仅仅代表着国民素质的提高，同时可

---

① Cope B，Kalantzis M．"Multiliteracies"：New Literacies，New Learning［M］//Framing Languages and Literacies. New York：Routledge，2013：105-135.

② 葛俊丽，罗晓燕．新媒介时代外语教学新视角：多元识读教学法［J］．外语界，2010（5）：13-19.

以增强综合国力、促进国家发展。在教育过程中,读写能力是其中最为关键的元素,是个人在社会中向上流动的最佳方式之一。[①] 读写能力有狭义和广义之分,狭义的读写能力是指个人的阅读和写作能力,主要关注个人读写的心理过程,心理学是其理论基础;广义的读写能力关注的是读写和社会实践,主要关注的是读写的社会应用能力,因此相比狭义的读写能力更加关注社会情境下读写能力的意义和价值,社会学和人类学是其理论基础。广义的读写能力又可分为"独立自主的读写模式"和"意识形态的读写模式",前者认为读写能力是一种价值取向中立的技能,可以脱离所处的社会背景,但会影响其他社会行为和认知行为;后者则认为读写能力与一定的社会语境相联系,语境的多样性会不可避免地导致读写的多样性,因此它所产生出的价值取向便不可能是中立的,而是和意识形态不可分割的。后者能够让人们更好地理解读写在其他人类活动中是如何发生的,因此被越来越多的读者所接受。

"多元读写"概念一经提出,便迅速引起了西方国家的高度重视。2003年,加拿大启动了一个全国性的"多元读写项目",预计花费三年甚至更长的时间来研究如何帮助学生应对全球化、网络化和文化多元化给读写能力带来的严峻挑战,并向帮助学生提高多元读写能力的学校提供指导和帮助。2006年,德国不来梅国家大学举办了名为"多模态识别与多元文化主义是欧洲的机遇吗?"的国际会议,180多名大中学校教师和教学管理人员参加了会议,主要内容是讨论全球范围内的移民对欧洲教育体系的冲击,并且就欧洲的教育计划提出了改革建议。

继"新伦敦小组"提出"多元读写"概念后,斯坦提出了"多模态教学"的概念。它可以被解释为教师在课堂上利用声音、图片、动画等多种媒体形式、多种教学手段来调动学生的多感官反应,使得学生积极参与到语言学习的动态过程中,注重培养学生的多元读写能力,促进学生通过共同参与和合作进行语言学习。斯坦提出,语言和读写教师的工作关键便是探索与课堂表现和意

---

① Cope B, Kalantzis M. "Multiliteracies": New Literacies, New Learning [M]// Framing Languages and Literacies. New York: Routledge, 2013: 105-135.

义构建活动相关的概念和实践问题。其中最大的教学挑战是如何让学生将了解到的内容带入意识层面,也就是如何帮助学生将他们知道的、记得的、感觉到的、感受到的及相信的转换为一段书面的文字、一段生动的对话或是一本图像剪贴本。①

在 2000 年左右,我国学者也开始关注多模态教学的相关研究。顾曰国在 2007 年首先区分了多媒体学习和多模态学习的概念,并构建了一个用于剖析多模态、多媒体学习的模型,并以外语学习为例演示了如何用该模型进行分析,同时基于心理学,特别是认知心理学对多媒体、多模态学习提出了五个可供进一步研究的假设,以及用"角色建模语言"对多媒体、多模态学习进行结构化数据建模的新思路。② 2009 年,张德禄重点探讨了系统功能语言学理论,为多模态话语分析和研究提供了理论框架,并根据该框架为现代媒体技术条件下的外国语教学实验提供了有效教学过程和实践的指导。③ 我国关于多模态教学的理论研究和实践探索起步相对较晚,理论研究方面,我国学者的研究主要集中在多模态课堂话语分析、教学模式探究等方面,并且由于该理论最初目的是提高英语读写能力的教学,因此我国的实践探索主要集中在外国语教学方面,其他领域也逐渐积累了一些相关经验。

三、多模态教学的发展现状

随着"多模态教学"理念的普及,相应的教育方式也向着更深层次发展。在相关教学人员的不断努力下,各种教学方式层出不穷,多模态教学在各个学科的教学中都发挥了重要的作用,下面将对不同学科的多模态教学进行简要的介绍。

在多模态语文教学中,教师可以利用多媒体设备播放视频、图片、录音等

---

① Stein P. Rethinking resources in the ESL classroom: Rethinking resources: Multimodal pedagogies in the ESL classroom [J]. Tesol Quarterly, 2000, 34(2): 333-336.

② 顾曰国. 多媒体、多模态学习剖析[J]. 外语电化教学, 2007(2):3-12.

③ 张德禄. 多模态话语理论与媒体技术在外语教学中的应用[J]. 外语教学, 2009, 30(4): 15-20.

来开展课堂教学,通过听觉、视觉、触觉等多种感知方法给学生全方位的学习体验。同时在教学实践中,教师更加注重培养学生正确使用网络的能力,因为教师可以借助网络来构建新的语文学习平台。比如在学习舒婷的《致橡树》时,对于这篇经典的诗歌作品,教师可以鼓励学生在语文学习平台上进行创作,比如以诗歌文本为主要形式,同时可以加入相关的图片、音乐、视频等来完善作品,使作品更能传达作者的创作意图,这在一定程度上可以激发学生的写作兴趣。同时,教师也需要根据时代的发展特点,对自身的教学方式做出一定的改革。比如,教师可以尝试学习一些简单的剪辑软件或者修图软件,用于制作个性化的课件,相比传统的教学方式,更能有效吸引学生注意力。[①]

在多模态数学教学中,多模态教学模式有助于调动学生的认知能力和思维能力,充分开拓学生思维方式,激活学生的思维状态,让学生的思维始终处于一种动态的、立体的状态中。首先,多模态教学能够帮助学生完成数学思维从"形象"到"抽象"的转变,数学的许多知识本身是抽象的,一个有趣的情境能够充分调动学生的学习兴趣和主观意愿;其次,多模态教学能够促进学生的数学思维从"局部"向"整体"转变,数学语言作为一种表达科学思想的通用语言和数学思维的最佳载体,是一种高度抽象的人工符号系统,形象化、实例化的表达能够促进学生思维的整体发展,实现数学思维的整体化;最后,在具体教学中,教师可以组织学生进行语言描述,通过表格呈现、直观图形展示、思维图示等多种表达方式来引导学生多角度、多层次地思考。[②]

在多模态英语教学中,除文本之外的语言、图像、空间等能够表达意义的符号也在其中发挥了重要作用。在英语教学中灵活运用多模态教学技术,能够充分激发学生对英语学习的兴趣,增强学生对英语学习的体验和自信,从而提高教学质量和效率。在多模态英语教学中,教学应当遵循相应的教学原

---

① 陈集泓. 多模理论视角下的高中语文文学类文本教学研究 [D]. 漳州:闽南师范大学,2019.
② 陈小彬. 多模态数学教学——催生学生"集成思维"的教学改革 [J]. 江苏教育,2018 (57):3.

则,尊重学生的主体性地位,针对学生的实际特点来展开教学,同时,教师也需要关注教学的有效性,从教学内容到教学实践等方面进行对应优化,增强英语教学的吸引力,体现多模态教学的应用价值,促进学生全方面提高自己的能力,促进综合素养的形成。在具体实践中,多模态教学能够突破时空限制,提高教学效率。比如,老师在课前可以将导学案、微课、课前测试等课前作业发布在网络上让学生完成;课中可以使用多种媒介形式,如视频、图像等激发学生的多种感觉;课后,可以利用"问卷星""云班课"等移动终端让学生对教学内容进行及时反馈和评估。①

　　综上,多模态教学最初是从语言学领域中提出的,为了应对全球化背景下文化多元化及多媒体占据主导的发展趋势,当时学者克雷斯等认为传统英语读写的概念已经不再适用。随后"新伦敦小组"提出"多元读写"概念,指学生利用多媒体发展背景下各种媒介渠道,通过语言、视觉、听觉等多模态形式批判性地识读和理解多媒介提供的信息的能力。在此基础上,斯坦提出了"多模态教学"概念并迅速变得普及,适用领域也从英语读写逐渐扩展到各个学科中,成为被广泛使用的教学模式。我国的多模态教学兴起之后,在正常发育儿童中取得较好的教学效果后,逐渐扩展到特殊教育领域,比如运用多模态教育技术(例如多媒体、虚拟现实等),以期提高自闭症儿童的言语交流、社会适应等方面的能力。

第二节　多模态教学的相关理论

　　本节将整合已有的多模态教学研究,从传统和近现代的教学理论创新等方面阐述多模态教学的理论发展和前进方向。站在研究者的角度思考,立足教育者的角度实践,启发人类重新思考教学和学习的实践意义和未来方向。

---

① 任枫. 多模态教学模式在中职英语教学中的运用 [J]. 新课程研究:职业教育,2012 (1):3.

一、多模态符号学

(一)概念和基本原则

多模态教学起源于社会背景的多元化,在社会符号理论和社会文化理论的影响下形成新的理论基础——多模态符号学。此处的"模态"是指社会和文化塑造了创造意义的资源①,运用这些资源在学习情景下产生意义是多模态教学的核心。但多模态与符号学的结合强调的是情景行为,产生这些情景行为的社会环境也是意义创造的关键因素。符号学更加关注人们如何基于文化背景、宗教信仰和社会制度等进行资源的运用,而不是强调这些资源的属性和本质。② 通过这些资源,增加了多模态发展的可能性,研究者也可以观察、理解人们使用多模态来创造、维持和传递意义到相互关联的生态系统和社会环境的不同方式。

多模态符号学强调:所有意义的产生都渗透于语言、身体姿态、动作等有区别的理想符号资源系统之间。每一个"物质行为"的意义可以由一个以上的符号关系系统构建,如一个书面词既是语言学符号,也是可视的书写符号;一个口语词的构建也需要依赖非语言的音质;一个图像可以按可视的性质,有时也可以按语言学的性质加以理解。因此,研究不同符号系统的物质因素和符号学因素如何整合成语篇甚为重要。研究的方法可以先分后合,先分析清楚单个的符号系统,然后再将其进行整合。③

(二)社会下的多模态符号学

多模态符号学产生于社会符号学。索绪尔(F. Saussure)第一次提出"符

---

① Bezemer J,Kress G. Writing in multimodal texts:A social semiotic account of designs for learning [J]. Written Communication,2008,25(2):166-195.

② Kress G,Van Leeuwen T. Multimodal Discourse:The Modes and Media of Contemporary Communication [M]. London:Arnold,2001.

③ Lemke J L. Important theories for research topics on this website[J]. Jay L Lemake Online Office,2005:15-18.

号学"概念①,他观察到"语言是社会事实",之后哈利迪(M. A. K. Halliday)详细解释了"语言是社会符号"的理论,他认为需要在社会语境中解释语言。在社会语境中,"文化"用符号学术语来解释就是"信息系统"。而在日常语言交流过程中,人类需要实现社会结构,肯定自己的地位和角色,建立和传递共享的价值系统和知识系统。哈利迪认为:语言既可以表达意义,同时也在积极将社会结构和系统符号化。

　　社会符号学对"符号"有全新的定义,他们反对把"符号"作为第一性,反对过分强调用形式主义的方法研究符号系统,而是把行为作为实例,把社会实践区分为可重复的、可辨识的类型。该理论认为社会有意义的行动构成了各种文化(社会符号系统),文化就是社会中相互连接的具有意义的实践系统。人类依赖这种系统,使得任何一个实践活动都具有意义。实践活动可以在清晰的信息传递之间实现,也可以通过任何形式的有意义的社会活动实现,如人机对话、画图、打架等。而符号系统是这些实践活动的抽象概念和形式,如从言语中得到语言符号的变化,这也就是社会实践的变化。①正是这种变化使得意义得以产生,即符号化,这比单纯研究符号间的意义关系的系统更为基本。

　　后来,克雷斯阐述了教学中的多模态与社会文化、社会团体和社会符号的关系。他认为物质媒体经过社会长时间的塑造成为意义产生的资源,表达不同社会群体所要求的意义,这就成了模态。所有的模态都具有表达意义的潜力。由于模态和意义具有社会的和文化的特殊性,非社会团体成员不能全部懂得这些意义。不同形式的模态往往交织起来,如作为言语的语言模态、作为书面语的语言模态,在信息传递语境下它们存在同时操作的互动。这种互动本身就会产生意义。使用者经常对表达和信息传递的模态加以改变,以适应社会的信息传递需要,这样已有的模态被改造成为新模态。

---

① De Saussure F. Course in general linguistics[J]. Literary Theory: An Anthology, 2004(2):59-71.

同时,关于信息传递的社会符号学理论也推动了多模态表达的研究。[1]从定义上看,伯恩森(Niels O. Bernsen)阐述了多模态表达可以被分为同时表达意义的两个或两个以上的单模态,如报纸、杂志、故事书、教科书、百科全书、说明书等多媒体形式[2],甚至人们在交际过程中都离不开多模态,如说相声就使用了多模态。从对多模态的研究来看,多模态基于社会符号学、语篇语言学、人机对话等领域进行研究探索。霍尔萨诺瓦(Jana O. Holsanova)把多模态研究的不同方法分成了七个视角:(1)研究不同模态的差异、优劣势、不同信息的表达;(2)研究不同模态的相似方面;(3)不同模态之间的相互作用(如主次、互补、促进、抑制);(4)不同模态的形式如何实现;(5)不同模态及其相互作用的感知;(6)对会话模态的复制;(7)多模态的互动。以上包含了现有产品的多模态化和产品应用价值。

（三）学习中的多模态符号学

"意义的世界是多模态的。"在教育领域这一认识引发了一系列问题。其中,两个相互关联的问题变得越来越紧迫:(1)我们如何评估多模态文本、对象和过程中表达的学习效果?(2)在这种环境下,需要什么理论来处理评估问题?这里提出的框架是基于多模态的社会符号学理论的。它提供了对意义的理解,隐含了对学习的理解。多模态理论下的学习是在学习过程中使用许多方法来表达意义,而不仅仅是口头和书面表达,意义的创造、学习的过程、学生认知的构建和学习评估都被考虑在内。

首先,我们需要了解"学习"和"评估"的含义。教学和学习都是交流的一部分,它们相互影响和关联。索绪尔认为学习与创造意义是对立的关系,它们是一张纸的两面。学习是对世界的认识进行符号化的过程,学习者的符号

---

① Halliday M A K. Language as Social Semiotic：The Social Interpretation of Language and Meaning［M］. London：Edward Arnold，1978.

② Bernsen N O. Multimodality in language and speech system—From theory to design support tool［J］. Murtimodality in Language and Speech Systems，2002：93-148.

学也因此而产生创造意义,反过来作用于世界本身。① 学习发生在特定环境中,使特定的符号在特定的配置中产生作用。这些环境的特征和配置会对学习产生很大的影响。

　　学习评估涉及要学习的课程和已学内容的联系。在这个过程中,我们需要解决学习评估的两个主要问题:如何"识别"学习数据;什么构成了已学习的数据。常见的解决方法是询问学生:他们学到了什么或感觉自己学到了什么。这里的"询问"运用到了学习符号的概念。② 其实,学习者的学习资源和能力浮动是在评估任务中使用这些"模式"在学习过程中的结果。有关学习评估本身的问题及估值和评估之间的差别,这是学习努力的实质,经常使用形成性评估和终结性评估这两个术语来概括。但评估发生在所有环境中,与学习者的所有行动有关。因此,评估理论理想地适用于所有环境和所有形式的评估。

　　处理学习和评估需要理解沟通和意义的理论。沟通理论更加强调沟通在学习中的作用。在各种社会情景中,如手术室、博物馆、儿童学习网站,每一种都明显有着不同的学习方式,但都存在沟通的过程。假设我们将手术室的学习情景作为正常的沟通条件:前面站着擦洗护士;在她后面,右边是首席外科医生,左边是实习外科医生——一个合格的医生,正在接受外科医生的培训;在他们身后,是麻醉师,中间用屏风隔开;在最后面,右边几乎看不到的是一个手术室的技术员。这种情景是一种专业实践的情况,这也是一个学习的环境。我们发现这里的交流是多模态的——有时通过说话、凝视和动作,如传递仪器、伸手拿仪器和触摸等。在任何时候,交流都是"被提示的":注视产生言语评论,言语评论产生动作;两位外科医生看屏幕时,一位医生的一只手会产生一种指导性的触摸,而伸出的一只手会接住一种仪器。当一个或多个参与者的注意力集中在某种类型的提示上,并且该提示被该参与者解释时,交流就发生了。

---

① Saussure F D. Course in General Linguistics (Trans. Harris R) [M]. London: Duckworth, 1983.
② Kress G. Von Leeuwen T. Multimodal Discourse: The Modes and Media of Contemporary Communication[M]. London: Arnold, 2001.

　　以上过程可以说明沟通理论的两个假设。假设1：沟通是对提示的回应。只有有了对提示的解释后，沟通才会发生。沟通和解释需要结合在一起，解释是核心，同样，理解者也是核心，没有理解就没有交流；假设2：提示的特征构成解释的根据。提示吸引了一个或多个参与者的注意力；参与者的注意力是由他们的兴趣决定的（这里的兴趣指的是一段社会历史的瞬间"凝结"，是个体在社会情境中自我感知和对提示发生的社会环境的感觉）。在学习过程中，学习评估和沟通是紧密相关的，有意义的学习评估是建立在这种解释的基础上的。

　　意义理论更加深入地解释了"学习"的重要性。学习不属于符号学的范畴，但可能存在学习的社会符号学理论。学习是理论发展的产物，而理论是历史社会发展的产物，是当代社会和政治力量所创造和使用的思想产品，学习理论也是如此。由于我们只在特定的环境谈论学习，而不探讨"学习"本身，这种现象指向两个问题：一是学习是否总是受到学习场合的结构、资源、参与者和环境的影响？二是是否有一种学习在任何环境中都存在？这两个问题指向了多模态社会符号学的核心，因为这关注到了社会和物质资源的作用，意义和学习是通过这些资源产生的。一个人不可能有一种学习理论而没有一种意义理论，不管这种意义理论有多么含蓄；学习理论总是伴随着意义理论。意义是符号学的东西；因此，符号学不可避免地在任何学习理论上与其核心相牵连。从符号学的角度来说，制造符号就是制造意义，而学习是这些过程的结果。当这些过程发生在具有特定目的和权力形式的特定机构时，"学习"一词往往被使用，这些机构提供了机构组织的实体集作为课程，并要求学习者参与其中。

二、多元识读教学法

　　由于20世纪的文化交融和沟通，多元识读教学得以发展，形成了多模态教学的形式之一。基于社会符号理论，"新伦敦小组"提出了这种多模态教学①，他们认为传统以语言为中心的读写认知不适用于当时的社会环境和教育情景，而应当向着多种媒介整合的多元识读方向发展。

――――――――――

① Cazden C，Cope B，Fairclough N，et al．A pedagogy of multiliteracies：Designing social futures [J]．Harvard Educational Review，1996，66(1)：60-92.

（一）理论框架

"多元"是什么？哈利迪认为文化本身就是符号系统，文化以多种形式存在，语言作为文化的一种形式是其中的基础系统，多元文化通过多元符号来运作，如语言文字、视觉图像、音效、绘画创作等。① 因而，研究者提出人类要调动听觉、视觉、触觉等多种沟通方法来互动构建意义，而不是完全依赖语言。基于对"多元"的理解，"新伦敦小组"提出注重运用各种符号资源来习得语言和文化，强调在社会中基于语言和文化差异的协作沟通的理念。① 通过多元识读教学法让语言学习在社会文化情境中开展，学习者具备批评反思能力，也就是达到以下两点能力：（1）学习者有机会接触到工作场所、权力机构和社区所使用的发展中的语言。（2）培养学习者批评应对能力。这种多元识读教学法打破了过去在政府规划的单一文化环境下进行单一语言教学的方法。

基于社会符号学理论，多元识读教学法将设计构建意义作为教学理论，理论框架里包含了可资利用的设计、设计过程和重新设计等部分，强调意义的建构是一个积极的、动态的过程，而不是受静态的规则所控制。首先，可资利用的是设计资源，包括不同符号系统中的"语法"，如语言、图片、电影等符号系统的语法。其次，可资利用的设计需要考虑特定社会空间里与符号行为相联系的约定俗成的结构设置，包含话语形式、风格、语类、方言和语态等元素；设计过程是将符号资源转变成自己的声音，将老材料用于新用途等过程。读、听、写和说等是进行设计的实例，因为每个人都可以采用可资利用的设计来产生意义，即根据各自的兴趣和个人经验将所读到和听到的材料转化成意义。② 在设计过程中，学生不仅改造了已有的知识，同时在与同伴和教师的合作中改善了人际关系，进而对自己的身份有了新认识；重新设计是由设计过程产生的资源或重新产生的意义又可成为一种新的可资利用的设计，产生具

---

① Halliday M A K, Hasan R. Language, Context and Text: Aspects of Language in A Social-Semiotic Perspective[M]. Geelong: Deekin University Press, 1985.

② 胡壮麟. 社会符号学研究中的多模态化 [J]. 语言教学与研究，2007(1)：1-10.

有制造意义潜势的新的资源。这样,设计的观点不仅应用于原创性活动,更被看成是日常经验的核心部分,因而是教育过程中应当强调的重要成分。①

(二)教学模型

"新伦敦小组"认为人类知识不是"笼统和抽象的",而是在社会、文化和物质环境中发展起来的,是与各种不同技能、背景和观点的人相互合作交流发展起来的。② 基于此,多元识读教学法发展了它自身的理论设计,具体分为:情景操练、明确指导、批判性框定和改造式操练。情景操练是指将班级分为几个小组,每个小组的成员根据自己的背景、知识和经历扮演不同角色,使自己沉浸于构建意义的操练之中。这一环节考虑到了学习者的社会文化需求和各自不同的身份,学习者在操练的同时获得了同伴和教师的引导;明确指导是教师的积极干预。教师在学习者学习活动中起支架作用,激发学习者利用已有知识和经验进行自主探索,扩展新知识,并将新知识转化为更高程度的理解和表达能力。教师"搭脚手架"让学生进入情景,并辅助他们独立探索和发现,协作学习以激发他们主动建构意义的潜力,引导他们用元语言描述操练中话语的形式、内容和功能,并进行系统的、分析性的、有意识的理解,在交流沟通中通过意义建构实现知识扩展;批评性框定是学习者运用自己的历史、社会、文化、政治、意识形态、价值观的知识体系对事物进行批判性的理解。教师指导学生如何就局部意义和整体意义、预期受众、社会语境、语篇形式和语言特征对意义产出的影响进行批判性思考;改造式操练是教师帮助学生把设计原则应用于不同的语境,生成新的意义。

三、多模态话语理论

社会交往不是一种感官的活动,而是结合听觉、视觉、触觉等感官参与的

---

① Kalantzis M, Cope B. Multiliteracies: Rethinking What We Mean by Literacy and What We Teach as Literacy the Context of Global Cultural Diversity and New Communications Technologies [M]. Haymarket: Centre for Workplace Communication and Culture Haymarket, 1997:11.

② Cazden C, Cope B, Fairclough N, et al. A pedagogy of multiliteracies: Designing social futures [J]. Harvard Educational Review, 1996, 66(1): 60-92.

综合活动。在话语交际中,话语的大部分意义就是由这些非语言因素所体现的(手势、身体姿势、面部表情、动作等),而这种结合多种感觉的交际方式所产生的话语被称为多模态话语。在传统的话语分析中,话语被认为是语言学的范畴,往往忽略了与话语相关的部分。研究者认为过去的话语分析基本上局限于语言本身,只注意语言系统和语义结构本身及其与社会文化和心理认知之间的关系,忽视了诸如图像、声音、颜色等其他意义表现形式。①

接下来,结合朱永生对多模态话语理论的理解①,我们着重阐述多模态话语分析理论的两个方面:(1)多模态话语分析的理论基础;(2)多模态话语分析的内容和方法,更加深入理解多模态话语理论与多模态教学之间的关系。

（一）多模态话语的理论基础

多模态话语分析有社会符号学的影响在其中,但是主要理论基础还是哈利迪创立的系统功能语言学②。多模态话语分析受到社会符号学的影响,认为语言是社会符号和意义潜势的观点,语言以外的其他符号系统也是意义的源泉;受到系统理论的影响,认为多模态话语本身也具有系统性;受到纯理功能假说的影响,认为多模态话语与只包含语言符号的话语一样,也具有多功能性,即同时具有概念功能、人际功能和语篇功能;受到语域理论的影响,认为语境因素和多模态话语的意义解读之间有着密不可分的联系。由于多模态话语分析深受系统功能语言学和符号学的影响,我们可以把它叫作系统功能符号学,该理论相比多模态符号学有了更深的理解和更广泛的应用。系统功能语言学则可看作系统功能符号学的一个分支,是多模态话语最合适的理论框架。

---

① 朱永生. 多模态话语分析的理论基础与研究方法 [J]. 外语学刊,2007(5):82-86.
② Halliday M A K. Language as Social Semiotic: The Social Interpretation of Language and Meaning[M]. London: Hodder Education, 1978; Halliday M A K, Martin J R. Writing Science: Literacy and Discursive Power [M]. London: Routledge, 2003; Halliday M A K, Matthiessen C. Construing Experience through Meaning: A Language — based Approach to Cognition[M]. London: Bloomsbury Publishing, 2006.

　　系统功能语言学的框架主要由五个层面的基本因素和条件组成[①]，分别是：(1)文化层面，包括作为文化的主要存在形式的意识形态和作为话语模式的选择潜势的体裁或者称体裁结构潜势。(2)语境层面，包括由话语范围、话语基调和话语方式组成的语境构型。(3)意义层面，包括由几个部分组成的话语意义、概念意义、人际意义和谋篇意义。(4)形式层面，包括实现意义的不同形式系统，包括语言的词汇语法系统、视觉性的表意物体和视觉语法系统、听觉性的表意音块和听觉语法系统、意实体和触觉语法系统等，以及各个模态的语法之间的关系，分为互补性的和非互补性的两大类，其中互补性的包括强化和非强化两类，非互补性的包括内包、交叠、增减、情景交互等。(5)媒体层面，是话语最终在物质世界表现的物质形式，包括语言的和非语言的两大类，其中语言的包括纯语言的和伴语言的两类，非语言的包括身体性的和非身体性的两类。身体性的包括面部表情、手势、身势和动作等因素；非身体性的包括工具性的，如 PPT、实验室、网络平台、实物(投影)、音响、同声传译室等。

　　但是该框架还不适用于所有的模态。张德禄基于前人研究提出了多模态话语综合分析理论框架。[②] 该框架由四个层面组成：文化层面、情景层面、内容层面和表达层面。文化层面是使多模态沟通成为可能的关键层面，沟通的形式和技术都是这个层面来决定的。情景层面的语境依赖于文化层面而产生解释能力，人的思维模型、处世哲学、生活习惯及一切的社会规则所组成的意识形态属于情景层面的内容，任何可以实现这种意识形态的沟通程序或结构潜势(体裁)都属于情景层面的内容。在具体的语境中，对话范围、基调、方式等所决定的语境因素会制约沟通。同时，这个过程还要遵循所选择的体裁，以一定的沟通模式进行。内容层面包含了意义和形式两个层面。话语意义层面包含由话语范围、基调和方式所制约的概念意义、人际意义和谋篇意

[①]　Martin J. Cultures in Organizations：Three Perspectives［M］. New York：Oxford University Press，1992.

[②]　张德禄. 多模态话语理论与媒体技术在外语教学中的应用［J］. 外语教学，2009，30(4)：15-20.

义。在形式层面上,不同模态的形式特征相互关联,共同体现话语意义。在这个层面上,每一种模态都有其自己的形式系统,如视觉语法、听觉语法等。表达层面与上述媒体层面的内容较为一致,是话语最终在物质世界表达的不同形式。探讨这些不同模态的语法系统是新的研究课题,因为视觉语法、听觉语法都不像语言的语法那样确定,而是具有相当大的主观性和模糊性,需要做长期的研究才能发现它们的内部运作规律。但更加重要和更难的是发现它们之间的协调、联合、互补等关系。所以,目前多模态话语研究的重点还是不同模态的形式特征和它们之间的关系。

(二)多模态话语分析的内容和方法

1.多模态话语分析的内容

基于多模态话语理论,研究者都在探究什么呢?朱永生发现:话语原本属于语言学理论,言语学应用于符号学并非从多模态话语理论的发展开始。[1] 布拉格学派把"前景化"这个语言概念应用于美术、戏剧、电影和服饰等研究,而巴黎学派把有关的"语言"和"言语"、"能指"和"所指"、"任意"和"理据"等理论应用于绘画、摄影、时装、电影和音乐研究[2];哈利迪的语言理论还应用于新闻、文学和音乐等领域的研究等[3]。

辛普森(Z. Simpson)在国际会议上对多模态化的研究进行归纳:(1)多模态化和新的媒体;(2)在学术和教育情景下的多模态化的应用;(3)多模态化与识读实践;(4)多模态化语料库的建立;(5)多模态化和类型学;(6)多模态话语分析及其理论问题。鲍德里(A. Baldry)也基于多模态话语理论列出六个研究内容:(1)多模态语篇的概念;(2)语篇的分析方法;(3)多模态语篇分析的技术或建立多模态语篇语料库的技术;(4)把多媒体的意义生成资源,综

① 朱永生. 多模态话语分析的理论基础与研究方法 [J]. 外语学刊,2007(5):82-86.
② Saussure F D. Course in General Linguistics (Trans. Harris R) [M]. London: Duckworth, 1983.
③ Halliday M A K, Hasan R. Language, Context and Text: Aspects of Language in A Social-semiotic Perspective[M]. Geelong: Deakin University Press, 1985.

合应用到超级语篇后,成倍增加意义生成的策略;(5)在我们所处的电子学习时代,语言研究与多模态和多媒体的连接关系;(6)多模态话语分析影响言语学领域的方式及影响程度。①

莱文(P. LeVine)和斯科隆(R. Scollon)主张在社会、教育、学习和工作场所等语言情景中开展多模态话语分析。② 奥哈洛兰(Kay L. O'Halloran)认为语言学家应该关注多模态语篇与多种交际模式合成的话语之间在意义表达和理解上的关系。③ 研究的具体内容为如何通过模态的选择和使用来帮助读者理解语篇和语境的意义。这好像信息学家在发明和应用多模态技术时不仅要使多模态相互结合、相互配合,语言学家在进行多模态话语分析时不仅要研究每个模态本身对话语意义的产生有何作用,而且要研究所涉及的所有模态之间是如何互动,如何从语篇中获得更多的意义。

2. 多模态话语分析的方法

基于多模态话语理论,研究者是如何探究的呢? 解读多模态话语的意义是很重要的,解读的方式分为多步:第一,确定不同成分之间的语法关系,使得各个元素之间在视觉符号系统相互组合时有章可循。基于符号学的理论,视觉符号研究基本上集中于图像、人物、事物和地点等元素的外延和内涵及象征意义上,而符号之间的语法关系被忽视了。语法关系的确定也是很重要的,那么如何确定多模态话语的语法关系呢? 克雷斯认为图像中的视觉符号不仅可以反映客观世界和主观世界发生的各种事件,而且可以表现各种各样的人际关系,与此同时,视觉符号内部也是一个有机的连贯的整体。④ 哈利

①　Baldry A,Thibault P J. Multimodal Transcription and Text Analysis:A Multimedia Toolkit and Coursebook [M]. New York:Equinox Publishing,2006.

②　Levine P,Scollon R. Discourse and Technology:Multimodal Discourse Analysis [M]. Washington D C:Georgetown University Press,2004.

③　O'Halloran K L. Multimodal Discourse Analysis:Systemic-functional Perspectives [M]. London:Bloomsbury Publishing,2006.

④　Kress G. Literacy in the New Media Age [M]. London:Routledge,2003:10.

迪提出了语言三大功能假说①,分别从概念功能、人际功能和语篇功能三个层面分析图像等视觉符号的语义关系。在概念意义层面上,我们探讨不同的图像之间或同一个图像中不同成分之间有何联系,哪个成分相当于及物系统中的行为者,哪个成分充当对象,哪个成分表示环境;在人际意义层面上,我们探讨图像中参与者之间的社会关系、图像设计者的沟通目的及图像解读者本身对图像内容的介入程度;在语篇意义层面上,我们根据同一个图像中不同成分之间或不同图像之间所处的相对位置(如上下、前后、中心边缘关系)等版面安排的具体情况,分析多模态话语的信息分布,确认哪些是已知信息,哪些是新信息,从而认清哪些信息是多模态话语的起点,哪些信息是多模态话语想要传递的焦点。

第二,要弄清文字和图像之间的关系。巴特(R. Barthes)认为图像和文字说明是关联的,由于图像本身的意义飘忽不定,必须借助文字说明才能确定。② 而克雷斯和列文认为图像和文字说明是有联系的,但并不依赖文字说明,因为它本身既是有组织的,又是有结构的。③ 这就要求我们对两者的互补作用进行深入的研究。此外,研究者还告诫我们:视觉结构并不只是对现实结构进行复制。恰恰相反,它们生成的现实世界的各种图像,与那些生成、传播和阅读这些图像的社会机构的利益是紧紧联系在一起的,它们是表达意识形态的。视觉结构绝不只是形式的,它们在语义上也是非常重要的。这意味着图像和语言一样,对社会现实和心理现实既具有复制作用,又具有重新建构的作用。

四、绘本教学动力学

绘本教学动力学是基于文本的多模态形式发展起来的教学方法。长久

---

① Halliday M A K. Language as Social Semiotic: The Social Interpretation of language and Meaning [M]. London: Hodder Education, 1978:86.

② Barthes R. Elements of Semiology [M]. New York: Macmillan, 1968:1.

③ Kress G, Van Leeuwen T. Reading Images: The Grammar of Visual Design [M]. New York: Routledge, 2020:16-44.

以来,读写能力的培养是儿童能力发展的核心问题,而文本作为读写材料得以被关注。从过去的印刷形式的教学到现在的多模态教学,文本的多模态形式发展也促使基于"文本"的多模态教学得以发展,使得当前文本阅读的形式和观念发生了深刻的变革,形成了绘本教学动力学。尽管拥有传统的印刷读写技能仍然足以完成许多社会沟通任务,但在多模态文化到来之后,数字媒体和视觉文本的需求使得人类追求更适应当前时代的新方法来编码和解码图像-文本关系。

　　阅读的实践总是发生在特定的语境和社会关系之中。因此,我们基于社会背景去讨论阅读教学。首先,我们需要意识到"书面语言正从其迄今为止未受挑战的中心地位被其他形式取代"①,仅包含书面语言的儿童书已然不再是中心。这里的其他形式是绘本或图画书,绘本现在已经成为儿童读物中的重要阅读材料。绘本中含有多种文本元素,包含印刷、图像、图形等及其他可能发生在课堂或社会背景下的交流模式,如在意义形成时围绕文本所展开的有趣对话。从理论上看,这种多模态读写教学是将文本模式与社会认知阅读过程中的模式相结合的过程。因而,本节旨在帮助读者更多地了解基于"文本"的多模态形式及社会认知层面的阅读过程,从而深入认识基于"文本"的多模态教学理论——绘本教学动力学。

　　(一)阅读文本的多模态层面

　　克雷斯将"模式"定义为社会和文化塑造的具有创造意义的资源。② 而儿童之间或与儿童之间的互动是多模式的,他们创造意义的社会和文化资源包括谈话、手势、戏剧、绘画等方式。③ 在文本形式上,书籍也具备多模态形

---

① Kress G. Passions Pedagogies and 21st Century Technologies[M]. Logan:Utah State University Press,1999:15-33.

② Bezemer J, Kress G. Writing in multimodal texts:A social semiotic account of designs for learning [J]. Written Communication,2008,25(2):166-195.

③ Siegel M. Rereading the signs:Multimodal transformations in the field of literacy education [J]. Language Arts,2006,84(1):1-13.

式,包含多种形式的符号表征。① 哈塞特(Dawnene D. Hassett)和席布尔(Melissa B. Schieble)指出,计算机化的字体设计和照相印刷技术的使用创造了具有不同层次意义的视觉文本。②

在许多为儿童编写的书籍中,社会和文化塑造意义的资源(即模式)可以采取各种形式。例如,文字可以通过排版来表达意思,在外国儿童文学《甜玉米：诗》(*Sweet Corn：Poems*)③中的字体符号和字体大小都是经过精心挑选的,用以表现一种感觉和内涵。同样,儿童读物《梅奥·拉夫：具象诗歌中的一个故事》(*Meow Ruff：A Story in Concrete Poetry*)④一书中的每一个物体(如野餐桌、云、房子、人行道等)都是由代表物体的词语塑造的。故事书《青蛙穿衣服》(*Froggy Gets Dressed*)⑤中的词语通过颜色变化来表达不同的意思,在整个故事中青蛙的妈妈在每一页上用大字体喊他的名字。在看这本书时,儿童可以通过青蛙妈妈的皮肤颜色来判断她的情绪变化,说明颜色在社会和文化背景下是一种重要的情绪资源,可以作为模式来创造意义。

兰克希尔(Colin Lankshear)和诺贝尔(Michele Knobel)将这些多模态文本的结构变化称为本体论,意思是与传统的线性文本相比,这些书中有非常真实和具体的差异。⑥ 多模态文本包括各种符合规则的路径、平行显示的信息、广泛引用的交叉元素、引起共鸣的图形和图像,这些图形和图像经常延伸

---

① Disessa A A. Changing Minds：Computers, Learning, and Literacy [M]. Cambridge：Mit Press, 2000：25.

② Hassett D D, Schieble M B. Finding space and time for the visual in K-12 literacy instruction [J]. English Journal, 2007, 97(1)：62-68.

③ Stevenson J. Sweet Corn：Poems [M]. New York：Greenwillow Books, 1995：1-64.

④ Sidman J. Meow Ruff：A Story in Concrete Poetry [M]. Boston：Houghton Mifflin, 2006：1-32.

⑤ London J, Remkiewicz F. Froggy Gets Dressed [M]. New York：Scholastic, 2007：1-32.

⑥ Lankshear C, Knobel M. New Literacies：Changing Knowledge and Classroom Learning [M]. Buckingham：Open University Press, 2003：23-49.

到取代印刷的文字,然后成为意义的主要载体。① 不同于简单的静态图片搭配标准化的字母印刷,多模态文本采用动态交互元素,读者可以选择看哪些内容及如何与文本互动。在《詹姆斯最喜欢什么》(*What James Likes Best*)②一书中,儿童读者被直接询问他们认为詹姆斯一天中最喜欢什么,实际上没有唯一的正确答案,只有读者自己的想法及读者之间关于这个问题的意义的互动对话。因此,意义不存在于文本本身,意义会根据读者是谁,以及他如何通过一系列的技巧与不同的文本元素(或模式)联系、沟通和建立联系而发生变化。③ 因此,浏览互联网、使用数字媒体或阅读儿童书籍涉及能够解码和理解字母印刷与其他社会和文化塑造的表现形式,即结合多种模式。

在"多模态阅读"这一相当宽泛的概念中,研究者和教育者强调用于理解任何文本的模式都是多种多样的,传统的设计元素(如颜色、线条、形状或纹理)被认为成模式,这些设计元素表达了一定程度的含义和用于解释说明的资源,比如西佩(Lawrence R. Sipe)用拉维(Jean Lave)和温格(Etienne Wenger)④的书《想象一下:感知与构成》(*Picture This:Perception & Composition*)讨论了"形状"⑤:"Bang 认为水平形状给我们一种'稳定和平静'的感觉……而垂直的形状更令人兴奋,暗示着活力。对角线形状是最具

---

①　Burbules N C, Callister T A. Knowledge at the crossroads:Some alternative futures of hypertext learning environments [J]. Educational Theory, 1996, 46(1):23-50; Dresang E T. Radical change:Books for youth in a digital age [J]. Library Quarterly Information Community Boray, 2008, 70(4):515-516;Royce T. Multimodality in the TESOL classroom:Exploring visual-verbal synergy [J]. TESOL Quarterly, 2002, 36(2):191-205.

②　Schwartz A. What James Likes Best [M]. New York:Atheneum, 2003:1-32.

③　Hassett D D. Technological difficulties:A theoretical frame for understanding the non-relativistic permanence of traditional print literacy in elementary education [J]. Journal of Curriculum Studies, 2006, 38(2):135-159.

④　Lave J, Wenger E. Situated Learning:Legitimate Peripheral Participation [M]. Cambridge:Cambridge University Press, 1991:1-139.

⑤　Sipe L R. Picturebooks as aesthetic objects [J]. Literacy, Teaching and Learning, 2001, 6(1):23-42.

动感的,能唤起运动或张力的感觉。尖尖的形状会让人产生更多的焦虑或恐惧,因为它们会让人联想到尖锐的物体,而圆形、弯曲的形状会让我们感到更舒适和安全。"西佩还讨论了绘本的其他美学方面:纸张的选择、页面的大小、观点罗列、框架设置、内容的排列及使用的文字媒介。① 绘本里的每个元素都是一种模式,所有这些特征都是社会和文化塑造的资源,它们代表着某种东西。所以,克雷斯提出了这样一个问题:"字体"也是一种模式吗? 我们的回答毋庸置疑是肯定的。②

(二)识字学习的社会认知层面

字体是一种交流方式,因为单词在页面或屏幕上的表现方式(如颜色、大小和形状)包含了超越单词本身的意义。例如,Times New Roman 作为一种字体,代表了"传统的安全"②,而 Jokerman 或 Blacklabel 字体可以被用作个性化个人页面或博客的一种方式——一种"屏幕上"代表身份的方式③。由于特定话语和时代中使用的社会惯例,它只能被赋予特定字体的意义。

除了字体之外,文本的表征形式也是文化产物,读者可以将其用作解释和产生意义的工具。阅读作为读者和文本之间的互动形式,在这样的互动过程中,表征模式会在给定的社会领域被作为概念思维的一部分。阅读可以被理解为:为了强调复杂的认知行为和各种社会资源是相互依存的、不可分割的一种社会认知过程。

在当今世界,从文本中获取意义的社会认知过程不断被数字媒体和多种表征模式的使用所改变。新技术改变了读写能力的实践,但新的读写能力实践改变了我们在持续不断的社会环境中使用工具的方式。④ 换句话说,当孩

---

① Nikolajeva M,Scott C. The dynamics of picturebook communication [J]. Children's Literature in Education,2000,31(4):225-239.

② Kress G. Literacy in the New Media Age [M]. London:Routledge,2003:51.

③ Sherry T. Life on the Screen:Identity in the Age of the Internet [M]. New York:Simon & Schuster,1995:177-209.

④ Leu D J. Literacy and technology:Deictic consequences for literacy education in an information age [J]. Handbook of Reading Research,2000(3):743-770.

子们从文本的各种呈现模式中学习时,他们还塑造了这些工具在他们自己的社交空间意义的社会构建中的使用方式。玛希(Jackie Marsh)证实了该过程,他还非常支持年幼的儿童使用多模态形式和数字形式结合的文本。① 在儿童的思维框架下,阅读和写作的社会认知过程不仅涉及文本工具(即表征模式),而且还涉及指导的社会实践,使儿童能够首先识别和解释各种符号和模式体例的意义。②

　　教师在设计文本元素的建模和支架式意义制造的实践方面也受到了数字媒体和各种表现模式的巨大影响。这意味着在课堂教学和对话实践中,有关"教师如何建模""教师如何进行教学解释""教师如何搭建知识框架"等部分都是儿童用来支持他们自身的思维框架的其他类型的文化工具(或额外模式)。真实学习环境中的教学实践构成了产生意义的"体验空间"的一部分③,斯马戈林斯基(Peter Smagorinsky)认为体验空间不仅仅是社交空间,因为阅读工具中的符号、文本、图像等存在于社交空间中,同时每个儿童的体验空间还包含阅读的社会习俗和文化习惯,而社交空间又与读者的认知、技能、知识、身份、能力等相互联系④。

　　根据拉维和温格的说法,社会实践理论强调意义的内在社会沟通特征及

①　Marsh J. Emergent media literacy: Digital animation in early childhood [J]. Language and Education, 2006, 20(6): 493-506; Marsh J. The techno-literacy practices of young children [J]. Journal of Early Childhood Research, 2004, 2(1): 51-66.

②　Dyson A H. Social Worlds of Children: Learning to Write in an Urban Primary School [M]. New York: Teachers College Press, 1993:1-288; Dyson A H. Writing Superheroes: Contemporary Childhood, Popular Culture, and Classroom Literacy [M]. New York: Teachers College Press, 1997.

③　Smagorinsky P. If a meaning is constructed, what is it made from? Toward a cultural theory of reading [J]. Review of Educational Research, 2001, 71(1): 133-169.

④　Hammerberg D D. Comprehension instruction for socioculturally diverse classrooms: A review of what we know [J]. The Reading Teacher, 2004, 57(7): 648-658; Shaffer D W, Clinton K A. Tool for thoughts: Reexamining thinking in the digital age[J]. Mind Culture, and Activity, 2006, 13(4):283-300.

活动中人的思想和行动的兴趣与相关特征。① 路易斯(C. Lewis)认为新技术提供了新实践,新实践本身及所处的社会环境和全球环境又是新文化的核心。② 这些说明了工具本身与任何意义的构建、思维的形成是没有关系的,只有使用工具的社会实践才真正地塑造了意义,并对阅读等这样的文本形式有所作用。教师使用的具体教学工具或者教学设计都有助于最大化儿童的思维与社会活动世界、文本世界和意义创造世界。

第三节　国内外的多模态教学实践应用

通过前两节,我们意识到教学中的多模态是积极的、以学生为中心的方法。在多模态学习中,学生可以选择与自身最相关的学习资源③,将多元的学习内容组织成连贯的语言和视觉框架。可见"多模态"的本质是为学生提供不同类型的资源,以有意义的组织方式运用于学科内部和跨学科的学习。随着各个学科的发展和教学需求的发展,多模态教学这种跨学科方法当前被运用于科学、阅读、外语、读写能力等多方面学科教学中。④

当前,科学技术的发展应用促使多媒体技术在教育中以多模态的形式呈现,这也催生了国内外的研究从传统的纸质教育向多模态教育转变,从传统的多模态教学转变为基于多媒体的多模态教学。多模态教学与多媒体之间密不可分,基于多媒体发展起来的多模态教学已成为当代社会的变化趋势。本节围绕多模态教学集中讨论研究者和教育者在该领域的摸索、尝试及相应的实践成果,回应了两个重要的教育问题:(1)我们现在要教什么? (2)我们应该如何教这些内容?

---

① Lave J, Wenger E. Situated Learning: Legitimate Peripheral Participation [M]. Cambridge:Cambridge University Press, 1991.

② Lewis C. New Literacies [M]. New York: Peter Lang, 2007.

③ Mayer R E. Multimedia learning [M]//Psychology of Learning and Motivation. Amesterdam: Acaclemic Press, 2002:85-139.

④ Jewitt C. Multimodal methods for researching digital technologies [J]. The SAGE Handbook of Digital Technology Research, 2013(30):250-265.

一、国外多模态教学研究

(一)研究方向和内容

"新伦敦小组"提出学校课堂教育应该帮助学生应对当今世界的多元化和人类经历的多样化、意义表达方式的多样化和思维方式的多样化等客观现实带来的挑战。最初,他们提出了发展多元读写能力的多模态教学,建议接触现有的多模态语篇、改造且设计现有的语篇,组织不同的话题,综合培养学生的科技读写能力、媒体读写能力、文化读写能力等。① 还有学者提出了许多有价值的具体建议,如制定合适的教学大纲,编写多模态课本,帮助学生对这些课本进行概念化、体验、分析和应用。②

多模态教学的提出最初重视的是文本设计和文本学习,但多模态教学应当发生在真实交际的情景中,应当引入更多实际例子到课程中。基于多模态话语理论,巴特探讨了在表达意义上图像与语言的相互作用③,而克雷斯和列文研究了多模态与多媒体的关系④,专门探讨了多模态现象规则表达意义的现象,包括视觉图像、颜色语法及报纸的版面设计和不同媒介的作用等;奥哈洛兰不仅研究了多模态的理论建构,还专门研究了数学语篇中的多模态现象⑤;罗伊斯研究了不同符号在多模态话语中的互补性及在第二语言课堂教

---

① Thwaites T. Multiliteracies：New direction for arts education [J]. Open Journal of Social Sciences，2020,8(6)：1-15.

② Kalantzis M，Cope B. Transformations in Language and Learning：Perspectives on Multiliteracies [M]. Champaign：Common Ground，2001：53-80；Gentle F，Knight M，Corrigan M. Multiliteracies and information & communications technologies：Ensuring information access in the classroom for students with vision impairment [EB/OL]. (2006-08-09)[2013-06-15]. http：//www. riclbe. org. au.

③ Barthes R. Image-music-text [M]. New York：Macmillan，1977.

④ Kress G，Van Leeuwen T. Multimodal Discourse：The Modes and Media of Contemporary Communication[M]. London：Bloomsbury Academic，2010：1-23；Kress G，Van Leeuwen T. Reading Images：The Grammar of Visual Design [M]. New York：Routledge，2020：16-20.

⑤ O'Halloran K L. Interdependence，interaction and metaphor in multisemiotic texts [J]. Social Semiotics，1999，9(3)：317-354.

学中多模态的协同性等①。

　　多模态教学已经融入实际教学中,希利(Annah Healy)建议将多元识读的理论框架纳入课堂教学。② 多模态教学已经融入国家教育的改革,澳大利亚"21世纪全国中小学教育目标阿德雷德宣言"(Adelaide Declaration on National Goals for Schooling in the Twenty First Century)的精神针对男生读写能力普遍较差的客观事实而提出。2002年底和2003年初对相关地区的学监及参与本项目的学校进行了初步咨询,2003年3月正式开始。共由四个阶段组成(可支持读写能力的资源;对制订的能力清单进行施测和分析;制订和实施结合实际的读写计划;对读写学习计划进行评估并制作一个能推广能力清单教学法的资源包),每个阶段都包含筹划、实施和观察、评估和思考等环节。

　　随着多模态教学法的成熟,国外研究者将多模态教学应用于对儿童读写、听力、阅读等方面能力的训练,如哈塞特和柯伍德(Jen S. Curwood)采用绘本教学动力学的原理邀请教师与他们合作验证该方法的有效性及如何实践能有效提升儿童的文本阅读能力。③ 我们将在教学方法和经验这部分举两个教学实践的例子。

　　多模态教学在多元文化和信息技术发展的背景下迎来了多媒体时代,以交互式白板为例,2004年,英国小学采用交互式电子白板的比率只有28%,而2007年英国教育通信与技术总署(BECTA)的调查表明,98%的中学及

①　Royce T. Multimodality in the TESOL classroom:Exploring visual-verbal synergy [J]. TESOL Quarterly, 2002, 36(2):191-205;Royce T. Synergy on the page:Exploring intersemiotic complementarity in page-based multimodal text [J]. JASFL Occasional papers, 1998, 1(1):25-49.

②　Healy A. The critical heart of multiliteracies:Four resources, multimodal texts and classroom practice[C]//New Resources for Literacy Learning. Newtown:Primary English Teaching Association, 2004:19-35.

③　Hassett D D, Curwood J S. Theories and practices of multimodal education:The instructional dynamics of picture books and primary classrooms [J]. The Reading Teacher, 2009, 63(4):270-282.

100％的小学已经配备了交互式电子白板。2008 年,英国小学平均拥有交互式电子白板数从 2005 年的 6 块增加到 18 块,中学从 2005 年的 18 块增加到 38 块。2008 年,交互式电子白板产业在世界范围内已经达到 10 亿美元的销售额度。在教学方法和经验方面,我们举了一个交互式白板在教学上实行的例子。

（二）教学方法和经验

1. 多模态文本教学:读写培养

识字教学法必须考虑与信息和多媒体技术相关的文本形式①,但多模态理论融入公立学校课堂的具体形式还不太清楚。哈塞特和柯伍德进行了一项教学研究,该研究关注当代儿童文学作为多模态读写教学的基础,发现了新的阅读形式与"新"媒介之间的连接并不深,更多的是与"印刷不再是唯一载体的方式"有关。② 更重要的是,该研究还围绕着儿童对多模态文本的参与程度如何影响儿童识字学习能力的问题进行了深入探讨。研究招募了三名具备教育理念、识字研究知识且拥有文学硕士学位的小学教师。在实验中,研究者和参与教师共同回顾了 100 多本被称为后现代绘本的儿童读物③,将最喜欢的文本分为四种多模态特征:(1)文字通过排版表达意思,如文字印在书页上的方式比文字本身承载更多关于文字的信息;(2)互动叙述,如自我

① Cazden C，Cope B，Fairclough N，et al. A pedagogy of multiliteracies：Designing social futures [J]. Harvard Educational Review，1996，66(1)：60-92.

② Hassett D D，Curwood J S. Theories and practices of multimodal education：The instructional dynamics of picture books and primary classrooms [J]. The Reading Teacher，2009，63(4)：270-282.

③ Sipe L R. Picturebooks as aesthetic objects [J]. Literacy, Teaching and Learning，2001，6(1)：23-42；Anstey M. "It's not all black and white"：Postmodern picture books and new literacies [J]. Journal of Adolescent & Adult Literacy，2002，45(6)：444-457；Goldstone B P. Whaz up with our books? Changing picture book codes and teaching implications [J]. The Reading Teacher，2001，55(4)：362-370；Sipe L R. How picture books work：A semiotically framed theory of text-picture relationships [J]. Children's Literature in Education，1998，29(2)：97-108.

摸索书本,直接联系读者;(3)图像进行含义的扩展,如图片比印刷文本承载更多与故事相关的信息;(4)多视角,如非线性格式、多层情节等。之后,基于以上四种多模态特征的绘本,教师被要求利用视觉和互动文本设计读写课程。根据每位老师对学生的了解和兴趣、课程标准和课堂目标,研究者和参与教师合作进行课程设计。这些识字课持续了大约两个小时,研究人员作为被试-观察者进行记录。

在实验研究中,学生的写作和其他相关学习活动都受到了多模态文本教学的影响,并且学生在多模态文本教学中有意义的社会互动促进了学生的学习行为发展。教师 A 认为那些非传统的、有趣的书籍包含多模态,会使得学生使用各种词汇,学会从不同的视角出发进行思考并能提升学生的写作能力和思维发散能力。该教师基于多模态教学理论设计了三天的课程安排:第一天是包含绘本《甜甜圈:阿妮》的阅读活动,之后是绘本细节和文本元素的讨论环节和头脑风暴活动之《我最爱的食物》。第二天包含绘本内容的回顾,绘本设计的精妙之处和特定含义的鉴赏,学习创造文本的意义,最后是头脑风暴活动:用具体的词语描述最爱的食物且设计表格和运用创造意义的思想。第三天包含绘本内容的回顾,为"最爱的食物"表格创建模板,小组成果展示。在该过程中,教师 A 鼓励学生设计自己内容时参考绘本的形式,因而,最后每个学生的设计成果都包含了各种各样的社会和文化塑造资源(绘画、文字、字体设计、与身边事物和文化的关联性、文字颜色等)用于意义的形成,这些形式都是多模态的,传达出学生运用了多种角度的思考。

另一位教师 B 更注重引导学生如何运用自己的全身感官,比如自己的身体姿态、面部表情等相关感觉器官来感受文字的魅力。教师 B 大声阅读绘本的同时,她也允许孩子们进行互动,表达自己的感受和想法。她认为如果不允许孩子们在阅读过程中说话、互动、摆弄自己的身体,那么他们就不太能掌握故事中所包含的元素。学生的动态动作和情绪变化与他们自身的思维和故事进展密切相关,具有同步性。教师 B 挑选的绘本通过丰富的绘图来表达情绪、创造幽默,她在大声读这本绘本时也会引导儿童用身体姿态和情绪去回应故事,或者停下来跟学生去互动和探讨这个故事的发展。教师 B 注重与学生之间的问答,让学生注意到绘本中视觉图像和文本的多种表达方式,鼓励学生思考故事中的人物想法,这很好地培养了学生的元认知能力,使他们能更顺畅地去获取故事中的概念工具。

哈塞特和柯伍德通过实践鼓励教育者运用多模态文本及绘本设计理念为学生创造一个多视角的学习方式。① 教师也应当从学习促进者、学习指导者和模仿者等角色升级为资源管理者、知识共同建构者及课程设计顾问。教师要突出课文的多模态形式,同时要鼓励学生用多感官去感受文本,帮助他们专注于各种文本模式,戴上"想象力"的帽子。此外,研究者鼓励教师运用多模态文本发起开放式活动,为真实课堂中的学生创造一个尊重语言和文化差异的空间。② 在社会教育实践中使用多模态工具被认为是多元文化的核心③,而教师在多元文化教学中引导和支持学生的多模态资源导航,因此,学生就可以获得解释和产生复杂的文本/图像/设计关系所需的概念基础。换句话说,当学生在课堂上参与多模态和社会认知体验时,他们会批判性地转向不断发展的数字媒体和多模态形式。④ 克雷斯指出"交流的世界并不是静止不动的"⑤,对于教师来说,这对数字时代的识字教学有着深远的影响。

---

① Hassett D D, Curwood J S. Theories and practices of multimodal education: The instructional dynamics of picture books and primary classrooms [J]. The Reading Teacher, 2009, 63(4): 270-282.

② Hassett D D. Teacher flexibility and judgment: A multidynamic literacy theory [J]. Journal of Early Childhood Literacy, 2008, 8(3): 295-327.

③ Kalantzis M, Cope B. Multiliteracies: Rethinking What We Mean by Literacy and What We Teach as Literacy the Context of Global Cultural Diversity and New Communications Technologies [M]. New South Wales: Centre for Workplace Communication and Culture Haymarket, 1997:4-10.

④ Leu D J. Literacy and technology: Deictic consequences for literacy education in an information age [J]. Handbook of Reading Research, 2000(3): 743-770; Leu J D J. The new literacies: Research on reading instruction with the Internet [J]. What Research Has to Say About Reading Instruction, 2002(3): 310-336.

⑤ Kress G. Literacy in the New Media Age [M]. London: Routledge, 2003:1-8.

2. 多模态媒体教学:科学课堂

在多模态教学中,所有的交流本质上都是多模态的,多模态表征在科学教学中尤其重要,因为在科学内容的各种表征之间灵活移动的能力可以支持学生对科学现象理解的发展①,但也导致对教育资源的需求增加。随着社会的进步和科学的发展,以文字、图形、图像、动画、声音和视频等多种手段直接作用于感官的多媒体在学校教育中逐渐盛行,教师可以通过形象而生动的多媒体,把抽象的知识具体化、形象化、情景化,有利于自闭症儿童对所学知识的理解、掌握和运用,从而有效地改善课堂的效果,增强课堂的互动性,解决了我们教学中的难点。教育家塞拉菲尼(Frank Serafini)在她编写的《阅读视觉》(*Reading the Visual*)一书里提到通过通信和视觉媒体实现课堂的多模态教学,并且提及如何解决资源缺口,提供了将视觉图像和多模态形式结合的方式。② 格洛弗(Derek Glover)等发表的研究中阐释了教师使用交互式电子白板所经历的三个阶段:(1)教学的辅助工具阶段:仅是视觉辅助工具;(2)交互阶段:课堂的整合元素;(3)增强交互阶段:教师运用各种技术使学生以个体、同伴或小组的形式与交互式电子白板提供的信息交互。③

在促进与多模态的互动方面,交互式白板作为多媒体工具是有用的异构工具包,为小学科学课堂提供了一系列潜在的好处,即相对容易地将内容演示和信息通信技术功能整合在一起,这为制定多方面的教学策略提供了新的机会。利用交互式白板进行教学是以教师为中心的教学方法,它允许教师提前准备材料甚至构建材料。在过去,使用复杂的人工物品组合可能会耗时,较为不切实际。随着多媒体时代的到来,交互式白板使得教师更加容易且方

---

① Kozma R. The material features of multiple representations and their cognitive and social affordances for science understanding [J]. Learning and Instruction,2003,13(2):205-226.

② Serafini F. Reading the Visual:An Introduction to Teaching Multimodal Literacy [M]. New York:Teachers College Press,2014:29-44.

③ Glover D,Miller D,Averis D,et al. Leadership implications of using interactive whiteboards:Linking technology and pedagogy in the management of change [J]. Management in Education,2004,18(5):27-30.

便地快速部署多种模块来搭建学习平台,提供给课程以不同水平的互动形式来适应学习目标。交互式白板这样的多媒体真正实现了倍增效应[①],倍增效应是指当不同符号模式以不可预测的方式相互关联时,产生超越单一符号资源的认知效果。这种效应通过以下路径促进科学理解的发展:在意义建构过程中,学习者能够动态整合所接触的各类符号学资源。该过程可能呈现三种时态特征:即时性的(持续数秒或数分钟)、持续性的(较长时间段)及可复现性的(在不同情境中被重新激活)。[②]

从社会文化的角度看,研究者采用案例研究方式探究了如何利用交互式白板支持小学科学教学,促进教学效果。参与人员为在英格兰南部城市小学工作的五位教师,基于设计的具体案例研究方案,研究者记录了由交互式白板顾问和正课教师两人共同设计的主题科学课程,关注教师如何运用自身所掌握的资源来形成意义及创造教学思考和教学事件之间的连续性。该科学课程(如"了解蒸发""了解粒子运动"等)包含了多种课程目标和混合的多模态资源。在教学过程中,课程被细化为多个部分,以"了解蒸发"为例。

第一部分:首先,师生探讨水蒸发的过程;其次,教师通过交互式白板播放视频《Going,Going,Gone》,从而让学生通过两种形式感受到"教师"的存在,即教室里的老师和视频里的老师。教师在视频和教室运用教学策略充分地与学生进行互动,"魔术师"老师在"厨房"通过交互式白板演示的水蒸发的"魔法",这是一种有趣的呼唤和回应技巧,为了调动学生的积极性和多感觉地运用,还有计划性地设计了停顿和提问。交互式白板在这节课上被当作"互动"平台,发挥了互动属性,运用交互式白板更容易实现将学生带入"蒸发"和"变化状态"主题。

第二部分:积极运用图像、对话、文字和手势等结合起来的多模态形式。

---

① Lemke J L. Multipling meaning[M]//Martin J R, Veel R. Reading Science: Critical and Functional Perspectives on Discourses of Science. London: Routledge, 1998:87-114.

② Baldry A, Thibault P J. Multimodal Transcription and Text Analysis: A Multimedia Toolkit and Coursebook [M]. New York: Equinox, 2006:222-247.

教师通过结合《Going，Going，Gone》视频及三张关键性的截图呈现在交互式白板上，图片旁边附上对应的核心内容，为学生解释"魔术"下的"科学"道理。课程中，截图是重要的视觉资源，与关键的文字和师生之间的探讨结合起来，实现了"将魔术转化成现实带回课堂"，学生也能运用视觉、听觉、述说、思考等多种形式整合视觉信息和文字信息及对话内容，塑造出意义。教师主要任务是积极建构师生之间的对话体系，创造课程内容和形式之间的连续性。

第三部分：带有文字标注的三张图片再次呈现在交互式白板上，通过"关键词"温习已学的内容，重新塑造学生对蒸发的理解，帮助学生建立通向科学理解的桥梁。针对白板上缺失的"关键词"，教师提出合适的问题，让学生回忆、理解"关键词"。然后，通过字体颜色和大小的变化来强调具体要点和一般要点之间的连续性，学生可以深度加工"关键词"。其中，合适问题的提出是极为重要的步骤，教师运用问题间的连贯性既实现了从特殊到一般或从课堂到日常生活的衔接，也实现了从解释到概括的过渡。其中蕴含了莫蒂默（Eduardo Mortimer）和斯科特（Philip Scott）所倡导的话语支持在科学教学上的运用。①

第四部分：回顾三张截图，扩展旧有概念的框架。这个部分最核心的是探索和创造意义。教师使用交互式白板投放图片帮助学生快速回顾"水形态变化"的整个流程，将资源融入当前课程的语境，再结合手势和对话来提示重点，让学生重新沉浸在上周介绍的主题中。回顾完后，教师邀请学生重新思考"蒸发"的定义。学生可以通过口头表达，使用所学的术语和参考之前的解释，给出冗长的答案。学生还可以运用交互式白板重新编排术语，如对"文字标签"进行物理调整，创造一个"蒸发"过程的图解，再进行叙述和解释。这一部分的目标创造了索梅克（B. Somekh）等人所提倡的心理互动。② 教师的任

---

① Mortimer E，Scott P. Meaning Making in Secondary Science Classrooms［M］. London：McGraw-Hill Education（UK），2003.

② Somekh B，Haldane M，Jones K，et al. Evaluation of the primary schools whiteboard expansion project-summary report［R］. Report to the Department for Children, Schools and Families. Manchester，England BECTA，2007：1-12.

务是提高课程的效益,提供给学生图像和术语,使他们能够利用科学论述的元素,作为理解"蒸发"现象和过程的基石。

在以上科学课程的设计中,运用交互式白板多媒体作为多模态课程的锚,将关键文本、图形和视频多次呈现,将符号语言语境化[①],鼓励学生质疑、提问、交流、对话、解释。交互式白板与其他资源一起支持引入和探索科学概念和话语,有助于积累动态资源,促进科学故事的发展,并在其他日常事件之间建立连贯性和提供概括性。

"了解蒸发"中的蒸发现象是可以通过视频、图像观察的,因而可以使用图片、视频等作为思维的跳板。当教学内容是抽象的科学概念时,教师更应该通过多模态活动的设计(运用学生的肢体活动、师生对话等)来加强或巩固学生对抽象概念的认识和理解。交互式白板在其中应当发挥作为多媒体展示设备的优势,与其他资源共同支持引入科学概念和探索科学问题的过程。在"了解粒子运动"中,教师运用粒子运动及通过表述的方式介绍固体、液体和气体的科学概念。有关"了解粒子运动"的课程同样结合交互式白板多媒体和多模态教学设计,分为四个部分。

第一部分:概括固体粒子属性,介绍固体粒子运动。在交互式白板上呈现出固体、液体和气体图片,学生对现实生活中的固体、液体和气体粒子进行分类活动,教师引导学生对三类物体进行属性概括。活动结束后,老师快速概括不同状态下物质的可见属性,然后分析这些可见属性对于不同状态下不可见粒子的运动意味着什么。教师主要使用了学生的游戏活动,在处理抽象概念和属性时引入了科学语言的"第二现实"[②],在这种情况下粒子运动只有在科学话语的语境中才变得有意义。学生也可以通过眼睛看到交互式白板屏幕上对应的文字和图片,教师通过文字来强调核心内容(红色字体为关键内容),使用蓝色方块来控制概念的移动速度。这里使用了"方块展示"技术,

---

① Baldry A, Tibault P J. Multimodal Transcription and Text Analysis: A Multimedia Toolkit and Coursebook [M]. New York: Equinox, 2006.

② Mortimer E F, Wertsch J V. The architecture and dynamics of intersubjectivity in science classrooms[J]. Mind, Cultme, and Activity, 2003, 10(3): 230-244.

方块下附有一张图片和注解的文字,教师可以通过移动方块和覆盖方块来吸引学生的注意力。当呈现文字时,教师也运用身体姿态(手势、动作)让学生融合不同来源的信息之间的联系性,比如呈现"振动"时,老师一边读文字,一边做着手势,提醒学生注意文字和动画之间的对应关系,并在她的陈述中完成了从粒子属性到运动属性的循环。

第二部分:学生角色扮演活动——"假装固体"。最后,在揭示和讨论了粒子运动的所有状态后,老师邀请一组学生来到教室前面,根据动画中描述的粒子运动"表演"出来,这是学生参与粒子运动的一种方式。这种科学现象的意义当然只能通过间接类比而不是直接感知来理解。

第三部分:预测和揭示粒子本质。通过动态二维图像、课堂讨论和学生角色扮演,促进了学生对固体概念的探索,教师给出了固体中粒子运动的简要总结。随后,她邀请学生提出他们认为液体中的粒子运动可能是什么样子的。虽然教师在揭示包含固体信息的方块之前并没有这样做,但她能够收集学生们在这一点上的贡献,看看他们是否能在他们所知道的固体、液体和气体的属性与他们在交互式白板上看到的固体中粒子运动之间形成自己的对应关系,从而进行过渡和归纳,预测液体中粒子的抽象的、科学的配置。在学生提出他们的想法后,教师不是立即提供明确的评价,而是展示隐藏在第二个方块下面的液体中粒子运动的图像和文本。正如对固体的描述一样,老师阅读了描述性文本,指出要在描述和图像之间建立连续性。然而,现在更多的信息被呈现出来了,她将固体的粒子运动牢牢地保留在话语中,通过指出固体和液体粒子运动的动画来强调比较和对比。

第四部分:演示粒子运动。另一组学生被邀请"表演"液体中的粒子运动。由于这种情况发生在物质的三种状态中的每一种里,教师试图在日常的固体、液体和气体的分类任务之间形成连续性和连贯性,通过动画将这些物体作为具有不同运动和空间层次的抽象粒子,并在学生的戏剧中返回到这种运动和空间的具体设定。

"了解粒子运动"使用了多种丰富的表现形式,且集中在单一屏幕的呈现上。教师通过交互式白板的文本和动画,在讨论中听取学生的建议,并邀请学生在三种不同物质状态的角色扮演中体现粒子的活动。当学生表演出粒子运动时,他们经历或观看的短暂物理运动的组合和对齐,以及在交互式白板上连续显示的模拟粒子运动和邻近的粒子运动的科学文本提供了这些元素之间的联系。这提供了一种连接经验事件和粒子运动的抽象科学主题的方式。

科学课程也可以从有形的、可见的例子(分类任务)的日常领域转移到抽象的、理论的、科学的解释,通过使用交互式白板提供的信息,并通过教师的描述和手势进行阐述及学生的表演来实现。在整个主题中,后两种资源(教师阐述和学生表演)主要是短暂的表现,而交互式白板却形成了累积的背景,作为思想发展和粒子属性("大多数固体不会改变它们的形状")及活动("固体中的粒子非常非常紧密地聚集在一起")之间的更新资源和注意力来源。

二、国内多模态教学研究

(一)研究方向和内容

国内在近 20 年才开始关注多模态理论在教学中的应用,尤其是在英语教学中的应用。2015 年,鲁晨晨在中国期刊全文数据库上以"多模态教学"为篇名,检索出 2000—2014 年间国内 CSSCI 来源期刊有关多模态教学的文章等 27 篇。① 我们用相同的方法在 2000—2022 年间检索出 144 篇相关文献,可见研究者和教育者对多模态教学的关注越来越多。这些实践研究包含外国语教学、汉语教学、读写能力教学、多媒体教学等方面。

1. 英语教学研究

在英语教学上,我国传统的以读写听为主的教学模式已不再适用,现代大学英语教学有必要培养学生的多模态能力,有些学者运用多模态理论对大学英语教学改革进行了探讨,并认为多模态理论视角下的大学英语教学是我国外语教学研究的全新领域。还有一些学者试图将英语所涉及的语言、图像、声音、动

---

① 鲁晨晨.国内多模态教学研究回顾与展望[J].湖北经济学院学报(人文社会科学版),2015,12(8):183-185.

作等多种手段和符号资源构成的多模态教学引入英语课堂,结果取得了良好的教学效果。张德禄探讨了多模态教学对外语学习起到的作用。① 他发现基于多模态话语理论,多模态可以为外语学习塑造教学情景和课堂条件,也是外国语教学的重要辅助手段,同时也为多通道交际提供了多通道话语意义表达方式。他提出了教学话语需要采用合适的模态和媒体来表达。研究者又深入思考了在大学英语课堂中各种不同模态是如何相互协同来完成教学目标的,从而研究者着眼于英语课堂设计中的主导因素(教学内容、师生特点和教学条件),提出了基于多模态教学的教学设计的主要教学理念,包含教材权威型、知识获取型、技能训练型、经历体验型和资源发展型,以及对应的选择原则,包括有效原则、适配原则和经济原则。② 胡永近和张德禄又把外国语教学程序和教学目标联系起来,使教学程序在多元读写能力培养框架的基础上实现多模态化,提出"教学设计不是直接选择教学模态及其组合,而是通过教学方法选择教学模态及其组合,从而使教学模态的选择更具可操作性"。③王惠萍充分利用除语篇外的多模态资源开展相应的英语课外活动,培养学生的多模态识读能力。④ 谷颖从多模态角度对改善英语写作教学进行了探讨⑤,王炤则探讨了多媒体英语写作教学中师生之间的多模态互动⑥。

多模态学习模式和元认知策略也可以用在英语听力教学中,实证研究结

---

① 张德禄. 多模态话语理论与媒体技术在外语教学中的应用 [J]. 外语教学,2009,30
   (4):15-20.
② 张德禄. 多模态外语教学的设计与模态调用初探 [J]. 中国外语,2010,7(3):48-
   53,75;张德禄,王璐. 多模态话语模态的协同及在外语教学中的体现 [J]. 外语学
   刊,2010(2):97-102.
③ 胡永近,张德禄. 英语专业听力教学中多模态功能的实验研究 [J]. 外语界,2013
   (5):20-25,44.
④ 王惠萍. "互联网+"下小学高年级数学构建高效课堂的对策 [J]. 智力,2020(25):
   157-158;王惠萍. 英语阅读教学中多模态识读能力的培养 [J]. 外语界,2010(5):
   20-25.
⑤ 谷颖. 基于多模态理论的大学英语写作教学设计——以大学英语四级考试"图画类
   作文"为例 [J]. 英语广场,2015(5):37-38.
⑥ 王炤. 多媒体英语写作教学中的多模态互动模式 [J]. 外语电化教学,2010(6):14-19.

果发现,多模态和元认知策略之间有较强的交互作用,两者结合起来的效果比单独的元认知策略或多模态更加能促进听力理解。① 同样,小样本实验研究调查发现,多媒体环境下听力教学中不同模态及其组合方式对英语专业学生听力理解有显著的提升作用。当该教学模式应用于英语视听说课程中,不仅对英语听力有所帮助,学生的英语综合水平也整体得到提升②,可见多模态听力教学还会影响学生多元识读能力③。基于多媒体技术和学生多模态感知,谢竞贤和董剑桥发展了多媒体与多模态下的大学英语听力教学④,英语教师根据听力教学矩阵原则和"可理解性输入"原则设计并开展听力教学活动。

2. 汉语教学研究

多模态教学在语言学习上有重要的作用,除了英语教学,汉语学习也涉及了多模态教学。近5年来,有研究者将多模态研究的视角从英语转到汉语教学,探索了汉语教育多模态的文化因素⑤、多模态汉语教学的优势和特异性⑥⑦⑧、高级汉语的多模态教学模式⑨。卫晋菲探究了多模态汉语的相关模态符号选择、教学方法与手段、运作策略等方面的理论。③

————————

① 龙宇飞,赵璞. 大学英语听力教学中元认知策略与多模态交互研究 [J]. 外语电化教学,2009(4):58-62,74.

② 曾庆敏. 多模态视听说教学模式对听说能力发展的有效性研究 [J]. 解放军外国语学院学报,2011,34(6):72-76,128.

③ 李欣,李玫瑛,王佳子. 多模态自主听力教学模式有效性的实证研究 [J]. 解放军外国语学院学报,2012,35(6):59-64,126.

④ 谢竞贤,董剑桥. 论多媒体与多模态条件下的大学英语听力教学 [J]. 外语电化教学,2010(6):9-13.

⑤ 王珂. 对外汉语教学中文化因素的多模态教学方式 [J]. 文学教育,2016(11):74-75.

⑥ 卫晋菲. 多模态理论在对外汉语初级词汇教学中的应用研究 [D]. 西安:西安石油大学,2019.

⑦ 卫晋菲. 互动模式在汉语口语教学中的应用研究 [J]. 今传媒,2019,27(2):146-148.

⑧ 王珊,刘峻宇. 国际汉语词汇教学中的多模态话语分析 [J]. 汉语学习,2020(6):85-96.

⑨ 李卢艳. 基于多模态理论的对外汉语词汇教学设计[D]. 杭州:浙江科技学院,2019.

3. 多元读写能力研究

针对多元读写能力,宋庆伟检验了多元读写能力教学法与传统教学法在大学英语教学中的效果,发现多元读写能力教学法的效果要更好。① 朱永生总结了西方国家在多元文化和信息技术飞跃的时代变化下对开展多元读写的策略和方法,对我国教学改革有了新的启示:(1)在多元读写研究和多元读写能力培养方面我国已经落后于西方国家,我国教育者对多元读写的认识不足;(2)我国仍处于传统的"训导主义"阶段,为此他提出了基于信息技术的发展,结合多模态话语理论,发展多元读写能力作为学生综合能力的一部分。② 张德禄探讨了多模态资源的选择、过程和结果,建立了多元读写的理论框架,形成了多元读写培养的学习模式及学习内容。③

4. 多媒体教学研究

多媒体与多模态教学越来越融合,现代课堂中多媒体的使用已经成为常态化的现象,这使得多模态教学不仅仅限于语言学习,也能扩展到科学、数学等其他领域,信息技术不仅带来了文本形式上的转变,也带来了学科范围上的变动。现在教师应用较多的多媒体技术包含了 PPT 多媒体、交互式白板等。

交互式电子白板在进入中小学课堂之初,就被作为技术集成和资源整合的交互平台,将极大地促进多种多样的交互活动,用于加强讲授型教学,也用于促进协作型教学、自主型学习和探究型学习等,实现教学结构与模式的多元化和多样化。④ 吴筱萌发现交互式电子白板对于多模态教学的支持在课堂实践中已经得到了充分证实⑤,多种课堂组织形态已经在交互式电子白板

---

① 宋庆伟. 多模态化与大学英语多元读写能力培养实证研究 [J]. 外语研究,2013
(2):55-59.

② 朱永生. 多元读写能力研究及其对我国教学改革的启示 [J]. 外语研究,2008(4):
10-14.

③ 张德禄. 多模态学习能力培养模式探索 [J]. 外语研究,2012(2):9-14.

④ 丁兴富,蒋国珍. 白板终将替代黑板成为课堂教学的主流技术——革新课堂教与学的新生代技术(2) [J]. 电化教育研究,2005(5):21-26.

⑤ 吴筱萌. 交互式电子白板课堂教学应用研究 [J]. 中国电化教育,2011(3):1-7.

支持的教学环境中得到了尝试,交互式电子白板的多种展示功能在课堂中使用频率最高,交互式电子白板对课堂交互的支持主要解决的是教师"教"的问题。

张征发现基于 PPT 多媒体的多模态教学对学生学习效益也有影响,但只对学生短时记忆有效果,长时记忆的效果不显著,因而 PPT 多媒体可以作为教学辅助手段来提高教学质量。① 张征还发现多模态 PPT 演示教学能够正向改变学生学习态度,学生对该教学模式的认可度也较高。② 多模态教学和多媒体的结合还改变了课堂的形式,融入翻转课堂的教学设计,契合翻转课堂的多种特点,形成了新型的高效的翻转课堂。

研究也发现在其他多媒体上结合多模态教学也有很好的教学效果,比如移动技术辅助外国语教学(MALL)。③ 王慧君和王海丽基于此构建了以课上课下动态教学结构为核心、以开放性多模态学习环境为全方位支持的多模态视域下的翻转课堂教学模式。④

(二)教学方法和经验

基于国内已有的研究和教育实践探索,我国教育应当如何结合国内实际教育环境实现多模态教学的推广是值得探究的问题。因此,本部分总结了当前研究者已经取得的教学成效和教学经验。

1. 系统性培养模式

多元读写能力的培养需求促进了多模态教学的发展,至今也有了比较完善的基于多模态理论的多元读写能力培养模式。张德禄基于"新伦敦小组"

---

① 张征. 多模态 PPT 演示教学与学生学习绩效的相关性研究 [J]. 中国外语,2010,7 (3):54-58.
② 张征. 多模态 PPT 演示教学与学生学习态度的相关性研究 [J]. 外语电化教学,2013(3):59-64.
③ 李思萦,高原. 移动技术辅助外语教学对英语词汇习得有效性的实证研究 [J]. 外语界,2016(4):73-81.
④ 王慧君,王海丽. 多模态视域下翻转课堂教学模式研究 [J]. 电化教育研究,2015,36(2):70-76.

提出的培养模式进行总结、升华和解释,提出了四种理论上的教学方法:实景实践、明确指导、批评性框定和转化实践。① 但这些教学方法并不都体现在一个基于多模态教学理论而发展起来的课程中,并且存在一种循环关系。

第一阶段:实景实践。其关键因素是浸入到实践过程中。在实际教学过程中,教育者想要实现实景实践,应当考虑学习者的经历和掌握的知识,以及学习者的文化背景和文化态度,而不是把学习者当作教学和训练的对象。但是,实景实践实施难度大,难以找到合适的语境来进行这类实践活动,因此需要在两个方面进行调整:第一,学习者有选择地学习;第二,进行浸入式学习的环境十分有限,不仅受时空的限制,而且受到科技等多种条件的影响。因而,一方面,减少需要学习的模态类型,筛选出合适的模态和模态组合;另一方面,为浸入式教学提供可替代的教学模式,如用教学录像、实景学习软件等。

第二阶段:明确指导目标。该阶段主要目标是基于学生已有的资源去发展对应的能力。在课堂上,教学目标也不是单纯灌输知识,而是让学生明确教学的基本规律、基本程序,了解相关的知识,有意识地控制他们学过的东西,了解哪些是重点和焦点信息,做他们自己做不到的事情。当老师需要引导学生进入新知识、新技能、新活动时,其中一个重要环节就是要给学生明确的活动指导。实景实践与明确指导是一体的,无法区分孰先孰后。在不需要明确指导即可进行的学习活动中,如翻译、模拟法庭等,可以首先进行实景实践。而在不经过指导即无法进行的学习活动中,则需要老师给予明确的活动指导,然后再进行实践活动。

第三阶段:批评性框定。这个阶段的主要目的是帮助学习者整理他们在实践中学过的东西,理解知识系统和社会实践之间的关系,对实践过程中学习到的东西进行总结、归纳,内化成自己的东西。在此过程中,学生作为独立的个体以自身的视角客观地解释、评价所学习到的东西,用发展性的眼光提出建设性的意见,然后进行创造性的工作去扩展和应用所学到的东西。这意

① 张德禄. 多模态学习能力培养模式探索 [J]. 外语研究,2012(2):9-14.

味着在教学中,教师要有意识地培养学生看待问题的能力和审视问题的高度,因而其中必然蕴含教师对课程精心的设计,比如鼓励学生勇于发表自身的看法、阅读足量的多模态语篇的文章并且提出自身的观点看法,甚至可以让学生参与课程的设计或语篇的设计。批判性框定往往是前两个环节之后的步骤,学生只有在经历和体验过之后才能更加深入地反思和考虑。

最后,我们再谈一下转化实践,这是基于前三步的再反思、再实践。这里的"实践"是指学生将学到的构建意义的技能和经验在不同的语境中进行实践验证,比如测验考试就是学生对学到的理论知识进行再实践、再应用的过程。在转化实践的阶段中,最重要的是学习者把得到的知识和经验进行固化,进入学习者的知识框架。那么,如何进入学习者的知识框架中呢? 转化实践是通过重复和循环教学法将学过的知识一遍遍进行重现,产生一种螺旋向上的正向的良好趋势。教师在课程设计中需要尽可能将已有的旧资源和新内容、新结构结合起来,建立良好的知识结构,让学生更加容易接受并融入自己的知识框架。转化实践在知识内化的过程中不断起作用。实践是检验知识是否有效内化到自我的知识框架中的最好方式,因而实践不是结果,而是不断重复的过程。

2. 教学实践经验

在实验研究中,多模态的多元读写能力应当如何培养呢? 王梅比对传统教学方法和多模态教学方法对英语课程效果的评估,发现该实验下的多模态教学真实地培养了学生的多元读写能力。[①] 基于任务教学法(即在明确的教学目标下开展课程),研究者设计的多模态教学符合多元文化交融、具备生动性和立体性。

该课程设计中的多模态教学体现在以下方面:(1)学生使用网络资源,调动多个感官的使用;教师使用语言实验室、PPT等多媒体手段结合图片、音响、字体等进行多模态教学。(2)学生任务结合课上课下两种模式:在课下,学生利用

---

① 王梅. 多模态与多元文化读写能力培养实证研究 [J]. 外语教学,2012,33(1):66-69,80.

各种文本、电子资源围绕主题制作汇报;在课上,学生利用多媒体形式呈现调查结果。(3)课程形式多模态化,采用对话、角色扮演等方式让学生身临其境感悟语言和文化。(4)阅读多模态的文学作品。(5)开展多模态的文化专题讨论。该课程设计包含了多模态教学的多重设计,贯彻多模态教学的理论和形式。

多模态理论与现有的课堂模式结合起来还能促进教学质量,课程的形式保留了翻转课堂课上、课下的特点,但在课程实施中融入了多模态的教学理念。课下以学生自主学习为主,提炼出遇到的学习难点,而教师则通过多媒体平台提供多模态资源的支持;课上以教师和学生的对话为主,巩固、加深重点、难点知识的学习,且以多模态教学为主。这里的"多模态"体现在信息资源的多样化和对话互动的多形式上。信息资源多样化具体在于提供给学生的信息包含采用了各种设计方式的文本、与课文相关的图像、动画、微课及音频等。多种形式的教学材料更能放大教师的情绪、动作、声音,学生也更有临场感,同时更容易抓取学生的眼球。对话互动多样化让学生更有主体感,对话互动包括多模态互动的方式和多模态互动策略。互动的方式讲究对话的主体是谁,课堂里包含师生互动、生生互动、小组互动、人机互动等四种形式。而多模态互动策略强调了策略,也就是角色转换、角色扮演、虚拟现实、课堂报告、小组合作等策略方式。

由于翻转课堂是基于多媒体信息时代而发展起来的课堂,必然也依靠多模态学习环境。多模态学习环境需要考虑技术、文化、自然三个维度。在技术层面,研究者提出应当采用完善的学习平台,便于生生和师生对话;在文化层面,学生受到的社会道德文化和家庭文化的影响塑造了学生的性格和学习品质;在自然层面,舒适的学习场所和教室环境设置是极为重要的。以上环境的良好塑造在多模态教学中是有效的辅助手段,提供给学习者和教育者一个轻松快乐的氛围,有效促进了讨论和共同学习的效率。

多模态课程的设计最后必然要考虑多模态评价,分为形成性评价和总结性评价两种。形成性评价主要考虑课堂报告、角色扮演、学习表现、参与度、学习态度等多种过程性内容进行评价;总结性评价主要考虑对学习结果(产品)进行一次性评价,如对卷面测试、最终作品、论文、完成的项目等的评价。

所谓的多模态方法主要体现在评价方式的多模态(如个人评价、小组评价、教师评价、多元评价等)、评价手段的多模态(纸质评价、作品展览、课堂报告、学习表现、汇报表演等)及评价维度的多模态(如思想、感受、行为、认知、交往、想象、结果等)。多模态评价与多元评价具有一致性,但与多元评价不同的是,多模态评价不仅强调了评价的多元化,而且强调不同的信息反馈通道,多模态评价意即多方法、多渠道、全方位的评价。

第四节　多模态教学背景下自闭症儿童的应用和困境

一、多模态教学在自闭症儿童教学中的应用

由于自闭症谱系障碍的患病率不断攀升,并且病因复杂、个体差异较大,自闭症已经演变为全球性重大公共卫生问题。国际上普遍认为自闭症治疗的关键在于通过特殊教育训练和行为干预,以提高自闭症患者在日常生活中自理、认知、社会交往和适应社会的能力。

(一)自闭症儿童多模态话语研究

语言的发生与发展、人与人之间的交流、人与外界的沟通都需要多模态感官系统的参与,意义的构建、传递和理解在本质上也是由大脑的多模态协同机制支持。人在说话时,大脑的多个区域会进行信息处理的协同工作,对交流过程中的信息进行多模态处理。自闭症儿童在语音、词汇、句法、篇章、语义等方面表现出区别于正常发育儿童的异质性。张德禄曾提出,多模态话语的理论模式是系统功能语言学理论,该理论主要由五个层面的系统组成。[①]

这五个层面分别如下。

文化层面:包括作为文化主要存在形式的意识形态和作为话语模式选择潜势的体裁。

语境层面:包括由话语范围、话语基调和话语方式组成的语境构型。

---

① 张德禄. 多模态话语分析综合理论框架探索[J]. 中国外语,2009,6(1):24-30.

　　意义层面：包括话语意义、概念意义、人际意义和谋篇意义。

　　形式层面：包括语言的词汇语法系统、视觉性的表意形体和视觉语法系统、听觉性的表意形体和听觉语法系统、触觉性的表意形体和触觉语法系统等，以及各种模态语法之间的关系。

　　媒体层面：包括语言和非语言两大类。语言包括纯语言和非语言两种；非语言包括身体性和非身体性两类。身体性包括面部表情、手势、动作等；非身体性包括工具性的，如 PPT、实验室、网络平台、实物、音响、同声传译等。

　　在一定的文化语境中，受意识形态的支配和题材系统的制约，需要根据具体的情景语境和交际目的选择要表达的意义，选择合适的模态和题材结构体现出来。所选择表达的意义可以由视觉模态和听觉模态体现，在系统选择中，关键因素是利用好不同模态之间的关系，使得不同模态之间相互配合，从而构建动态多模态话语的整体意义。不同模态体现的意义属于同一个事件，只有整合成为一体才具有意义。模态之间的关系往往随着时间的变化而变化，呈现出与交际时间进程密切相关的不同关系。动态多模态话语分析则需要探讨动态的图文及话语和动画的关系。

　　故事是一般认知能力、社会认知能力和语言能力的综合表现，反映特定文化中的重要问题和解决方式，儿童可以从故事中学会如何认识世界。儿童的叙事能力在儿童发展、言语-语言病理领域已经成为重要议题，成为评估正常儿童和语障儿童沟通能力的一种有效方法，同时也是自闭症儿童语言训练的有效手段之一。其中，讲述任务要求儿童将词和句子连接起来，组成篇章，这个任务涉及各类语言知识，能够反映出儿童各个语言范畴的特点及语言整体面貌。伴随语言活动的非语言行为，如面部表情、手势、体态等构成了非语言模态，可以对语言进行强调、补充、修正甚至是替代或否定。非语言模态可以帮助我们理解自闭症儿童真正的语义及思维，他们的面部表情、手势、体态等对其语言发展及康复治疗有着重要的作用。[①]

---

① 何旭良，汪竞，杨峰. 自闭症儿童话语多模态个案研究 [J]. 医学与哲学，2020，41（11）：47-50.

已有的研究表明,自闭症儿童在口语交际中,会出现反复重复某一话题,或一个人独占话题,或突然打断和改变对方的话题,或使用一些和语言环境相矛盾的用语等现象。3—12岁的自闭症儿童存在手势发展迟缓的现象,并且较少使用指向性、表征性及具有特定文化意义的手势。① 相对于正常发育儿童,6—12岁的自闭症儿童产生的手势不仅相对较少,而且承担语义补充功能的手势也同样缺乏。② 除了多模态话语产出研究外,也有学者关注自闭症儿童在理解多模态话语方面存在的障碍。研究工作既涉及言语模态,也涉及视觉模态及表达情感的面部表情和韵律等模态。总体而言,自闭症儿童与正常发育儿童相比,语言理解能力发展迟缓,不同类型儿童之间存在高度异质性,并且自闭症儿童的语言理解能力与语言产出能力之间存在正相关关系。③

多模态视角进行话语研究主要探讨自闭症儿童在交际中如何理解和产生多模态话语,同时分析媒介、大众及家长等如何从多模态视角来表征自闭症儿童。随着人工智能技术的快速发展,基于脑成像及自闭症人群多模态话语数据的辅助诊断与针对自闭症人群多模态话语的干预研究也取得了不少的成果。由于多模态交互技术的进步,基于人工智能的自闭症人群康复训练研究也逐渐兴起,这类研究的重点在于如何将人机互动应用于自闭症儿童的多模态交际训练,包括非机器人干预设备,如平板电脑和智能眼镜,以及机器人干预设备,如非人形机器人和人形机器人。

早期使用非机器人设备实施的康复训练以单项交际技能训练为主,包括自闭症患者的面部表情识别训练、情感识别训练等。研究结果显示,接受过

---

① Baron-Cohen S, Wheelwright S, Jolliffe A T, et al. Is there a "language of the eyes"? Evidence from normal adults, and adults with autism or asperger syndrome [J]. Visual Cognition,1997,4(3):311-331.

② Sowden H, Clegg J, Perkins M. The development of co-speech gesture in the communication of children with autism spectrum disorders [J]. Clinical Linguistics & Phonetics,2013,27(12):922-939.

③ 马博森,曾小荣,龚然. 国外自闭症人群多模态话语及智能辅助诊断与干预研究 [J]. 语言战略研究,2020,5(2):51-60.

训练的自闭症患者在面部表情加工方面显现出一定优势。这类训练运用人机交互技术和融合人工智能的虚拟现实技术,创设的情景更接近真实的生活语境①,而且融合了虚拟现实技术的智能眼镜也被证明有助于自闭症患者的康复训练②。相对于非人形机器人或是普通玩具,人形机器人是模仿人类的生理运动结构,运用人工智能技术模仿、实验类人功能(比如观察周围环境的能力和智能体交流的能力)的一种机器,很多自闭症儿童明显对于具有人形外表的机器人更有兴趣,对这类机器人动作的反应更快,也表现出更多的交际行为。③ 通过给自闭症儿童播放机器人做示范的动画,发现自闭症儿童能够泛化他们习得的手势;通过既会说话又会跳舞的机器人 NAO 训练自闭症儿童的目光注视,能够提高儿童识别面部表情和适当进行眼神交流的能力。

（二）多模态教学设备在自闭症儿童教学中的应用

随着以多媒体和网络技术为核心的信息技术在教育教学中的普及和发展,教育正在逐步走向现代化。各种各样的新型教学设备投入自闭症儿童的教学中,增强了课堂的互动性、趣味性及灵活性,对自闭症儿童注意力、观察力等多方面的发展奠定了技术基础,此处以交互式电子白板的应用为例展开阐述。

交互式电子白板是一种可以与计算机进行通信的设备,将电子白板连接到计算机后,可以利用投影仪将计算机上的内容投影到电子白板的屏幕上,并且利用特制的定位笔可以在电子白板上进行操作,运行各种应用程序,能够更好地辅助课堂教学,为教师和自闭症儿童的课堂交互提供了便利条件,

---

① Didehbani N, Allen T, Kandalaft M, et al. Virtual reality social cognition training for children with high functioning autism [J]. Computers in Human Behavior, 2016(62): 703-711.

② Liu R, Salisbury J P, Arshya V, et al. Feasibility of an autism-focused augmented reality smartglasses system for social communication and behavioral coaching [J]. Frontiers in Pediatrics, 2017(5): 1-8.

③ Diehl J J, Schmitt L M, Villano M, et al. The clinical use of robots for individuals with autism spectrum disorders: A critical review [J]. Research in Autism Spectrum Disorders, 2012, 6(1):249-262.

使得课堂上教师和儿童之间活动的自主性、互动性和机动性大大提高。

在熟悉电子白板功能的基础上,可以结合自闭症儿童的特点,对教学活动进行针对性改进。

1.营造良好学习氛围,激发儿童学习兴趣

自闭症儿童的注意力不集中问题是其学习效果欠佳的原因之一,而缺乏学习兴趣是其注意力差的重要因素,因此想要提升自闭症儿童的学习效果,就需要先激发其学习兴趣,设法吸引其注意力。丰富的视觉刺激正是激发儿童学习兴趣的有效方法,在课堂上,可以利用电子白板打开相关教学软件、课件等,将教学相关的声音、图片、动画、视频等充分展示给自闭症儿童,将其注意力吸引到课堂上。同时,电子白板的一些特殊功能,比如聚光灯、遮挡等,可以引起自闭症儿童的视觉期望,使其注意力保持在较高水平。比如在每节课开始的时候,利用交互白板上的"鞭炮"小工具,设定倒数数字结束后会发出"砰砰"的声音,相比起传统让学生静坐以调整上课状态的方法更加有效;又比如电子白板的"聚光灯"功能,在课堂讲授中可以通过该功能对重点进行聚焦,让学生能够更加专注于学习的内容。这些功能都能帮助营造良好的学习氛围,激发学生的学习兴趣,将学生的无意注意吸引过来,延长学生对教学内容的注意时间。

2.增强参与性和互动性

自闭症儿童的一大特征是社交障碍,即他们不愿意参加活动,与他人的日常交流也存在着严重障碍。电子白板特有的交互功能,能够给课堂教学中的活动环节搭建平台,教师和学生都可以自由增加、删减或批改白板上的课件,这一功能降低了自闭症儿童在课堂活动中的参与和互动门槛,比如在学习给蔬菜和水果分类时,可以把各种蔬菜和水果的照片呈现在电子白板上,并呈现两张篮子的照片,让自闭症儿童观察白板上的照片,随后引导他们将蔬菜和水果的照片分别拖入两个篮子中,同时可以让他们说出蔬菜和水果的名字,并解释这样分类的原因。如果学生表现得好,可以通过电子白板的"掌声"小工具为学生鼓掌。这种流畅自然的课堂活动不仅增强了教师和学生之间的互动,同时也提高了自闭症儿童在课堂活动中的自主参与性。

3.教学内容共享

根据自闭症儿童的特点，仅仅是课堂上的教学并不足以让他们充分识记、理解并将所学知识内化，因此课后的复习对于自闭症儿童的学习是非常有必要的。电子白板的记录和保存功能可以将教学过程完全记录下来，并通过 PPT 或是 HTML 的格式将教学记录发送到家长群里。家长可以在家中指导自闭症儿童进行知识的复习和巩固，同时，家长也可以和教师就课程内容、教学进度、教学方法等进行沟通，共同提高自闭症儿童的学习效果。

4.利用自动生成功能，给予孩子多样化的鼓励

在课堂教学过程中，给予自闭症儿童各种各样的强化物能够帮助儿童提高自信。此时交互式电子白板的画笔、魔术笔、形状等功能能够及时给予儿童反馈，比如用"画笔"画出儿童喜欢的物品，用"魔术笔"给儿童画几个笑脸，这些能够及时、快速地起到很好的强化作用，提高自闭症儿童的参与感，增强他们的自信心。同时，通过这些功能的自动生成性，可以鼓励自闭症儿童在电子白板上即兴涂鸦，这样既锻炼了儿童的动手能力，又能鼓励儿童积极参与到学习活动中。

总之，随着社会的飞速发展，加上国家对于学校教育设备的大力支持，电子白板越来越普及。将电子白板有效应用于课堂中，需要根据自闭症学生特点修改教学方式及内容，增强教学活动的生动性、形象性，让电子白板真正服务于自闭症儿童的教学中，为他们的学习提供有效的帮助。[①]

（三）自闭症儿童多模态互动视角的注视研究

在自闭症儿童的社交和互动中，经常表现出语言障碍和非语言障碍，其中注视作为自闭症儿童生活和交际中一种非常重要的、显性的非语言交流方式，是非语言障碍研究中的重要组成部分。

随着眼动追踪技术的出现和发展，可被用来研究自闭症儿童在社会注意、共同注意、视觉加工、语义加工等方面的注视特征。在自闭症儿童的社会

---

① 王海燕. 交互式电子白板在自闭症儿童教学中的应用［J］. 中国现代教育装备，2014（18）：49-51.

日常交际互动中,注视常伴随着言语、表情、手势、肢体动作等多种交际模式的共同出现,因此多模态互动研究视角便应运而生,它为真实社交互动中的注视分析提供了新思路和新方法。

自闭症儿童的注视研究一般分为两条路径,一条是采用心理学实验范式,通过眼动追踪技术对注视行为的特征进行分析;另外一条是采取社会学和语言学的理论及其方法,从多模态互动视角对注视行为进行讨论,从真实的互动中找到注视特征和意图。多模态互动视角引用社会学和语言学相关的理论及研究方法,其中最为核心的是社会建构主义和会话分析。社会建构主义为多模态互动在社会中的运行机制提供理论基础,会话分析为多模态互动视角的具体分析方法提供参照。多模态互动视角的注视研究重点强调注视和其他模态的结合,以及注视和互动之间的内在关联。

心理学研究表明,人的面部表情可以表达其心理状态和情绪,并且在日常社会互动中发挥着重要的作用。使用多模态分析方法,可以微观地剖析自闭症儿童在社交互动中注视的交际功能。比如,科尔基亚坎加斯(T. Korkiakangas)等在研究中采集了三位自闭症儿童在日常生活中与家人、治疗师、朋友互动的视频资源,在分析其中一位小朋友尼可(Niko)的互动时发现,尼可微笑出现的时机和其在会话序列中的位置表明他的微笑具有社交功能。当尼可在交际情境下同时出现注视微笑时,表示他期待与他对话的人能够同样以微笑作为回应。正常发育的人在互动交流中,说话人的微笑一般会引发听话人的微笑以作为回应,而伴随有微笑的注视则是在期待听话人能够以微笑回应。因此,微笑能够承担只凭注视不能完成的互动任务,它可以引起对方用微笑作为互动。对比正常人群对微笑的使用,可以发现尼可也能够同时使用微笑和注视以达到互动交流的目的。①

同时,自闭症儿童在互动中的目光回避与复杂表情也是多模态的。一些

---

① Korkiakangas T. Eye-gaze in multimodal interactions involving children with autism spectrum disorders[D]. London: University of Roehampton, 2012: 90-91; Korkiakangas T. Communication, Gaze and Autism [M]. New York: Routledge, 2018:146-160.

自闭症儿童会在社会互动中出现注视回避的同时表现出其他肢体动作（如摸自己的头发、挠腮等），这些行为既能表现出他们的复杂情绪（如害羞和尴尬），也满足了社交互动的需求。通过多模态视角去解析一些自闭症儿童在社会活动中的行为时，会发现自闭症儿童在目光回避时通常会伴随有复杂的表情和肢体动作，而这种多层次的注视行为其实有时候并不意味着拒绝，而是有可能在暗示他们在回答问题方面存在着一些困难。这些自闭症儿童并不是不能理解社会互动的规则，而是不能给出及时的、相应的语言回应，所以在这种语境下他们会表现出目光回避或者是伴随着害羞、尴尬的情绪和肢体动作，以此来满足交际互动的需求。[①]

（四）虚拟现实技术在自闭症儿童教学中的应用

虚拟现实技术是指利用交互式软件和硬件创造一个三维虚拟世界，然后通过视觉、听觉、触觉等多感官刺激，营造出一种沉浸式的体验效果。目前，虚拟现实技术已经渗透到我们的生活中，并广泛应用于医疗、教育、文娱和军事等领域。在教育领域中，学生可以通过虚拟现实技术进行线上学习，获得公开的教育资源，提升了教育公平性。

由于虚拟现实技术是通过构造的虚拟世界来触发生理和心理的反应，能够极大限度保障患者的安全，因此在自闭症儿童教学领域，虚拟现实技术也能发挥作用，比如通过体验、矫治、锻炼、探索、沟通、游戏与创造等，可以提高自闭症儿童的多种感受，取得了更加显著的治疗效果。虚拟现实技术不仅能营造出逼真的画面，还能模拟出声音、味道等，通过相关设备和传感技术与自闭症儿童进行交互，在这样的虚拟环境中，自闭症儿童能够充分调动视觉、听觉、触觉等多种感官完成健康训练和教育学习。[②]

虚拟现实技术作为自闭症儿童治疗的有效手段，应用越来越广泛。在针

---

① 马博森，李发睿，曾小荣. 多模态互动视角的注视研究评骘——自闭症研究的新转向 [J]. 兰州大学学报（社会科学版），2022，50(2)：112-121.

② 安然. 虚拟现实技术导向下的自闭症患儿辅助治疗产品设计 [J]. 艺术与设计（理论版），2022，2(1)：42-44.

对特定恐惧治疗、情绪识别治疗、社会功能治疗等方面都取得了不错的成果。

焦虑在自闭症儿童中十分常见,通常会伴随着对特定对象的害怕和恐惧。这种害怕和恐惧会严重影响自闭症儿童的正常生活和学习活动,儿童会产生逃避行为,减少社交行为。有一种将传统认知行为治疗和虚拟现实环境中的逐步暴露法相结合的治疗方法,在治疗中会创建一个名为"蓝色房间"(Blue room)的有声虚拟环境。在该房间中,有声虚拟图片会被投影到房间的墙壁和房顶上,儿童可以在房间内随意地行走和互动,之后逐渐适应虚拟环境以治疗焦虑症状。①

在自闭症儿童成长的过程中会表现出强烈的、普遍的面部表情识别障碍。这种障碍使得儿童对规则和对话的理解能力较弱,不能准确地猜测到对方的感受,不能很好地共情对方,因此导致自闭症儿童在交往过程中往往会表现出一种漠不关心的态度。有一种沉浸式的虚拟现实系统,可以用于提高和训练自闭症儿童的情感技能。在这个系统中,会有摄像头检测儿童在每个时刻下的表情,并通过算法得到一个数值来确定和量化生气、开心、难过、惊讶这四种基本表情,同时这些信息会用于更新沉浸式虚拟现实系统,并评价儿童的行为是否正确。②

自闭症儿童诊断的一个核心症状是社交障碍,这会影响儿童在现实生活中的关系建立和社群参与,传统的目标干预会限制自闭症儿童和其他人群进行交流的次数和时间。有一个虚拟现实的系统能够帮助自闭症儿童完成矫治,在长达 5 周的时间里,儿童会完成 10 次训练,他们将会和虚拟现实系统中的"临床医生"进入一个社交情境中,医生会扮演某个角色,并通过改变形象和声音来满足角色需要。在各种各样的社交场景中,儿童会和医生进行诸

---

① Morag M, Jessica L, Jacqui R, et al. Reducing specific phobia/fear in young people with autism spectrum disorders (ASDs) through a virtual reality environment intervention [J]. PLoS One, 2014, 9(7): e100374.

② Lorenzo G, Lledó A, Pomares J, et al. Design and application of an immersive virtual reality system to enhance emotional skills for children with autism spectrum disorders [J]. Computers & Education, 2016(98): 192-205.

如认识新朋友、解决纠纷等各类社交活动,医生会根据儿童的表现进行反馈,并引导儿童基于反馈进行下一步训练。[①]

综上,由于自闭症儿童自身的社会交往障碍、行为重复刻板、兴趣固定狭窄等显著特征,多模态教学可以通过有针对性地设计来进行教学干预,通过多模态感官互动的技术能够使自闭症儿童在适应的环境中自主地进行学习,有助于提高自闭症儿童的学习效果。

二、多模态教学在自闭症儿童教学中的困境

国内对多模态教学的研究是近 10 年间兴起的[②],而运用到自闭症儿童教育上则是起步更晚。多模态教学在自闭症儿童身上的学习促进效果并不十分理想,只在部分自闭症儿童身上获得成果。比如斯塔索拉(F. Stasolla)在 2017 年的一篇综述中研究了 19 个基于各种不同多模态工具的教学对自闭症儿童的改善效果。[③] 在总计 90 名自闭症儿童中,有 15 名自闭症儿童并没有得到改善。其中,2015 年甘茨(Jennifer B. Ganz)、洪(Ee R. Hong)、古德温(Fare Goodwyn)、凯特(Elizabeth Kite)和吉利兰(Whitney Gilliland)等实施了一种基于平板电脑的干预措施,该措施是为了提升自闭症儿童接收图片信息的能力,但是结果证明,自闭症儿童在选择的三个词中仅在两个词上有轻微的改善[④]。

---

① Didehbani N, Allen T, Kandalaft M, et al. Virtual reality social cognition training for children with high functioning autism [J]. Computers in Human Behavior, 2016(62): 703-711.

② 顾曰国. 多媒体、多模态学习剖析 [J]. 外语电化教学,2007(2):3-12;张德禄. 多模态话语理论与媒体技术在外语教学中的应用 [J]. 外语教学,2009,30(4):15-20;张德禄. 多模态话语分析综合理论框架探索 [J]. 中国外语,2009,6(1):24-30.

③ Stasolla F, Perilli V, Caffò A O, et al. Extending microswitch-cluster programs to promote occupation activities and reduce mouthing by six children with autism spectrum disorders and intellectual disabilities [J]. Journal of Developmental and Physical Disabilities, 2017, 29(2): 307-324.

④ Ganz J B, Hong E R, Goodwyn F, et al. Impact of PECS tablet computer app on receptive identification of pictures given a verbal stimulus [J]. Developmental Neurorehabilitation, 2015, 18(2): 82-87.

教学效果不佳的原因有很多方面,自闭症儿童本身的特殊性和不可控性使得多模态教学在实施中面临很多的问题和挑战。

首先是当前对多模态教学的理解不够深入,甚至存在或多或少的误解。

常见的误区主要有如下几部分。

多模态教学设计并非各种模态的随意拼凑。在选择设计多模态教学过程中,不仅需要考虑现有的教学环境和教师对教学技术的掌握程度及教师的教学理念等,还需要遵循一定的原则,不能一味选择多模态教学,而是要根据该课程内容是否适合多模态教学及多模态教学是否有效等方面进行考虑。多模态教学应该遵循最优化原则、有效原则、适配原则、经济原则,其中最优化原则是首选原则。最优化原则是指充分利用现代媒体技术,最大限度地充分表达教师的意图,以取得最佳的效果。有效原则是表示不论是否选择多模态教学都需要以取得更好的教学效果为前提,避免无效使用多模态教学,或者是其产生的负效应远大于正效应。适配原则是指在选择不同的模态时,需要考虑不同模态之间的配合,以获得最佳的教学效果。经济原则是指要以最小的代价为基础来选择各种模态的教学效果。在实际教学和学习中,教师和学生需要进一步理解并发挥多模态教学的教学效果。部分教师在多模态教学中只是片面地选择更多种类的教学材料,只图花哨,这是对多模态教学的误解,对教学不能起到促进作用。因此,正确理解多模态教学才是充分使用多模态教学、发挥多模态教学效果的基础。

多模态教学是过程、是手段,而不是目的。多模态教学模式是指教学过程中多种模态参与教学,并且各个模态之间互相补充、彼此强化,共同构建意义的过程。在教学实践中,教师在不同程度上强调视觉、听觉这两个感觉的互动,而忽略了"触觉"的互动。此处的触觉是指让学生全方位地接触、感知学习内容和材料,为记忆和理解学习内容打下基础。与此相反,在实际的教学过程中,部分教师并没有理解多模态教学的内涵,只是在表层教学设计中进行各种模态的简单组合,以达到多模态教学的目的。教师对多模态教学理解的不深入导致在教学实践过程中,多模态教学并不能发挥预期的效果。教师只有深刻地理解了多模态教学,才能真正发挥多模态教学的作用,使得课程教学更加高效，并且创造价值。[①]

　　其次是具体实施机关和人员的专业性、成熟性等方面尚没有达到标准，在后续教学效果的评价反馈方面也没有建立完善的体系。

　　从教师角度出发，教师对于自闭症儿童的特征没有深入的了解，导致在具体教学实践中如果碰到自闭症儿童的情绪问题时，教师不能迅速、专业、有针对性地应对。教师对于多模态教学的认可度还有待提高，专业教师的数量不足，教师的专业素质没有达到标准。比如当自闭症儿童因为在教学过程中接受到声音刺激从而产生了大吵大闹的情绪问题时，教师不能很好地理解导致儿童情绪问题的原因，而是按照一般的处理方法去解决，甚至有些教师会因为儿童情绪问题长时间得不到解决，而对教学失去信心和耐心。教师培训是成功开展自闭症儿童多模态教学的必要保障，加强教师的专业素养迫在眉睫，需要组织教师进行自闭症儿童及多模态教学理念、教学设计、教学实践的专业培训。

　　从评价体系角度出发，目前自闭症儿童多模态教学缺乏评价系统。有关多模态教学效果的评价体系大多从教师教学手段角度建立，用来评价教师能否准确、合理、协调地选择和使用这些模态来传递教学内容，不同模态之间是否配合得当，以及是否有效地将教学内容传递给了学生，以上评价体系并不全面也不能很好地检验自闭症儿童多模态教学的效果，应该建立多个角度、更加全面的教学评价系统，将自闭症儿童对学习的理解和接受效果放在首位，注重教学效果能否落到实处。

　　从社会支持角度出发，目前自闭症儿童多模态教学需要社会的大力支持。《中国自闭症家庭情况调研白皮书》显示，近 8 成社会人士对自闭症不了解，自闭症人群缺乏社会的关注和理解。7 成人对自闭症成因存在误解，认为缺乏家庭关爱是造成自闭症的主要原因，然而事实并不是如此。在调研中，尽管有超过 8 成的受访者表示会接纳并帮助自闭症患者，但是目前大约只有 10％的自闭症儿童能够进入普通学校学习。"家庭"是自闭症儿童最常

---

① 刘俊妮，郭鸿雁. 浅议对多模态教学的再认识［J］. 考试周刊，2017(38)：16.

见的活动场所,随着年龄增加,活动场所更加受到限制。当低年龄段的康复训练结束之后,自闭症儿童或离开机构,或被学校拒之门外,便会面临无处可去的尴尬境地。因此,对于自闭症儿童,应该加大资金投入,建设相应的资源教室,并保证这些教室能够充分用于对自闭症儿童的教育之中,而不是任由教室资源流于形式、形同虚设。

最后是由自闭症儿童本身的跨通道感觉统合障碍所导致,这种障碍在多模态教学模式下会愈发明显。多模态教学模式是指运用多感官,比如视觉、听觉、触觉等与外部环境中的刺激进行互动,强调多感官并用、多感官互动,在自闭症儿童教育领域期望提高儿童的言语交流、社会适应等方面的能力。但如果各个感觉器官对感知到的外界刺激不能选择关键信息进行统合,那么在多模态教学环境下自闭症儿童的学习并不能取得预期效果。

综上,我们总结了自闭症儿童多模态教学未能取得良好效果的原因,有来自对多模态教学理念的误解,来自教师、社会等方面的原因,也有教学主体——自闭症儿童多感觉统合的障碍的原因。针对不同的原因,需要采用不同的措施进行解决,关于自闭症儿童感觉统合障碍的成因与干预措施将在后文中进行详细阐述。

小　结

经过以上四节的探讨,我们发现多模态教学是伴随着全球化趋势推进和信息技术发展而诞生的产物,并逐步从语言学习领域扩展到特殊教育领域。多模态教学以其区别于传统教学模式,能够调动视觉、听觉、触觉等感官共同协作的方式,提高学生课堂参与感、增进师生互动,从而提升教学效果。在多模态教学的发展过程中,发展出诸如多模态符号学、多元识读教学法、多模态话语理论和绘本教学动力学等理论,使得多模态教学的理论架构更加完善,在教学实践中有章可循。

截至目前,多模态教学依旧是一个"年轻的"教学模式,我国多模态教学相关研究起步于 2010 年前后,应用在自闭症儿童教学中则要更晚,因此关于多模态教学背景下自闭症儿童的现状研究十分缺乏。虽然将多模态教学从一般领域拓展到特殊教育领域取得了一些成绩,但由于自闭症儿童自身的社会交往障碍、行为重复刻板、兴趣固定狭窄等特征,导致多模态教学在自闭症儿童群体中的迁移困难重重。多模态教学模式的优势在于能够将来自不同感官的刺激信息进行整合,重点在于多个模态之间的有效互动,然而在自闭症儿童的群体中,通常会存在一个名为跨通道感觉统合障碍的症状,这是一种感知异常或缺陷,即进入大脑的多种感觉刺激信息不能在中枢神经系统内形成有效的组合,多发于 7—12 岁自闭症儿童。因此,如何解决自闭症儿童的感觉统合障碍成为多模态教学背景下促进教学效果的重中之重,关于感觉统合障碍的神经机制、代表性理论及相应干预手段我们将在后文进行详细展开。

第三章 自闭症感觉统合障碍：行为表现和
神经基础

在日常生活中，我们每天都会接受大量来自视觉、听觉、触觉等不同感觉通道的刺激，这些刺激彼此之间会相互影响。感觉统合（sensory integration）的过程就是将来自不同通道的刺激信息整合为一个统一的、连贯的和有意义的感知觉刺激。[①] 这是美国南加州大学爱尔丝（Anna J. Ayers）博士在1969年提出的一个研究观点，他认为感觉统合是指将人体器官各部分的感觉信息输入组合起来，经大脑统合作用，完成对身体内外知觉，并做出反应。只有经过感觉统合，神经系统的不同部分才能协调整体工作，使个体与环境接触顺利。感觉统合是个体形成适应性行为的前提和基础。反之，各种感觉器官对外界的刺激不能顺利地将信息传递给大脑，导致大脑不能有效地指挥身体做出相应的反应，此时大脑的高级认知活动就会受到影响，感觉系统无法正常运转则为感觉统合失调。

自闭症的核心障碍包括社会沟通和社会交往的缺陷和局限，重复的行为、兴趣或活动。而跨通道的感觉统合障碍（sensory integration dysfunction）被认为是自闭症社交障碍的核心组成部分，同时又与重复刻板

---

① Talsma D, Senkowski D, Soto-Faraco S, et al. The multifaceted interplay between attention and multisensory integration [J]. Trends in Cognitive Sciences, 2010, 14 (9): 400-410.

行为有紧密关联。① 加州大学洛杉矶分校医学院的奥尼兹（Edward M. Ornitz）教授多年研究自闭症患者，其指出至少 74.5％的自闭症幼儿有明显的感觉统合障碍，以致严重影响他们与人互动。健康的身体是智力发展的物质基础，是个体适应环境的必要条件。因此对跨通道感觉统合障碍的研究不仅能促进我们对自闭症的了解，同时也将帮助自闭症儿童更好地适应多模态教学方式。

本章将从感觉统合障碍概述、研究范式、行为表现、神经基础和心理学理论几个方面为大家详细介绍感觉统合障碍的相关内容。

第一节　自闭症感觉统合障碍的概念与研究现状

一、自闭症感觉统合障碍的定义

在感知外界环境时，我们会接收到来自多种感官的信息。但每个感官接收刺激信息的时间不同，来自一种感觉形态的信息可能比来自另一种感觉形态的信息早几百毫秒，因此我们需要对所接收到的不同感觉通道的信息（如视听觉、视嗅觉等）进行统合加工，形成一个统一的、连贯的、有意义的事件，这个信息处理过程就是感觉统合。

感觉统合，亦称跨通道统合，是指个体在感知外界事物时将不同感官信息素合成为一个统一、连贯且有意义的客体或事件的过程。② 随着人类大脑的逐渐发育，其特有的神经可塑性促使大脑神经元能够统合这些不同的信息源，人类也已经进化出一种十分敏感和高度多样化的感受器，利用它们所处环境中冗余的感官信息，自动统合来自多种感官模式的各种输入以建立连贯

---

① Russo N, Foxe J J, Brandwein A B, et al. Multisensory processing in children with autism: High-density electrical mapping of auditory somatosensory integration [J]. Autism Research, 2010, 3(5): 253-267.

② Ernst M O, Bulthoff H H. Merging the senses into a robust percept [J]. Trends in Cognitive Sciences, 2004, 8(4): 162-169.

和稳定的感知，更好地适应生存环境。① 换句话说，通常人们会将来自不同感觉通道的信息（如视听觉、视嗅觉等）统合成一个统一、连贯的单一跨通道事件，这种感觉统合往往影响我们对外界环境的感知和理解，有助于我们形成对外部事件的表征，是个体对外界环境形成统一感知的核心。②

　　自闭症谱系障碍的定义是社会交往和社会互动中存在核心缺陷及重复的行为和有限的兴趣的模式。美国精神医学学会将自闭症定义为广泛性发育障碍。除肯纳症之外，广泛性发育障碍还包括阿斯佩格综合征、雷特综合征、儿童瓦解性精神障碍及待分类的广泛性发育障碍。由于广泛性发育障碍各个亚型在社交障碍、言语交流、兴趣狭窄和行为刻板等维度上具有共性，只是在严重程度上像光谱一样分布，因此被称作自闭症谱系障碍。最近，自闭症谱系障碍将非典型的感觉加工纳入诊断特征中。研究表明，自闭症个体难以统合多感觉信息（即使单感觉能力未受影响），这种感觉统合失调在自闭症中表现得尤为明显，是自闭症个体非典型性感觉和社会交往障碍的重要组成部分。③ 感觉统合失调是自闭症谱系障碍临床常见的共病之一，多见于成长发育期的7—12岁儿童。临床表现为自闭症个体面对多种通道刺激信息的输入时，其中枢系统不能有效选择关键信息进行统合，甚至出现感觉超敏或

① Karageorgi M，Braecker L B，Lebreton S，et al. Evolution of multiple sensory systems drives novel egg-laying behavior in the fruit pest Drosophila suzukii [J]. Current Biology，2017，27(6)：847-853.

② Stein W，Straub O，Ausborn J，et al. Motor pattern selection by combinatorial code of interneuronal pathways [J]. Journal of Computational Neuroscience，2008，25(3)：543-561.

③ Altieri L，Neri C，Sacco R，et al. Urinary p-cresol is elevated in small children with severe autism spectrum disorder [J]. Biomarkers，2011，16(3)：252-260；Brandwein A B，Foxe J J，Butler J S，et al. The development of multisensory integration in high-functioning autism：High-density electrical mapping and psychophysical measures reveal impairments in the processing of audiovisual inputs [J]. Cerebral Cortex，2013，23(6)：1329-1341；Noel J P，De Niear M A，Stevenson R，et al. Atypical rapid audio-visual temporal recalibration in autism spectrum disorders [J]. Autism Research，2017，10(1)：121-129.

低敏(hyper- & hypo-sensitivity)等异常问题。① 多通道感官信息的统合能力为自闭症高级认知的发展奠定了基础,而基本感觉统合能力的改变可能会对自闭症个体许多领域的发展产生连锁效应,如可能导致社交沟通和其他行为上的障碍,进而影响其高级社会认知功能。② 自闭症个体的这种多感觉失调现象及由此带来的不利影响越来越引起研究者们的重视。③

二、自闭症感觉统合障碍的异常表现

感觉统合不同于简单的感觉输入加工,它具有自身加工的独特性。相比单通道的刺激情境,感觉统合充分体现了跨感觉通道信息即时融合、交互影响的加工特点。反映在行为效果上,融合特点可突出体现在感觉统合所带来的冗余目标效应,而交互特点则表现在跨感觉通道信息相互干扰所引起的错觉效应上。而在加工机制层面,对于刺激时序的有效知觉校准及基于先验信息的预期编码则被视为感觉统合发生的关键因素。

(一)多感觉冗余目标效应

感觉统合反映在行为效果上的重要特点之一在于它能够有效统合来自不同感觉通道的信息,减少知觉噪声以增强个体对知觉对象的感知和辨别能力。这种多感觉任务促进现象被称为多感觉冗余目标效应(multisensory redundant target effect)。实验室条件下,该效应体现为相较于单一感觉通道刺激,正常个体对于同时呈现的多感官刺激(冗余目标)的判断反应更快且更准确。但就自闭症个体而言,这种冗余目标效应存在削弱甚至消失的异

① Beker S, Foxe J J, Molholm S. Ripe for solution: Delayed development of multisensory processing in autism and its remediation [J]. Neuroscience & Biobehavioral Reviews, 2018(84): 182-192.

② Baum S H, Stevenson R A, Wallace M T. Behavioral, perceptual, and neural alterations in sensory and multisensory function in autism spectrum disorder [J]. Progness in Neurobiology, 2015(134): 140-160; Iarocci G, Mcdonald J. Sensory integration and the perceptual experience of persons with autism [J]. Journal of Autism and Developmental Disorders, 2006, 36(1): 77-90.

③ Elsabbagh M, Johnson M H. Autism and the social brain: The first-year puzzle [J]. Biological Psychiatry, 2016, 80(2): 94-99.

常，比如有研究者使用简单的视觉和听觉输入（音调和红圈）进行了脑电实验，要求自闭症被试在三种视听条件（即单一听觉-音调、单一视觉-红圈及视听双通道）下对呈现的刺激尽快做出反应。结果显示，在正常被试中，与单一感官刺激相比，多感官刺激的反应更快，出现冗余目标效应；而自闭症被试并没有这种多感官刺激的优势。可以看到，与正常发育儿童相比，自闭症儿童在视听非言语刺激中存在明显的统合障碍，这表明即使是简单的、非社交的视听刺激，自闭症儿童的反应也与正常发育儿童不尽相同。[①] 此外，在视听语音知觉中，跨模式的感觉输入统合也同样为我们提供了行为上的益处，尤其是在嘈杂环境中，语音感知的冗余效应最为显著。视听语言是一种特别丰富且自然发生的多感觉信号，它既传递语言信息，也传递社会和情感信息。许多对自闭症跨通道统合的研究关注视听刺激感知的完整性，包括匹配声音和面孔，建立视觉闪光与听觉语音之间的多感觉联系，区分视听语言的时间同步性等。一般来说，与只有听觉信息的情况相比，正常发育个体在听到说话者说话的同时能够看到说话者的面部表情，这会使他们的言语感知更准确、更省力。相比之下，由于自闭症儿童在视听非言语刺激中存在明显的统合障碍，他们从接收到的来自多种感觉方式的语音信息中获益要比正常发育儿童少，这直接影响他们与他人沟通的能力。如福克斯（John J. Foxe）等评估了 5—17 岁自闭症个体多感官语音知觉的发展，刺激为单词（听觉）与嘴型（视觉），单音节词呈现在不同程度的背景噪声中，同时伴随着说话者发音的视频。结果发现，自闭症组与正常发育组相比在这种多感官言语知觉方面表现出严重的缺陷，冗余效应更加少见。[②] 当然，自闭症感觉统合缺陷似乎也

---

① Brandwein A B, Foxe J J, Butler J S, et al. The development of multisensory integration in high-functioning autism: High-density electrical mapping and psychophysical measures reveal impairments in the processing of audiovisual inputs [J]. Cereb Cortex, 2013, 23(6): 1329-1341.

② Fox S E, Wagner J B, Shrock C L, et al. Neural processing of facial identity and emotion in infants at high-risk for autism spectrum disorders [J]. Frontiers in Human Neuroscience, 2013(7):1-18.

表现为整体与局部信息加工能力异常。自闭症个体能够在感知觉加工时正确地关注细节与特征信息,进行局部加工,但在需要整体意义识别或环境刺激统合的任务中表现较差,这可能与大脑神经的中央统合能力有关。

(二)跨通道的错觉效应

感觉统合并非都是积极主动的感觉信息融合,有时自发的感觉统合也会带来跨感觉通道信息的相互干扰,其交互特点的重要体现就是跨感觉通道的错觉效应。此类错觉效应包括麦格克效应(McGurk effect)、声音诱发的闪光错觉(sound-induced flash illusion)、视触橡胶手错觉(rubber hand illusion)等。以声音诱发的闪光错觉效应为例,该现象是由听觉(或触觉)信息干扰视觉通道所诱发的错觉。当一个视觉闪光呈现在间隔为60—100毫秒的两个短促声音刺激中间时,正常个体即会倾向于报告两个视觉闪光出现。相比声音诱发的闪光错觉效应,橡胶手错觉效应则更多表现了视触通道自发的相互影响。该任务要求被试将手放于黑箱中,与此同时向其视觉呈现与真手相似的橡胶手。当被试自己的手被局部触碰时,被试则倾向于报告橡胶手同时也受到了触碰。[①] 但就自闭症患者而言,其感觉统合存在功能失调主要体现为两个方面:一方面,自闭症个体多数会在视听融合任务下出现统合困难,而较少出现冗余目标效应;另一方面,自闭症个体在跨感觉通道的错觉感知上也呈现异常,相比正常个体,他们较少出现诸如麦格克效应、声音诱发的闪光错觉等错觉效应。至于自闭症患者为何会出现多感觉冗余目标效应与跨感觉通道错觉效应的消退乃至丧失,目前研究认为主要原因可能是异化的统合时间窗与受损的时间再校准能力,以及预测编码能力的受损。[②]

(三)时间窗与时间再校准能力

时间窗与时间再校准能力是一对存在联系却又彼此不同的概念,二者均

---

① Kanayama N, Sato A, Ohira H. Crossmodal effect with rubber hand illusion and gamma-band activity [J]. Psychophysiology,2007,44(3):392-402.

② Kessler K, Seymour R A, Rippon G. Brain oscillations and connectivity in autism spectrum disorders (ASD):New approaches to methodology, measurement and modelling [J]. Neuroscience and Biobehavioral Reviews,2016(71):601-620.

反映了感觉统合加工的时间知觉特点。为了从多种信息流中受益，个体必须正确评估感觉信号，当信号来源于相同的外部事件时，更有可能将其绑定为一个统一的感知，而当信号来源于不同的外部事件时，个体也会对其进行统合加工。个体用来做出这种知觉"决策"的最重要的信息之一是输入的感觉信号之间的时间关系。来自单一外部事件的感觉信号具有高度相关的时间结构，相反，来自两个不同的外部事件的感觉信号不太可能有相关的时间结构。时间上接近的两个感觉信号更有可能被绑定在一起，这个结构被称为时间绑定窗口（temporal binding wimdow，TBW；也称时间窗），即个体忽略不同刺激间可能存在的时间差，而将不同步的刺激统合为一个有意义的整体事件的过程中刺激之间实际存在的时间间隔（stimulus onset asynchrony，SOA）。时间绑定窗口表示两种不同形式的刺激结合在一起形成单一刺激的感知的统计可能性，反映了神经系统对刺激统合时间间隔的知觉敏感性。简单来说，时间绑定窗口越宽，说明个体对刺激出现的时间差的知觉敏感性越低，其时序知觉就越差，也就越容易出现感觉统合错误。[1] 理解自闭症感觉统合，重要的是要阐明时间因素如何影响来自不同通道的刺激结合。多感觉时间加工能力的减弱导致感觉统合的减少，而感觉统合的减少反过来又对自闭症个体的视听感知产生负面影响，进而影响自闭症的高级认知能力及其社会交流。[2] 一般来说，正常发育个体可以对100—150毫秒内呈现的视听刺激进行统合加工[3]，且个体间的时间绑定窗口差异较大；而自闭症儿童表现出的时间感知能力不如正常发育的同龄人精确，尤其是在社交刺激下，存在更

① Hillock A R，Powers A R，Wallace M T. Binding of sights and sounds：Age-related changes in multisensory temporal processing [J]. Neuropsychologia，2011，49(3)：461-467.
② Stevenson R A，Segers M，Ferber S，et al. The impact of multisensory integration deficits on speech perception in children with autism spectrum disorders [J]. Frontiers in Psychology，2014(5)：1-4.
③ Donohue S E，Roberts K C，Grent T，et al. The cross-modal spread attention reveals differential constraints for the temporal and spatial linking of visual and auditory stimulus events [J]. Journal of Neuroscience，2011，31(22)：7982-7990.

宽的时间绑定窗口。如史蒂文森（Ryan A. Stevenson）使用了带有不同刺激的多感官任务，从简单的闪光和哔哔声到更复杂的材料（如用视频显示锤子击打桌子或人发出音节），被试需要完成一项视听时间判断任务，即判断听觉和视觉刺激是否同时发生。其中，在每一种情况下，听觉和视觉刺激的同步性都是变化的，以比较自闭症组和正常发育对照组的时间绑定窗口。虽然这两组被试的时间绑定窗口在简单的闪光-哔哔声条件和工具条件下没有显著差异[①]，但自闭症患者在语音任务中表现出较低的时间敏锐性，这意味着他们需要较长的时间来识别刺激的同步性。另外，史蒂文森等还发现在自闭症组中测量到的时间绑定窗口宽度与麦格克效应的强度相关，也就是说，相比正常发育被试，在简单的视听统合任务中表现出时间敏锐性降低（即时间绑定窗口更宽）的自闭症个体的麦格克效应也较低。[②] 这启示我们，自闭症患者受损的低水平时间感知处理能力还可能与更高级别的语音加工缺陷相联系。后续相关研究发现这种关系不仅存在于社会刺激中，也存在于简单的非言语刺激中（如闪光-哔哔声）。当短时间内连续发出两声哔哔声并伴有单一的视觉闪光时，声音诱发的视觉闪光范式的效应就会发生。这也意味着视觉和听觉进行了感知融合。对自闭症个体而言，这种使用简单的、非言语刺激的错觉感知似乎会大大减少，且自闭症个体的时间绑定窗口更宽（约±300毫秒），反映了其多感觉时间加工的不精确性及较弱的跨通道视听统合能

① Stevenson R A，Siemann J K，Schneider B C，et al. Multisensory temporal integration in autism spectrum disorders [J]. Journal of Neuroscience，2014，34(3)：691-697.

② Woynaroski T G，Kwakye L D，Foss-Feig J H，et al. Multisensory speech perception in children with autism spectrum disorders [J]. Journal of Autism and Developmental Disorders，2013，43(12)：2891-2902.

力。① 总之,这些研究表明与正常被试相比,自闭症被试在加工简单和复杂的基本时间信息(即感觉刺激,包括感觉系统内部和跨感觉系统的感觉刺激)时加工模式的改变。尽管这些研究证实自闭症患者存在时间加工异常,但这些缺陷的背后机制尚不清楚。有必要进一步研究以阐明基本感觉功能中时间处理变化的性质。

时间再校准(temporal recalibration)能力是大脑对刺激的时序关系进行主动再适应加工的体现。当刺激不同步时,个体可主动通过调节刺激时间关系向延迟方向偏移,将其统合为一个整体事件。这种时间校准能力的强弱通常用主观同时点(point of subjective simultaneity,PSS)的偏移进行衡量。其中,PSS是指主观上认为两个刺激同时出现,但实际上两个刺激却存在一定的时间间隔。PSS偏移越大,说明个体的时间校准能力就越强。既有研究发现,相比正常个体,自闭症个体对时间的快速再校准能力存在缺陷,在适应不同通道的异步刺激时存在困难,PSS偏移显著较小。② 而对成年自闭症个体来说,适应能力随着年龄增长而提高,这种异步的时间校准能力与时间窗口呈某种正的相关关系。但是多感官时间统合具有可塑性,在经过时间辨别觉训练的老年人中观察到了时间绑定窗口的变窄,受过音乐训练的个体的时间绑定窗口也比正常人窄得多。鉴于时间绑定窗口的可塑性及其与高阶认知能力的关系,通过知觉训练来缩小时间绑定窗口的宽度可能为神经发育障碍者提供一种新的治疗工具。以上发现均说明,自闭症个体在感觉统合中的时间同时性辨别能力上存在缺陷。

① Greenfield K, Ropar D, Smith A D, et al. Visuo-tactile integration in autism: Atypical temporal binding may underlie greater reliance on proprioceptive information [J]. Molecular Autism, 2015(6):1-10;Stevenson R A, Nelm C E, Baum S H, et al. Deficits in audiovisual speech perception in normal aging emerge at the level of whole-word recognition [J]. Neurobiology of Aging, 2015, 36(1): 283-291.
② Noel J P, De Niear M A, Stevenson R, et al. Atypical rapid audio-visual temporal recalibration in autism spectrum disorders [J]. Autism Research, 2017, 10(1): 121-129.

（四）预测编码能力

更重要的是，自闭症患者在时间同步性辨别能力上的缺陷可能会进一步导致其预测编码（predictive coding）能力的受损。作为贝叶斯理论对自闭症感知异常解释的进一步延伸，预测编码理论在时间窗与时间再校准能力的基础上，进一步考虑了感觉统合认知加工中预期、假设、期望等自上而下因素的影响。根据该理论观点，感觉统合的认知过程应该包括视听信息同时输入、与内部表征匹配，以及做出辨别或反应三个过程；除自下而上的刺激输入加工外，自上而下的期望、假设和预测也会对上述感觉统合的加工过程产生重要影响。其中，刺激出现的时序关系是影响期望、假设和预测的重要因素。良好的时间/时序知觉可以确保个体在感知复杂刺激环境时能够有效利用时间与时序线索，基于既有输入的刺激信息，通过自上而下的预测与推理加工来促进和改善对其他感觉通道刺激的感知。但是，自闭症患者由于存在皮层兴奋/抑制的认知失调及时间绑定机制的异常，其刺激感知中会存在时序和时间预测上的障碍，最终会妨碍复杂刺激背景下的感觉统合知觉过程。

三、自闭症感觉统合障碍的研究现状

（一）国外研究进展与现状

自 1943 年肯纳首次以"情绪接触的自闭性障碍"（autistic disturbances of affective contact）为题[①]，报告了 11 例自闭性障碍的儿童病例以来，80 多年的自闭症研究大概可以分为四个阶段：

第一阶段：20 世纪 40 年代至 60 年代，这是"环境论"阶段。这一阶段注重对自闭症儿童所处环境的研究，自闭症儿童的父母成为主要的研究对象。

第二阶段：20 世纪 60 年代至 80 年代，是"认知障碍论"阶段。这个时期，自闭症儿童的认知，其中包括了他们的注意、记忆和语言问题，成为研究的焦

---

① 　Kanner L. Autistic disturbances of affective contact[J]. Nervous Child，1943，2（3）：217-250.

点。世界卫生组织就是以"认知-言语障碍论"为支柱,来界定"自闭症"的定义。这个理论为后来自闭症儿童的研究开辟了一条新的途径。

第三阶段:20 世纪 80 年代至 90 年代,是"心理理论"阶段。自闭症儿童对他人的情绪、期待和愿望等方面的认知,也就是他们的社会认知成为研究热点。一些研究者在有关儿童发展的研究中发现,正常儿童在 3 岁时已具备了这样的理解力,而自闭症儿童则很难培育出这种能力。在 1980 年以后的10 年,这个理论已成为研究自闭症儿童的一个主流。

第四阶段:20 世纪 90 年代以后,自闭症的研究进入了一个"生理—心理—社会"整合的阶段。随着脑科学技术的发展,研究者开始探索自闭症谱系障碍儿童脑部的异常结构,来解读其异常的心理和行为反应。进入 21 世纪后,巨大的经费投入到对基因水平的探索中,并不断取得开拓性进展。国外的训练模式也开始摸索,帮助自闭症群体构建适宜的小社会环境,提供持续的心理支持。

国外学者奥尼兹教授首先发现,自闭症儿童是脑生理学上的问题,他以自闭症儿童在旋转后眼球的严重振幅异常,解释自闭症儿童有感觉输入及运动指令输出上的困扰,这种调节技能上的障碍,应来自脑干前庭核功能不佳,所以认为自闭症儿童有感觉统合失常的问题存在。自闭症幼儿可能无法同时运用多种感觉刺激,包括触觉、听觉、前庭觉、本体觉、味觉、嗅觉、视觉。

著名的自闭症治疗"地板时间"(floor time)的创始人格林斯潘(Stanley I. Greenspan)和维德(Serena Wieder)分析了 200 名自闭症幼儿①,发现95%的自闭症幼儿呈现感觉调节障碍。奥尼兹教授多年研究自闭症患者,其指出至少 74.5%的自闭症幼儿有明显的感觉调节障碍,以致严重影响他们与人互动。健康的身体是智力发展的物质基础,是个体适应环境的必要条件。一个人的感觉统合很好,他就能很好地适应内外环境,就会产生胜任、满足等有利于身心健康的感觉。建立良好的学习和工作心态,充满自信是精神保健的良

---

① 　Wieder S, Greenspan S I. Climbing the symbolic ladder in the DIR model through floor time/interactive play[J]. Autism,2003,7(4):425-435.

药——精力充沛才会更好地发挥机体生理功能。

（二）国内研究进展与现状

《中国自闭症教育康复行业发展状况报告》显示，我国自闭症人口总数大约为 1000 万，中国儿童的患病率约为 1∶100。有学者以自闭症儿童研究为立足点，应用计量学软件 CiteSpace 对该领域的前沿演进与热点问题进行可视化分析。结果显示，近 20 年间，该领域学者的研究焦点集中在问题行为、心理理论、社交障碍、家长压力、社会支持和医学干预等方面。

早期前沿的突现时间为 2002—2009 年，该阶段在自闭症儿童领域的研究前沿主要集中在"心理理论""语言障碍"和"病因"等方面。随着自闭症儿童数量的不断增多，越来越多研究者对自闭症儿童的核心障碍进行研究，培养特殊儿童的社会交往能力。中期前沿的突现时间为 2010—2017 年，该阶段自闭症儿童领域的研究前沿主要集中在"问题行为""融合教育""睡眠问题"和"眼动研究"等几个方向。最新研究前沿的突现时间为 2017—2021 年，在这个阶段，我国自闭症儿童研究的主题主要是"社会交往""影响因素"和"亲职压力"等方面。从研究热点及趋势来看，我国的自闭症儿童研究主要是围绕"问题行为""心理理论""社交障碍""家长压力""社会支持"和"医学干预"等主题展开，亲职教育和融合教育从出现至今仍是较大关注主题。

相较于国外对感觉统合的研究成果，我国对于自闭症感觉统合障碍的干预研究起步较晚，目前国内对于此障碍的理论研究和教育干预依然以 20 世纪 80 年代末弗里斯（U. Frith）所提出的弱中央统合理论为主要根据，对存在感觉统合障碍，尤其是对前庭系统失调和本体系统失调的儿童进行行为矫正。干预手段以传统应用行为分析为主要取向，游戏训练作为主要手段。这类干预方案虽能一定程度上提高自闭症儿童的感觉调节和运动协调能力，但存在四方面问题：一是目前常用的游戏训练干预方案侧重行为矫正，主要针对前庭系统失调和本体系统失调的儿童。这类游戏训练本身并非针对自闭症儿童，且无个别化的深层心理机制分析作为支撑，因此适用性不佳。二是干预过程忽略了环境和刺激信息的可持续性和多样性,即便对单通道感觉统合障碍有所改善,但并不适用于跨通道的感觉统合障碍。三是干预方法并无发展心理学和神经生理学的理论作为支撑,容易忽略个体感觉统合训练干预背后的深层神经系统变化和神经发育过程。四是干预治疗过程耗时费力,给患儿家庭造成较大经济负担,但对自闭症核心症状的治疗作用依然非常有限。

因此,探索感觉统合障碍的深层机制,开发新的干预手段,已经成为儿童自闭症教育康复技术发展的必然趋势。

近几十年来,国内外的小家庭数量不断增多,人们的社会生活方式也随之发生了很大变化,儿童的出生方式和成长环境也出现了巨大的变化,这导致了问题儿童的增多。感觉统合失调是一种新兴的"时代疾病",如何通过理论指导帮助这些儿童,促进他们健康地成长,成为现代人所关注的热点和焦点。

第二节　自闭症感觉统合障碍的研究范式

在心理学上,研究者们已对多通道信息的整合进行了大量的研究。[1] 多通道感知加工能力的差异也因刺激类型和复杂性的不同而不同,自闭症个体的感觉统合障碍研究范式也比较多样化,其中更多的涉及视听信息的整合研究,视听语言是一种特别丰富的、自然发生的多感觉信号,它既传递语言信息,也传递语言外信息(包括社会和情感信息),而语言和社会、情感处理的缺陷是自闭症的典型症状,因此许多关于自闭症中多感官的研究特别关注视听语言感知的完整性,常将实验范式分为语音范式和非语音范式。但考虑到多

---

① Baum S H, Stevenson R A, Wallace M T. Behavioral, perceptual, and neural alterations in sensory and multisensory function in autism spectrum disorder [J]. Progress in Neurobiology, 2015(134): 140-160;Mayes S D, Calhoun S L, Murray M J, et al. Use of Gilliam Asperger's disorder scale in differentiating high and low functioning autism and ADHD[J]. Psychological Reports, 2011, 108(1): 3-13;Irwin J R, Tornatore L A, Brancazio L, et al. Can children with autism spectrum disorders "hear" a speaking face? [J]. Child Development, 2011, 82(5): 1397-1403.

感官加工发展的长期轨迹和环境对其的广泛影响,在这里,我们集中总结了自闭症个体的视听刺激信息的整合。为便于参考,在本节中也将对测试自闭症多感觉整合效应的多个不同类型的范式进行简要总结,包括:(1)涉及简单的视觉、听觉、视听双通道等三类刺激感知的最简单的 Tone and Flash 范式①;(2)涉及噪声情境下的自闭症语音感知的语音噪声范式②;(3)应用多种错觉任务的虚幻多感官融合错觉效应范式(SIFI、麦格克、橡胶手)③;(4)直接测量自闭症多感官时间感知能力的同时性判断任务和时序判断任务④;(5)不需要自闭症患者进行反应的被动观看的眼球注视范式⑤;(6)需要应用较多心理能量的适用于高功能自闭症个体的视觉搜索 Pip and Pop 范式⑥。

一、Tone and Flash 范式

Tone and Flash 范式是包含单一感觉通道任务的较为经典的多感官研究范式。在该范式中,音调和闪光刺激以随机顺序单独或组合呈现,从而产

---

① Brandwein A B, Foxe J J, Butler J S, et al. The development of multisensory integration in high-functioning autism: High-density electrical maping and psychophysical measures reveal impairments in the processing of audiovisual inputs [J]. Cerebral Cortex, 2013, 23(6): 1329-1341.

② Stevenson R A, Nelms C E, Baum S H, et al. Deficits in audiovisual speech perception in normal aging emerge at the level of whole-word recognition [J]. Neurobiology of Aging, 2015, 36(1): 283-291.

③ Foss-Feig J H, Kwakye L D, Cascio C J, et al. An extended multisensory temporal binding window in autism spectrum disorders [J]. Experimental Brain Research, 2010, 203(2): 381-389.

④ Fox S E, Wagner J B, Shrock C L, et al. Neural processing of facial identity and emotion in infants at high-risk for autism spectrum disorders [J]. Frontiers in Human Neuroscience, 2013(7): 1-18.

⑤ Bebko J M, Weiss J A, Demark J L, et al. Discrimination of temporal synchrony in intermodal events by children with autism and children with developmental disabilities without autism [J]. Journal of Child Psychology and Psychiatry, 2006, 47(1): 88-98.

⑥ Collignon O, Charbonneau G, Peters F, et al. Reduced multisensory facilitation in persons with autism [J]. Cerebral Cortex, 2013, 49(6): 1704-1710.

生三种刺激类型(单独的听觉刺激、单独的视觉刺激和视听双通道刺激)。被试执行一项简单的测试任务,他们被要求在三种刺激类型中任何一种出现时,都要快速按下按钮进行反应。在正常发育的个体中,行为任务的多感觉效应(正确率及反应时间优势)伴随着年龄的增长而增加。相比之下,这些多感觉效应在自闭症儿童中都不存在。因此,自闭症个体中受损的感觉统合能力并不仅仅限于与社交相关的言语刺激。在简单的非社会性刺激中也是如此。有研究者使用相同的范式,对大样本自闭症和正常发育个体的行为数据进行了初步分析,重复了自闭症个体中多通道效应减弱的发现,并进一步表明自闭症成年个体表现出与正常人无异的典型的感觉统合效应①,这提示我们随着自闭症个体的发展,其感觉统合能力逐渐趋于正常人。

二、语音噪声范式

语音噪声范式主要用于评估自闭症个体和非自闭症个体的多感官言语知觉的发展差异。在该范式中,在不同程度的背景噪声上呈现单音节单词,使它们难以识别,然后对说话者说这个单词的附带视频的效果进行评估。语音信号是人类正常交流的关键,尽管我们把说话看作是一种听觉现象,但很明显,把说话人的发音视觉化对这种信号的可理解性起着非常重要的作用,尤其是在嘈杂的声环境中(比如多人同时讲话,或者在繁忙的街道上),这些多感官整合能力使我们能够更好地提取语音中的基本信息(即单词是什么),而关于说话人的情绪、语调、动机、兴奋状态等信息是通过听觉和视觉多个通道提供的,且后一类多感觉韵律信息在语音信号中提供了大量的社会相关内容。

几十年来,人们已经知道自闭症患者在提取这类信息方面存在严重缺陷。当语音在嘈杂和注意力分散的环境中呈现时,语音识别过程中的多感官视听效果要大得多,这样的环境被认为是自闭症患者面临的最大困难。与正

---

① Crosse M J, Foxe J J, Tarrit K, et al. Resolution of impaired multisensory processing in autism and the cost of switching sensory modality [J]. Communications Biology, 2022, 5(1):1-17.

常发育的人相比,自闭症患者在理解背景噪声中的语音方面相对较弱。有研究使用语音噪声范式发现,与对照组相比,自闭症儿童(7—12 岁)在不同噪声条件下进行简单音素识别任务时,即使看到说话者的面部提供了额外视觉信息,也并不能像正常发育儿童那样从中获益,在多感觉和语音知觉方面表现出严重的缺陷。至关重要的是,对单独的听觉词汇的识别在两组之间基本上没有显著差异,即自闭症个体的单通道感觉信息加工能力似乎基本完好。① 然而,在年龄较大的组(13—15 岁)中没有观察到这些多感官加工缺陷,这表明青少年视听言语整合能力的逐渐增强,因此语音感知能力得到改善。② 福克斯与其同事的进一步研究发现,在低信噪比的情况下,自闭症个体与非自闭症个体之间的整合差异最大,而正是在这种情况下,多感官增益是最大的。③ 视觉信息的存在并不是简单地添加一个单通道刺激信息;视觉信息实际上在一定程度和范围内增强了个体感知听觉信息的能力。如果自闭症患者确实在视听语言感知和噪声感知两方面都存在缺陷,那么这些缺陷可能会对日常情况下的理解产生附加的、有害的影响。然而,最近在视觉前庭整合领域的研究表明,自闭症患者可能采用某些方式对信息进行整合,但其对噪声的耐受性较差。④

---

① Stevenson R A, Baum S H, Seger S M, et al. Multisensory speech perception in autism spectrum disorder: From phoneme to whole-word perception [J]. Autism Research, 2017, 10(7): 1280-1290.

② Ross L A, Molholm S, Blanco D, et al. The development of multisensory speech perception continues into the late childhood years [J]. European Journal of Neuroscience, 2011, 33(12): 2329-2337.

③ Stevenson R A, Nelms C E, Baum S H, et al. Deficits in audiovisual speech perception in normal aging emerge at the level of whole-word recognition [J]. Neurobiology of Aging, 2015, 36(1): 283-291.

④ Zaidel A, Goin-Kochel R P, Angelaki D E. Self-motion perception in autism is compromised by visual noise but integrated optimally across multiple senses [J]. Proceedings of the National Academy of Sciences of the United States of America, 2015, 112(20): 6461-6466.

三、错觉效应范式

自闭症多感觉整合的研究中,具有代表性的错觉效应范式包括:研究声音影响自闭症患者的视觉闪光判断任务的视听双闪错觉任务(double-flash illusion task),也叫声音诱发的视觉闪光范式(sound-induced flash illusion task,SiFi);视觉信息改变自闭症患者的听觉语音感知的麦格克效应范式;视觉信息影响自闭症患者的身体本体感知的橡胶手错觉范式(rubber hand illusion,RHI)。

视听双闪错觉任务是简单、非言语刺激的多感觉整合的一个典型代表,是用于评估自闭症个体与正常发育个体感觉统合差异的一种听觉刺激影响视觉刺激感知现象的内隐研究范式。[①] 在该错觉任务中,一个单一的视觉闪光与两个听觉哔声配对,同时改变两个哔声相对于闪光的时间,即第一个哔声与视觉闪光同时出现,第二个哔声与第一个哔声存在一定的时间间隔,可从可视闪光之前的 500 毫秒到可视闪光之后的 500 毫秒,被试的任务是忽略哔声的同时报告看到的闪光的数量。然而忽略的哔声经常会引起多个闪光的错觉,两个听觉哔声的 SOA 对视觉闪光判断产生重要影响,如果两个哔声之间的 SOA 很短,被试可能会感知到两个闪烁。通常可将闪光错觉感知的产生作为多感觉整合发生的指标,对正常发育个体来说其能感知到多次闪光(时间绑定窗口为±150 毫秒),这也意味着视觉和听觉进行了感知融合。相比之下,对自闭症个体而言,这种使用简单的、非言语刺激的错觉感知会大大减少。自闭症个体对视听双闪错觉的敏感性较低,对低水平的听觉和视觉信号的结合能力较弱,且自闭症个体的整合时间窗口(时间绑定窗口)更宽(约±300 毫秒),反映了其多感官时间加工的不精确性及较弱的跨通道视听整合能力,因此这种声音引起的闪光错觉范式也被用于对 8—17 岁自闭症患者的多感官时间加工能力的检测。此外,鲍尔茨(Johanna Balz)和他的合作

---

① Kamitani Y, Tong F. Decoding the visual and subjective contents of the human brain [J]. Nature Neuroscience, 2005, 8(5): 679-685.

者研究发现声音诱发的视觉闪光范式的倾向与 γ-氨基丁酸水平相关[①]，而自闭症个体的 γ-氨基丁酸水平也发生了改变[②]。

需要注意的是，即使是正常发育的个体也有几百毫秒的时间绑定窗口，显然这样的时间窗口具有良好的生态意义。也就是说，考虑到视觉刺激和听觉刺激的传播速度不同，光的传播速度比声音快，所以听觉感官信号会在视觉信号到达视网膜后稍晚一些到达耳蜗。即使两个感官输入不是完全同步的，但如果它们在时间上相对接近，它们仍然是有联系的。两个刺激输入的时间越接近，整合的概率越大。也就是说，时间绑定窗口为来自不同模态的两个输入之间的关系提供了一个概率性的概念范畴，它反映了一定时间间隔内行为或感知中变化的可能性。听觉刺激的加入提高了视觉任务的表现（在准确性和反应时间上），但只有在一定时间窗口内，听觉的提示作用才会出现[③]，而当这两种刺激呈现出更大的时间间隔时，整合效果会大大下降甚至无法进行整合加工。

与非言语刺激的加工相比，视听言语是一种固有的相对复杂的多感官信号，在自闭症和正常发育个体中表现出更明显的加工差异。这种涉及言语知觉整合的错觉差异可以用麦格克效应来证明。麦格克效应是研究自闭症个

---

① Balz J, Keil J, Roa Romero Y, et al. GABA concentration in superior temporal sulcus predicts gamma power and perception in the sound-induced flash illusion [J]. Neuroimage, 2016(125): 724-730.

② Schur R R, Draisma L W R, Wijnen J P, et al. Brain GABA levels across psychiatric disorders: A systematic literature review and meta-analysis of H-1-MRS studies [J]. Human Brain Mapping, 2016, 37(9): 3337-3352.

③ Foss-Feig J H, Kwakye L D, Cascio C J, et al. An extended multisensory temporal binding window in autism spectrum disorders [J]. Experimental Brain Research, 2010, 203(2): 381-389.

体感觉统合能力最常见的社会性视听言语错觉范式。[①] 在这种错觉中,一个听觉音素叠加到一个不协调的发音唇运动上,往往会使人产生一种错误的听觉感知。例如,当听觉/ba/和唇动视觉/ga/同时呈现时会使被试产生融合感知/da/,当然不同的视听辅音也可以产生不同的组合,产生不同的麦格克刺激,但其本质不变。在该任务中视觉刺激信息的存在会改变听觉语音的感知能力,通常研究者们将麦格克效应发生率作为整合指标。麦格克的初步研究结果显示,当将不匹配的听觉和视觉刺激放在一起呈现时会产生一个有趣的现象:在正常发育个体中,被试通常认为说话者说的是一个完全不同的音节,即产生融合感知(如"da"或"tha")。

麦格克效应反映了听觉和视觉通道的信息整合,其强度随着年龄的增长而增加,这可能是由于其对语音感知的敏感性增加所致。多数研究已经得出结论,自闭症个体在大多数情况下,与年龄匹配的正常发育个体对照而言,麦格克效应显著降低,他们不太可能报告这种融合感知,他们的选择通常反映了单一的听觉刺激。视听语音感知的进一步研究发现:当改变嘴唇运动和声音之间的时间同步性时,在同步条件下更能促进跨通道整合且在大范围神经元网络水平上额叶区的功能连接增强,即神经活动的时间同步性或许可以考虑作为一种跨通道整合的机制。

在视听领域之外,橡胶手错觉是另一种多感官错觉(依赖于视觉和触觉信息的经典视触错觉),即来自视觉和触觉的信息流汇聚在一起,影响本体感受,更广泛地说,是身体的表面视觉位置会引起体表表征的虚幻变化。在这种橡胶手错觉中,被试将一只手放置于桌面上,中间隔着一块小板,挡住了被

---

① Brown V A, Hedayati M, Zanger A, et al. What accounts for individual differences in susceptibility to the McGurk effect? [J]. PLoS One, 2018, 13(11): e0207160; Bushara K O, Grafman J, Hallett M. Neural correlates of auditory-visual stimulus onset asynchrony detection [J]. The Journal of Neuroscience: The Official Journal of the Society for Neuroscience, 2001, 21(1): 300-304; Stevenson R A, Zemtsov R K, Wallace M T. Individual differences in the multisensory temporal binding window predict susceptibility to audiovisual illusions [J]. Journal of Experimental Psychology: Humam Perception and Performance, 2012, 38(6): 1517-1529.

试的视线让其无法看到自己的手,而另一侧可见位置放置着的一只人造橡胶手,随后实验助手用笔接触真实手与可见橡胶手的同一位置,经过一定时间后,被试报告触觉感受来自可视橡胶手并开始感觉橡胶手是自己的手,当触觉(自己的手)和视觉(橡胶手)的笔触共同传递时,接触时间越长这些虚幻的错觉感知会更明显[1],大脑更有可能将这个假肢归为身体的一部分[2]。运动协调和适应的研究表明,当视触信息不一致时,自闭症个体更依赖于本体感受而非视觉输入,而且他们可能不像那些正常发育的人那样能很快把本体感受信息与其他感官输入整合起来,而是需要更长时间的接触。[3]

声音诱导的闪光错觉任务能够直接研究自闭症中的多感觉整合,它与其他探索多感觉整合现象的错觉任务(如麦格克效应)有着很大的不同,因为它不包括社会因素,能从最简单层面的刺激入手研究多感觉整合。声音诱发的视觉闪光范式有时也被用于检查轻度认知障碍患者的整合时间窗口。[4] 而橡胶手错觉作为多感觉研究里视触整合的经典范式,是研究个体自身身体觉知的重要方法,在临床上(脊髓受损、截肢者)应用也较为广泛。在上述三种错觉任务中,都能通过调节两个通道之间的 SOA 来对自闭症的多感觉整合进行进一步的研究。

四、同时性判断任务和时序判断任务

在上述任务中观察到的时间效应,是自闭症个体中多感官功能改变的核心发现之一。跨模态的感觉输入信息的时间关系,是刺激信息是否被整合或绑定的强有力的线索,虽然上述研究通过各种间接或内隐的方法(例如优先

---

① Paladino M P, Mazzurega M, Pavani F, et al. Synchronous multisensory stimulation blurs self-other boundaries [J]. Psychological Science, 2010, 21(9): 1202-1209.

② Haans A, Kaiser F G, Bouwhuis D G, et al. Individual differences in the rubber-hand illusion: Predicting self-reports of people's personal experiences [J]. Acta Psychologica, 2012, 141(2): 169-177.

③ Wada M, Suzuki M, Takaki A, et al. Spatio-temporal processing of tactile stimuli in autistic children [J]. Scientific Reports, 2014, 4(1):1-9.

④ Chan J S, Kaiser J, Brandl M, et al. Expanded temporal binding windows in people with mild cognitive impairment [J]. Current Alzheimer Research, 2015, 12(1): 61-68.

注意范式、错觉任务等)描述了自闭症个体中多感官时间加工的异常,但时间判断任务以更直接、更明确的方式研究了自闭症个体的多感官时间感知能力,包括同时性判断任务和时序判断任务。

第一次直接对此进行研究的是格罗斯曼(Ruth B. Grossman)等人[1],他们选取了5—14岁的自闭症个体及其对照组,让两组被试观看一段简单的视频,视觉和听觉轨迹的 SOA 从 0~500 毫秒不等(视觉先于视听),并完成了一项同时性判断任务。在当时,这也是唯一的一项要求被试直接报告视听同步性,而不是依赖更多的间接行为测量(如眼睛注视)的研究。这种同时性判断任务(simultaneity judgment task,SJ)主要用于探究自闭症个体的视听时间整合能力。视听时间整合是指对异步呈现的视听刺激进行加工,将其感知成一个有意义事件的过程。在该任务中,以一定时间间隔呈现两个不同通道的刺激,被试需要判断的是两个通道的刺激是不是同时出现的,通常研究者们通过操纵时间间隔来探究同步性知觉的敏感性。自闭症个体与正常发育个体的多感官时间敏感性差异也已被研究者证明,与正常发育个体相比,自闭症患者察觉听觉和视觉刺激之间的异步性的能力较弱,整合时间窗口要比正常同龄人更宽,且在做视听时间顺序判断时不够准确。而在对多感官错觉的感知中,如麦格克效应和声音引起的闪光错觉中,与对照组相比,自闭症儿童的听觉和视觉之间的整合效果较少受到刺激时间差异的影响。此外,根据不同的刺激类型与任务要求,时间绑定窗口也存在一定程度的变化,基于刺激类型的时间绑定窗口宽度差异的一个合理解释是,更复杂的刺激可能需要在整合之前或于整合过程中在模式内进行额外或更多变量的加工,因此,随着刺激复杂性的增加,多感觉过程可以得到优化,对时间偏移具有更大的容忍度。

时序判断任务(temporal order judgment task)是同时性判断任务的变

---

① Grossman R B, Mertens J, Zane E. Perceptions of self and other:Social judgments and gaze patterns to videos of adolescents with and without autism spectrum disorder [J]. Autism,2019,23(4):846-857.

式,被试不是判断刺激呈现的同步性,而是进一步判断刺激呈现的先后顺序,其余流程与同时性判断任务基本一致,但难度略高于同时性判断,需要投入更多的心理加工,与同时性判断任务一样,时序判断任务可以被用来检查多种刺激的时间加工能力。个体的判断受到先前试验中刺激物之间异步程度和方向的影响[1],而当这两种刺激物呈现出更大的时间间隔时,整合效果会下降。事实上,在成对的视听刺激中辨别时间结构的能力在人类发展的早期就出现了。莱科维奇(David J. Lewkowicz)的研究表明,两个月大的婴儿就可以发现多感觉异步性,而且随着大脑结构的不断发展,对视听刺激的时间关系也会发生深刻的变化。[2] 具体地说,即使是简单的闪烁和哔哔声,一个人在视觉和听觉上的时间敏感性越差,他们将听觉和视觉语言结合在一起的能力就越弱,这也能解释为什么其相应的麦格克语音感知能力也会越强。

　　理解自闭症多个感知刺激的加工整合,重要的是要阐明影响来自不同通道的刺激如何结合在一起的时间因素,这在以往的自闭症研究中引起了很大的关注。多感官时间加工能力的减弱导致感觉整合的减少,而感觉整合的减少反过来又对自闭症个体的视听感知产生负面影响,进而影响自闭症个体的高级认知能力及其社会交流能力。[3] 多感官时序判断任务可用于评估时间处理中的个体差异,并已被用于描述各种特定人群的时间加工特征。在这种视听时序判断任务中,指示被试观察一个小的中央闪光,并在不同的延迟时间(SOA)下接收一个单音音节,如果被试认为哔哔声最先出现,则需要按下"1"键,如果认为闪光最先出现,则应该尽快按下"2"键。每个 SOA 按随机顺

---

① Vroomen J, De Gelder B. Temporal ventriloquism: Sound modulates the flash-lag effect [J]. Journal of Experimental Psychology: Human Derception and Performance, 2004, 30(3): 513-518.

② Lewkowicz D J. Perception of auditory-visual temporal synchrony in human infants [J]. Journal of Experimental Psychology: Human Perception and Performance, 1996, 22(5): 1094-1106.

③ Stevenson R A, Segers M, Ferber S, et al. The impact of multisensory integration deficits on speech perception in children with autism spectrum disorders [J]. Frontiers in Psychology, 2014(5): 1-4.

序呈现一定的几个试次(典型的刺激 SOA:－300 毫秒、－250 毫秒、－200 毫秒、－150 毫秒、－100 毫秒、－80 毫秒、－50 毫秒、－20 毫秒、0 毫秒、20 毫秒、50 毫秒、80 毫秒、100 毫秒、150 毫秒、200 毫秒、250 毫秒、300 毫秒),负性的 SOA 表示听觉优先,正向的 SOA 表示视觉优先。在这里,时序判断任务是通过简单的刺激呈现的(听觉哔哔声和视觉闪光),但也可以扩展到其他刺激对,如语言和生物运动,时间加工能力的指标是时间绑定窗口的大小,值得注意的是,多感觉时间绑定窗口的大小不是一个固定的结构,而是高度可塑的。知觉训练研究有助于阐明时间绑定窗口可能涉及的位置和机制。在自闭症患者中,pSTS(parietal Superior Temporal Sulcus)及其与初级感觉皮质的连通性可能也与其扩展的时间绑定窗口有关。有证据表明,静息态功能磁共振成像与颞上回 β 波段活动的增加存在相关性。此外,BOLD(Blood Oxygenation Level Dependent)信号与 β 振荡活动的正向关联并非普遍存在于所有脑区①,因此还需要进一步探究特定脑区(如 pSTS)及其神经振荡信号在自闭症患者时间绑定窗口扩展及预测误差处理中的调控机制。

　　一个人的多感官时间敏感性越高,所感知到的同步性就越可靠,它可以作为判断两个来自单一外部事件的感觉信号是否同步的一个预测器。当一个人的多感官时间敏感性较低时,以时间信息作为判断哪个感觉信号应该被整合的线索的可靠性就会大大降低,从而导致整体感知结合的效率和强度降低。在目前的研究中,自闭症组和正常发育组的时间绑定窗口的大小也取决于评估中使用的刺激的复杂程度,最大的窗口出现在最复杂的刺激中。到目前为止,同时性判断和时序判断是检验多感觉时间结构对行为和知觉反应影响的最强大的实验工具之一。

五、眼球注视范式

　　眼球注视范式(eye-gaze task)是适用于功能性较低的自闭症儿童或年幼

---

① Stevenson R A,Vanderklok R M,Pisoni D B,et al. Discrete neural substrates underlie complementary audiovisual speech integration processes [J]. Neuroimage,2011,55(3):1339-1345.

孩童的非言语或简单言语的注视任务。该任务不需要任何按键反应,且关注自闭症个体对多感官视听刺激的眼动加工模式。在该范式中,被试只需注视异步播放(如一个视频先播放 3 秒后再播放另一个视频)的两个相同的视频,以及接收只与其中一个视频匹配的声音。贝布科(James M. Bebko)等人使用这种优先注意范式较早对自闭症儿童的听觉和视觉时间同步感知进行了直接研究,在该研究中向 4—6 岁的自闭症儿童呈现两段相同的视觉刺激及一个单一的听觉刺激,其中一个屏幕的视觉刺激与听觉轨迹在时间上同步,而第二个屏幕的视觉信息提前 3 秒呈现(视觉先于视听)。刺激分为三种不同的类型:复杂语音(由一个故事组成)、简单语音(由一系列数字组成)和非语音(由一个儿童游戏组成)。结果显示,相对异步视听刺激信息,正常发育儿童会优先观看视听同步呈现的屏幕,而自闭症个体并没有表现出对同步视听刺激信息的注视偏好,在感觉模式中表现出非典型的时间加工模式。[1] 之后格罗斯曼、斯坦哈特(Erin Steinhart)、米切尔(Teresa Mitchell)和麦克维尔(William Mcilvane)等人设置了两种观看条件:一种是隐性条件,即只要求被试观看视频,另一种是显性条件,即直接要求被试观看视听同步的视频。结果显示,正常发育儿童在显性条件下比隐性条件下对同步性视频的注视增加,自闭症儿童对视听语言的时间同步性较不敏感。这扩展了先前的研究结果,表明即使明确地要求自闭症儿童注意视频呈现的时间特性,他们也很难发现视听呈现的同步性。[2]

六、Pip and Pop 范式

另一种使用简单的非言语刺激的视听范式是"pip"和"pop"任务,这本质上是通过听觉信息促进视觉搜索的一个视听时间整合范式。在该范式中,被

① Bebko J M, Weiss J A, Demark J L, et al. Discrimination of temporal synchrony in intermodal events by children with autism and children with developmental disabilities without autism [J]. Journal of Child Psychology and Psychiatry, 2006, 47(1): 88-98.

② Grossman R B. Judgments of social awkwardness from brief exposure to children with and without high-functioning autism [J]. Autism, 2015, 19(5): 580-587.

试会看到一系列不同方向的线条，任务是找到垂直或水平的目标线条，所有的线条在两种颜色之间以一定时间间隔随机交替。在其中一些实验试次中，呈现一个听觉的哔哔声(pip)，该哔哔声的呈现与视觉目标的颜色变化同步，使得视觉目标从杂乱的视觉背景中显现出来(pop，弹出效果)，从而提高了视觉搜索的准确性和速度，促进了多感官刺激的加工。重要的是，这种效果只发生在听觉音调与视觉目标同时呈现的时候。因此，一个人必须能够正确地感知视听对的时间，以便从视听融合中获益，也就是说，个体的时间知觉能力直接影响视觉搜索能力的高低。科利尼翁(O. Collignon)利用这一范式研究了高功能自闭症患者的多感觉促进作用①，研究人员向被试展示了 24、36 或48 个视觉项目。在正常发育的一组被试中，当声音与视觉目标同时呈现时，观察到该组被试的任务准确性显著提高，反应时间显著加快，这种效果在所有的设置项目中都存在。然而，在自闭症障碍组中，三个视觉项目的任务均没有准确性和反应时间的变化，这表明自闭症患者无法利用视听同步来提高视觉搜索效率。值得注意的是，自闭症组在单独视觉条件下的表现优于多感官条件下的对照组，这种优越的表现可能是导致听觉促进效应缺失的原因①，但仍需要对其进行进一步探索。该任务难度较大，需要更多注意资源的投入，因此更适合于高功能自闭症个体。

综合上述研究范式，这些多感官融合范式为刺激信息的感知提供了一个强有力的窗口，也是测试感觉统合完整性的有效工具。可以看到自闭症感觉统合的研究方法十分丰富，不仅涉及视觉、听觉之间的整合，也涉及视触觉之间的关系，其中视听通道的研究范式较为常见，包含视听语音范式，如语音噪声、麦格克效应等，以及非言语加工的简单视听范式，如音调和闪光(Tone and Flash)范式、Pip and Pop 范式、SiFi 错觉效应范式等。不同的范式分别从不同角度出发对感觉统合进行研究，眼球注视范式是用眼动追踪的方法，对自闭症患者的同步性视听感知能力进行研究；同时性判断任务和时序判断

---

① Collignon O, Charbonneau G, Peters F, et al. Reduced multisensory facilitation in persons with autism[J]. Crebral Cortex, 2013, 49(6): 1704-1710.

任务是通过操纵两个通道刺激之间的 SOA 来直接探讨不同通道刺激的时间结构关系对整合加工的影响。相比同时性判断，时序判断除了判断同时性与否还要指出先后顺序，因此需要应用更多的心理能量。当然这些不同的范式对自闭症患者感知加工的影响还受到刺激类型的影响。在较为简单的非社会性刺激任务中，自闭症患者与正常人的任务表现的差异小于涉及语音语义的复杂社会性刺激任务。[①] 未来可更多地去探讨与其他通道之间的多感官关系。应该指出的是，大多数这些研究都涉及的是正常范围的智商，这通常是完成任务所必需的，同时也考虑到能与正常发育的对照组相比较。这就使得大多数任务仅适用于自闭症患者中的高功能个体。在未来的研究中，应该考虑的是如何进行训练以改善大脑功能，以及改善自闭症中的跨通道整合功能。

第三节　自闭症感觉统合障碍的行为表现

自闭症已经成为危害儿童身心健康的公共卫生问题，在全球范围内引起高度的关注，也是当今临床研究的热点。从自闭症的患病形式来看，在美国的患病率已经高达 1%，我国某些城市也呈现高发趋势。自闭症儿童中有很多存在着感觉统合失调的状况，反映到行为上就产生了很多的行为问题，成为自闭症儿童较好地适应社区和校园生活的阻碍。

感觉统合是一个正常的大脑所具有的功能。各种学习能力的发展是经由大脑对各种感官刺激做有选择性的吸收，再加以整理、组织起来，提供我们一个正确的信息，同时我们的大脑再针对这个信息做出一个适当的反应。感

---

① Foss-Feig J H, Kwakye L D, Cascio C J, et al. An extended multisensory temporal binding window in autism spectrum disorders [J]. Experimental Brain Research, 2010, 203(2): 381-389; Bebko J M, Weiss J A, Demark J L, et al. Discrimination of temporal synchrony in intermodal events by children with autism and children with developmental disabilities without autism [J]. Journal of Child Psychology and Psychiatry, 2006, 47(1): 88-98.

觉统合是正常儿童的发展过程。通过环境的刺激,内在及外在的需求,引发个体不断地去统合感官刺激,做出反应,根据反应的结果及各种反馈的刺激再修正下一次的反应。这些经验的积累,促使大脑功能不断地发展,儿童的反应及学习能力也就越来越好。

自闭症又称孤独症,是一种脑功能失常。自闭症儿童显示出许多感觉处理不良的症状,而这些症状屡见于脑功能失常的儿童,因此自闭症儿童跟外界环境的交互影响很差。此外,自闭症儿童在脑皮质的感觉和运动中枢及别的地方还有一定的问题,研究显示,69％～100％的自闭症儿童伴有感官调适和反应异常等感觉调节障碍。其表现可分为三类:(1)反应过度,即对感官刺激做出过大的、快速的或者长时间的反应;(2)反应不足,即对感觉输入没有意识或者反应迟钝;(3)感觉寻求,即有寻求感官体验的渴望和兴趣。

感觉处理是指一个人对日常生活中的感官事件进行关注和回应的方式。我们通常知道自闭症儿童对感官事件的反应会强烈些,这会使得他们在特定情况下的反应、行为与其他儿童不同。那么,了解自闭症儿童感觉处理的模式及与模式相关的行为非常重要,这可以帮助家长和老师调整自闭症儿童的活动形式、方向、期望等,进而正向、有效地影响自闭症儿童的表现。而自闭症儿童在感觉处理上的障碍可以分为以下三类。

一、感觉接受障碍

每个人都有感觉器官,但是各人的感知能力却不相同。能引起感觉的最小刺激量叫作"感觉阈限"。当阈限值太低时,孩子对于刺激的反应会过于频繁,每天都可能会被环境中的各种感觉输入所困扰、分神。当阈限值太高时,孩子会错过环境中的感觉输入信息,人就会显得"空白"或者自我封闭。自闭症儿童对输入的感官刺激无法正确接受,以致对大多数的事物不是过于漠视就是过度反应。我们发现有些自闭症儿童由于对环境的刺激过于敏感而在课堂里完不成任务或者作业,有的孩子却只关注到单一感觉输入,而注意不到其他的感觉输入,比如他可能只听到了灯泡的嘶嘶声,却听不到别人叫他的名字。有些自闭症儿童可能撞到别人或踩到别人而毫无反应，或是面对着你，可是他的眼睛好像透过了你而不知在看哪里。也有时他们对某些刺激有过度反应，如房间里的杂音，正常人可以听而不闻，而有自闭症的孩子对这些杂音会一直注意。归纳起来，与感觉接受有关的障碍现象有下列几种。

（1）视觉与听觉刺激最容易被他们忽略，但他们对某些持续的声音或小细节又会太过注意，如地上的雨点或小洞。相对地，本体感觉及触觉刺激比较容易被接收到，他们通常也比较喜欢这种刺激。

（2）对吹气、嗅觉或味觉刺激较无反应。

（3）常喜欢较重的触觉刺激或本体感觉刺激，如重压、肢体活动等。

（4）大脑可能无法正确接收前庭刺激。几乎所有的自闭症儿童在旋转后，眼球震颤时间都很短或看不到。他们大多很喜欢旋转或摇荡，甚至会旋转的东西也能吸引他们的目光。

因为多种感觉无法正确接收，所以他们无法得到清楚的身体概念及空间概念，以致计划动作有困难且无法有效地与外界环境互动。他们无法忍受环境的变动，对环境的改变会感到不安。语言的概念难以理解，以致沟通十分困难。抽象思考有困难，所以常常无法根据当前需要做出适当的反应，但是有时又会看到他们表现出来，只是时机不适当。由于脑部驱动功能不正常，以至于自闭症儿童对于尝试新的或不同的事物不像一般儿童那样感兴趣，也较少看到他们主动做任何有目的或有建设性的事情。

二、感觉调节障碍

感觉处理与行为一定是关联的。研究发现，不同状况的人群都有自己独特的感觉处理模式。很多研究表明，自闭症人群对触摸敏感；同时，在听觉和口腔感觉处理上过于敏感。此外，他们还在"捕捉"和"躲避"的行为特征上，与典型儿童明显不同。比如，他们可能捕捉不到别人已经注意到的感官刺激，但同时，他们又能突然发现感官刺激并从刺激中抽离。于是，我们看到的现象可能是：自闭症儿童对环境表现漠视，但忽然到了一个点，他们感觉到了一种刺激（比如声音、触摸等），会立即感觉受到威胁或者难以承受，于是本能抽离甚至情绪崩溃。

自闭症儿童对于输入刺激的调节能力不好,尤其是对前庭与触觉的刺激。他们可能有重力不安全感,对于高度或摇动非常敏感,从而对于触觉刺激过度敏感,或有触觉防御现象。

三、感觉统合障碍

感觉统合就是大脑对信息进行加工的过程,它是个体复杂心理和行为活动的基础。而这个过程可以分为信息获取、信息加工、信息表达三个环节。其中,信息获取是指感觉器官将适宜的环境刺激(如光能、热能等)转化成神经冲动(电能),经过特定的感觉神经传入中枢神经系统的过程。主要的感觉信息输入包括视觉、听觉、触觉、嗅觉、味觉及与人体运动有关的前庭觉和本体感觉。信息加工则是中枢神经系统对获取的信息进行选择、分析、组织、整合,进而形成对客体的整体认知。在大脑皮层中,与协调和整合功能相适应的联合区占据绝大部分面积。信息表达则是信息经过传出神经到达效应器而产生行为的过程。这个过程是各系统精密合作的过程,任何一个环节出现问题都将表现出某一感觉系统或感觉系统间或感觉系统与运动系统间的不协调,即出现感觉调节障碍或者感觉统合失调。而自闭症儿童又往往表现出感觉调节障碍或由此引起的运动障碍、情绪行为等问题。

感觉统合理论认为,因某种原因使感官刺激信息不能在中枢神经系统进行有效的组合,使儿童在神经心理发育上有不同程度的缺陷,进而导致整个身体不能和谐、有效地运作,从而造成儿童学习与交往困难、结构和空间知觉障碍、听觉语言障碍、触觉防御障碍、前庭平衡功能障碍等一系列问题,严重影响儿童的心理健康发展。

依据感觉统合理论,爱尔丝博士将感觉统合失调的表现分为以下五大方面。

(一)身体运动协调障碍

指身体运动的协调能力出现问题,继而导致运动障碍。儿童早期可能表现为在系鞋带、穿脱上衣和裤子、扣扣子等方面动作迟缓而笨拙;在就餐时常掉米粒；发音和语言表达发展迟缓；运动协调不佳等。

（二）结构和空间知觉障碍

指儿童在认知世界的结构和空间上出现问题，主要表现为视知觉问题。儿童对空间距离知觉不准确，分辨不清左右；由于视觉的不平顺，看书会跳字和跳行，眼睛易疲劳，严重时无法进行阅读，严重影响学习效果和学习能力的发展。视觉统合失调的孩子，他们的注意力不集中，不能长时间追视移动的物体，还会觉得阳光很刺眼，常常本能地躲避阳光。

（三）前庭平衡功能障碍

指儿童的前庭功能正常，但对前庭刺激的统合出现问题。在这方面失调的儿童表现为喜欢旋转、易摔跤、手脚笨拙、走路不稳；走平地时会出现摔倒的现象，不敢下楼梯；无法安静坐在椅子上，喜欢上下爬动；不喜欢整理自己的环境，经常把东西弄乱等。特殊儿童的平衡感觉、本体感觉发育欠佳，尤其是自闭症儿童，他们会不停地站着左右摇摆头部，以找到机体内的平衡状态；他们常常不能准确地指出自己的身体部位，经常嘴上说指鼻子却用手指指着眼睛。

（四）听觉语言障碍

听觉语言障碍是指由于听觉问题而导致语言问题的障碍。听觉神经形成比较早，但成熟相对比较晚。因此，儿童的听觉功能相对较弱。如果父母在儿童抚养过程中使幼儿长期处于嘈杂的声音环境中，或在家庭中经常大吼大叫、大声责骂幼儿，容易使儿童的听力出现问题，甚至语言发展受阻，语言表达能力也会大大削弱。

听觉统合失调的孩子在课堂上常常注意力不集中，不知道老师在讲什么，这一秒听完下一秒就忘记了，被老师提问时常常不知道问题是什么。

（五）触觉防御障碍

主要是因为触觉神经和外界环境协调不佳，从而影响大脑对外界的认知和应变，即所谓触觉敏感（防御过当）或迟钝（防御过弱）。触觉过分敏感的儿童表现出对外界的新刺激适应性弱，喜欢固执于熟悉的环境和动作中（喜欢保持原样和有重复语言、重复动作），对任何新的学习都会排斥，而且常陷于孤独之中;行为表现为对环境变化过分敏感,担心、害羞、怕黑、害怕陌生环境、咬指甲、咬手指、偏食、挑食。触觉迟钝儿童则表现为反应慢、动作不灵活、笨手笨脚、大脑的分辨能力弱、缺少自我意识、学习积极性低下。

触觉统合失调的孩子在与同学交往过程中,不喜欢小朋友与自己有肢体接触。如不喜欢和小朋友手拉手,被别人无意间触碰会很生气,觉得受到别人的侵犯,这是由于他们对触觉太敏感而造成的。

第四节　自闭症感觉统合障碍的神经基础

一、自闭症感觉统合障碍的神经电生理研究

(一)神经电生理技术简介

目前,神经生理学研究的一个焦点是了解群体神经元集合如何在大脑中组织和发挥作用,进而形成大脑功能基础的可能的合作机制,影响健康和疾病中所有感觉、认知和运动过程。电生理指标不仅提供了一种描述大脑中毫秒级结构和信息处理进程的方法,而且还对不稳定或难捕捉的异常点比较敏感,特别是精神疾病,以及为疾病加重造成的损害程度提供重要的线索。

使用神经电生理技术揭示了自闭症人群听觉和视觉感觉-知觉处理之间的差异,以及他们对于外界多感觉输入信息的整合减弱现象。[1] 感觉处理非典型性行为的神经生理学指标在一定程度上能反映自闭症临床症状。

感觉统合障碍是儿童自闭症的典型共症之一,对患儿的正常生活影响巨大。传统应用行为研究不足以解释其深层次病理原因。随着神经科学技术手段的应用发展,患儿 γ 频段脑电活动异常机制的研究已成为自闭症感觉统

① Russo N, Foxe J J, Brandwein A B, et al. Multisensory processing in children with autism: High-density electrical mapping of auditory somatosensory integration [J]. Autism Research, 2010, 3(5): 253-267; Brandwein A B, Foxe J J, Butler J S, et al. The development of multisensory integration in high-functioning autism: High-density electrical mapping and psychophysical measures reveal impairments in the processing of audiovisual inputs [J]. Cerebral Cortex, 2013, 23(6): 1329-1341.

合障碍研究的新方向。本节将对神经电生理技术的相关研究进行详细介绍。

（二）多通道感觉整合的电生理机制及相关研究

1. 神经振荡的定义

神经振荡，是由神经元之间相互作用产生的一种神经活动，可以反映神经元的周期性变化。根据神经生理研究，感觉统合的实现是由不同感觉通道的突触后电位同步活动，并作用于单个神经元上，神经元活动产生整合信号，并与其他神经元相互作用。这一相互作用则是通过神经振荡完成的。

大脑区域通常显示 σ（1～3 赫兹）、θ（4～7 赫兹）、α（8～12 赫兹）、β（13～30 赫兹）和 γ（＞30 赫兹）振荡频率的组合。其中，α波被认为是感知处理和感知时间窗所依赖的神经机制的重要组成部分，它反映了大脑皮层神经元在清醒但静止状态下的活动。[①] 以往的研究表明，在判断视觉刺激同时性的任务中，视觉知觉整合主要发生在枕部α波的振荡周期，这可能与离散的时间范围有关。如果在此时间范围内显示多条事件信息，则这些事件信息的刺激将捆绑在一起。这表明α振荡可能代表影响视听时间整合的视觉信息处理的时间单元。因此，α波与感知过程密切相关，即感觉统合的时间信息。

2. 神经振荡的相关研究

近年来，神经振荡对感知、认知调节作用的研究结果表明，α、θ、β、σ波及它们的相互影响都对感知觉的加工过程存在调节作用。一方面，θ振荡在时间判断任务中代表了个体活动的处理，同时在额叶区域可以观察到明显的θ振荡，θ波与视觉运动和时间整合密切相关。另一方面，β波提供了运动活动的一般指标，允许在运动期间调整肌肉活动的时间和强度。所以β振荡可以反映来自多感官刺激的时间信息，并为多感官信息的整合提供准备。由此可知，大脑可以通过同步神经振荡的信号来建立联系。α波与感知觉过程的时间信息，以及多感觉跨通道之间的感觉统合密切相关；θ波和β波也与多感官刺激的时间信息密切相关。

---

① Samaha J，Postle B R. The speed of alpha-band oscillations predicts the temporal resolution of visual perception [J]. Current Biology，2015，25(22)：2985-2990.

γ振荡(30～200赫兹)是精神疾病(包括自闭症)中最常研究的皮层振荡。一般认为,γ振荡能代表抑制性GABA(γ-氨基丁酸,一种神经递质)中间神经元的放电。[①] 这与抑制性中间神经元的丢失或减少可能导致自闭症信息处理受损的假设一致,包括处理社会情绪刺激。[②] 已知,含有GABA能中间神经元的小清蛋白的药理学调节直接影响皮层节律,例如γ,因此有人提出,受损的皮层频率振荡可能代表了自闭症中信息处理障碍的一种内表型表现。[③]

(三)自闭症感觉统合障碍的神经电生理研究

自闭症是一种神经系统失调导致的发育障碍,表现为社会交往障碍、言语和非言语交流能力缺陷、兴趣狭窄、行为刻板等。自闭症患者不能将言语和其特定的表情或身体姿势信息整合起来,从而影响了交往和沟通能力。有研究表明,自闭症患者在多感觉整合效应方面存在显著的缺陷。研究显示,自闭症儿童的感觉障碍呈现如下特点,不同的感觉障碍在自闭症儿童中发生异常的比例不同。包括单通道的视觉处理障碍、听觉处理障碍、触觉处理障碍及多通道的视-听觉整合、视-体感觉整合等。我们知道,感觉既可以单独发生也可以联合起作用。在本节内容中,根据参与处理信息的感觉多少我们将其分为单通道感觉处理(视觉、听觉、触觉)和多通道感觉处理(视-听觉、听-触觉、视-体觉)。

---

① Gonzalez-Burgos G, Lewis D A. GABA neurons and the mechanisms of network oscillations: Implications for understanding cortical dysfunction in schizophrenia [J]. Schizophrenia Bulletin, 2008, 34(5): 944-961.

② Rubenstein J L R, Merzenich M M. Model of autism: Increased ratio of excitation/inhibition in key neural systems [J]. Genes, Brain and Behavior, 2003, 2(5): 255-267.

③ Gandal M J, Edgar J C, Ehrlichman R S, et al. Validating gamma oscillations and delayed auditory responses as translational biomarkers of autism [J]. Biological Psychiatry, 2010, 68(12): 1100-1106; Rojas D C, Maharajh K, Teale P, et al. Reduced neural synchronization of gamma-band MEG oscillations in first-degree relatives of children with autism [J]. BMC Psychiatry, 2008(8):1-9.

1. 自闭症的单通道神经电生理研究

（1）视觉处理。自闭症患者在视觉处理上表现出非典型行为，他们试图避免视觉输入，或者寻求额外的视觉刺激。[1] 在增强细节感知的视觉研究中发现自闭症人群与非自闭症人群之间存在很大的差异性，特别是在更复杂的任务中对受损的简单刺激信息的处理。[2] 虽然一些阈值研究表明，自闭症个体和对照组在低空间频率和高空间频率的对比敏感度方面没有差异[3]，但视觉诱发电位研究表明，患有自闭症的个体具有非典型的早期峰值表现，在对象边界检测方面存在障碍[4]，在一定范围的信噪比下对静止和移动刺激的对比度检测能力下降。关于面部处理的研究表明，视觉感知依赖于定向注意力的群体间差异，例如自闭症个体并没有表现出预期的 N170（面部处理）波的增加。[5] 同时视觉信息结合的 γ 波段评估活动的脑电图研究证明了在面部处理过程中自闭症患者与非自闭症患者之间的神经差异。[6] 此外，研究发现，在视觉处理过程中，视觉信息的类型也很重要。自闭症儿童对中性的、详

---

[1] Leekam S R, Nieto C, Libby S J, et al. Describing the sensory abnormalities of children and adults with autism [J]. Journal of Autism and Developmental Disorders, 2007, 37(5): 894-910.

[2] Bertone A, Mottron L, Jelenic P, et al. Enhanced and diminished visuo-spatial information processing in autism depends on stimulus complexity [J]. Brain, 2005, 128(10): 2430-2441.

[3] Koh H C, Milne E, Dobkins K. Spatial contrast sensitivity in adolescents with autism spectrum disorders [J]. Journal of Autism and Developmental Disorders, 2010, 40(8): 978-987.

[4] Vandenbroucke M W G, Scholte H S, Van Engeland H, et al. Coherent versus component motion perception in autism spectrum disorder [J]. Journal of Autism and Developmental Disorders, 2008, 38(5): 941-949.

[5] Churches O, Wheelwright S, Baron-Cohen S, et al. The N170 is not modulated by attention in autism spectrum conditions [J]. Neuroreport, 2010, 21(6): 399-403.

[6] Grice S J, Spratling M W, Karmiloff-Smith A, et al. Disordered visual processing and oscillatory brain activity in autism and Williams syndrome [J]. Neuroreport, 2001, 12(12): 2697-2700.

细的、高空间频率的信息的反应可能比对照组更强烈。① 这些研究表明刺激的空间频率和诱发神经对刺激反应的专注度都可能导致感觉障碍的出现。

　　除了传统的事件相关电位分析外,时频域分析也揭示了组间神经处理的差异。一般来说,在脑电图中观察到的不同频段振荡的结果反映了大脑协调不同神经元集群之间信息交流的能力,这种振荡活动被认为是可以促进信息在许多感知和认知过程中的结合。② 因此,除了视觉诱发电位的变化外,早期视觉区域之间神经活动的整体连贯性在自闭症和异常 γ 振荡中也出现降低③,这是非典型的自闭症患者对面部和非面部刺激的反应。除了非典型的γ 波段功率外,还观察到 α 波段的差异,包括在视觉空间辨别任务期间 α 波段相位相干性的降低④,以及 α 波段在提示的感官间注意任务中的力量的减少⑤。总体而言,这些发现支持这样一种观点,即自闭症患者在视觉处理过程中整合复杂多样信息的能力较弱。

　　(2)听觉。由于语言缺陷是自闭症的核心特征,而听觉在儿童语言发展阶段上必不可少,所以听觉处理的神经研究在自闭症研究中占据重要地位。

① Vlamings P, Jonkman L M, Van Daalen E, et al. Basic abnormalities in visual processing affect face processing at an early age in autism spectrum disorder [J]. Biological Psychiatry, 2010, 68(12): 1107-1113.

② Molholm S, Murphy J W, Bates J, et al. Multisensory audiovisual processing in children with a sensory processing disorder (I): Behavioral and electrophysiological indices under speeded response conditions [J]. Frontiers in Integrative Neuroscience, 2020(14): 15.

③ Isler J R, Martien K M, Grieve P G, et al. Reduced functional connectivity in visual evoked potentials in children with autism spectrum disorder [J]. Clinical Neurophysiology, 2010, 121(12): 2035-2043.

④ Koh H C, Milne E, Dobkins K. Spatial contrast sensitivity in adolescents with autism spectrum disorders [J]. Journal of Autism and Developmental Disorders, 2010, 40(8): 978-987.

⑤ Murphy C, Rueschemeyer S-A, Smallwood J, et al. Imagining sounds and images: Decoding the contribution of unimodal and transmodal brain regions to semantic retrieval in the absence of meaningful input [J]. Journal of Cognitive Neuroscience, 2019, 31(11): 1599-1616.

听觉脑干反应是测量听觉信息处理过程的一种传统方法,具体操作是在反应过程中使用表面电极以毫秒为单位记录由一系列点击或音调引起的电活动。这个传导过程为由前庭耳蜗神经(颅神经Ⅷ)传入的听觉刺激传播到脑干(耳蜗核和上橄榄复合体)和中脑(下丘)中的处理结构。罗素(Nicole Russo)等人发现自闭症儿童表现出典型的脑干反应,但他们还发现这些儿童对不同音调和语音的响应存在差异。[①] 脑干反应的异常似乎不足以解释自闭症谱系中所有个体的缺陷,同时有文献表明早期听觉通路存在对这一差异进行可测量的指标,特别是在越来越复杂的刺激条件下。

除脑干反应外,研究者使用其他测量技术,如事件相关电位、脑电图和脑磁图来检查皮质对听觉感觉信息的处理。使用脑电图的研究在听觉领域得到了最广泛的应用,其做法是呈现简单的听觉刺激,并在多次试验中收集大脑反应并平均,以生成有关反应的时间和空间分辨率的信息。许多研究发现,正常儿童和自闭症儿童之间的听觉脑干反应(auditory brainstem response,ABR,一种专注于上行听觉通路的脑电图衍生方法)水平存在差异。这些研究发现自闭症患者的Ⅲ-Ⅴ峰间潜伏期延长和Ⅲ波振幅降低[②],这表明听觉脑干和中脑发生了变化。即使在脑干水平,与简单刺激相比,患有自闭症的个体对复杂刺激的反应也表现出非典型的活动模式。

听觉诱发电位(auditory evoked potentials,AEP)的研究反映了听觉皮层区域对声音的处理,产生了不同的结果。其中几项研究显示自闭症患者的

---

① Russo N, Foxe J J, Brandwein A B, et al. Multisensory processing in children with autism: High-density electrical mapping of auditory-somatosensory integration[J]. Autism Research, 2010, 3(5): 253-267.

② Kallstrand J, Olsson O, Nehlstedt S F, et al. Abnormal auditory forward masking pattern in the brainstem response of individuals with Asperger syndrome [J]. Neuropsychiatric Disease and Treatment, 2010(6): 289-296.

听觉诱发电位延迟更快,但其他研究显示出相反的模式。① 但初步证据表明,听觉诱发电位差异可能是语言功能的预测因素。源自右侧颞叶皮层(N1c)的更大听觉诱发电位幅度与语言和非语言交流技能的提高相关,而右半球听觉诱发电位(尤其是 M50 成分)的潜伏期是语言障碍的准确预测指标。以上研究中自闭症儿童与正常儿童实验结果表明二者在听觉处理过程中存在差异,听觉处理障碍是自闭症儿童语言缺陷的重要原因之一。

大量研究表明,听觉 N1a 和听觉 N1b 是自闭症症状严重程度的预测因子。N1 反映了早期的感觉加工,并与主要集中在颞叶的听觉皮层的神经活动有关。关于自闭症人群 N1 的研究结果是变化的,如研究者发现,4—8 岁自闭症患者的 N1b 振幅较小。② 也有研究表明在自闭症儿童中没有显著的N1b 振幅差异。然而,目前的研究结果表明,解释自闭症症状严重程度的一个关键因素是基本听觉处理差异,这可以反映听觉皮质的神经病理与自闭症症状严重程度的关系。所以,研究听觉功能障碍对自闭症多感觉整合的影响是非常重要的。③

(3)触觉。虽然触觉敏感性在自闭症中经常被报道,但它在神经科学文献中受到的关注远远少于听觉敏感性。心理物理触觉研究一般使用振动触觉刺激来观察被试对这一刺激的阈值和灵敏度。患有自闭症的成年人在 200赫兹而不是 30 赫兹的振动触觉刺激下表现出较低的触觉知觉阈值,这一结

① Ferri R, Elia M, Agarwal N, et al. The mismatch negativity and the P3a components of the auditory event-related potentials in autistic low-functioning subjects [J]. Clinical Neurophysiology: Official Journal of the International Federation of Clinical Neurophysiology, 2003, 114(9): 1671-1680.

② Bruneau N, Roux S, Adrien J L, et al. Auditory associative cortex dysfunction in children with autism: Evidence from late auditory evoked potentials (N1 wave-T complex) [J]. Clinical Neurophysiology, 1999, 110(11): 1927-1934.

③ Brandwein A B, Foxe J J, Butler J S, et al. Neurophysiological indices of atypical auditory processing and multisensory integration are associated with symptom severity in autism [J]. Journal of Autism and Development Disorders, 2015, 45(1): 230-244.

果表明该人群在帕西尼安小体受体通路中存在特定的超敏反应。① 触觉超敏反应的表现在对振动的触觉刺激和热刺激上。相反,在一小部分自闭症儿童中,振动触觉(40 赫兹和 250 赫兹)检测没有体现出触觉感知阈值差异。② 然而,这项研究表明了行为触觉敏感性的测量与情绪、社会反应之间存在相关性。科斯昆(Mehmet A. Coskun)等人最近使用脑磁图技术研究了高功能自闭症成人的体感映射,发现患有自闭症的高功能成年人的面部和手部皮层触觉表现似乎受到了破坏。③ 有研究者发现一些自闭症儿童表现出异常的体感诱发电位。此外,他们观察到在刺激左侧与右侧正中神经时反应的干扰更大,这表明右侧与左半球的多动症增加。与具有典型发育、阅读障碍的儿童相比,自闭症儿童对新的体感刺激有更大的 P3 反应。

2. 自闭症的多通道神经电生理研究

感觉、认知和运动活动与脑电图活动的同步和增强有关,其中随机静息脑电图振荡变得有组织、放大和耦合,从而产生"诱发"(锁相)或"诱导"(非锁相)节奏。脑电相干性是相位相关性的量度,反映功能性皮质连接性,可能来自皮质或皮质丘脑纤维网络。脑电技术除了用于研究特定感官内信息处理之外,还专注于跨不同感官的信息整合。脑电研究中提出的最相关问题之一是感觉整合缺陷出现在哪个阶段。早在刺激后 100 毫秒,患有自闭症的儿童就表现出多感觉整合的下降。④ 后又有研究通过对比语义一致和不一致的视听演示,确定自闭症中的整合差异是早期感知处理与后期语义操作不同的

---

① Blakemore S-J, Tavassoli T, Calo S, et al. Tactile sensitivity in Asperger syndrome [J]. Brain and Cognition, 2006, 61(1): 5-13.

② Guclu B, Tanidir C, Mukaddes N M, et al. Tactile sensitivity of normal and autistic children [J]. Somatosensory & Motor Research, 2007, 24(1-2): 21-33.

③ Coskun M A, Varghese L, Reddoch S, et al. Increased response variability in autistic brains? [J]. Neuroreport, 2009, 20(17): 1543-1548.

④ Brandwein A B, Foxe J J, Butler J S, et al. The development of multisensory integration in high-functioning autism: High-density electrical mapping and psychophysical measures reveal impairments in the processing of audiovisual inputs [J]. Cerebral Cortex, 2013, 23(6): 1329-1341.

结果。[①] 这些感知差异与延迟的变化被认为与支持感知处理而参与的大脑网络有关。自闭症患者使用与同龄人不同的大脑区域网络来执行听觉和视觉任务一直很常见。此外,通过脑电(刺激后 100～130 毫秒)测量的早期多感觉整合的变化与自闭症的临床症状严重程度显著相关,这表明感觉统合能力可能与核心症状有内在联系。[②] 虽然用脑电测量的整合差异主要集中在视听整合上,但在听觉-体感反应中也发现了类似的结果,患有自闭症的个体在刺激后 175 毫秒左右表现出较弱和延迟的整合神经特征。在以往对自闭症患者感觉统合障碍的研究中,根据感觉统合任务的难易程度,研究者将其分为简单水平上的感觉统合障碍(如过滤处理单通道、跨通道信息)和复杂水平上的感觉统合障碍(如言语的理解和产生过程)。

　　(1)自闭症患者在简单水平上的感觉统合障碍。电生理学研究探讨了自闭症多感觉处理缺陷的神经机制。多感觉处理的脑电图研究报告了在电生理特征中大脑活动异常的时间和水平,自闭症患者对简单的感觉统合任务中行为和神经生理处理存在障碍。根据自闭症患者的自我报告,许多非典型知觉体验是由于无法正确过滤或处理视觉、听觉和触觉输入的同步通道,也就是多感觉信息整合的时间同步性受到损害。当刺激之间的呈现时间受到干扰时,自闭症患者会出现处理缺陷。通常,听觉和视觉刺激开始时间之间的差异会影响错觉的效果,直到它们在某个阈值处出现分离。当自闭症患者中产生"闪光"错觉并且持续更广泛的时间间隔时,表明该人群的感觉统合效率下降。法伊格(Foss-Feig)等人证明,在自闭症患者中,持续产生错觉的刺激

①　Russo N, Foxe J J, Brandwein A B, et al. Multisensory processing in children with autism: High-density electrical mapping of auditory somatosensory integration [J]. Autism Research, 2010, 3(5): 253-267.

②　Brandwein A B, Foxe J J, Butler J S, et al. Neurophysiological indices of atypical auditory processing and multisensory integration are associated with symptom severity in autism [J]. Journal Autism and Developmental Disorders, 2015, 45(1): 230-244.

之间的持续时间比正常发育的个体要长。① 一些研究者的研究表明,与正常发育的儿童相比,当同时出现听觉和视觉刺激时,自闭症患者的反应幅度会出现明显降低。在自闭症儿童对多种感觉的整合过程中,大脑中的活动顺序似乎也有所偏差。当听觉和体感刺激同时呈现时,自闭症患者初级感觉皮层的早期(100 毫秒)电位相对较少;但是,在皮层活动大约 175 毫秒之后的反应则是延迟的。② 这些研究表明,大脑活动的幅度和潜伏期都可能导致自闭症的多感觉处理障碍。

(2)自闭症患者在复杂水平上的感觉统合障碍。自闭症患者除了对简单的感觉统合任务行为和神经生理处理存在障碍,在复杂水平上的整合任务中也存在着显著差异,尤其体现在言语的理解和产生过程中。当给自闭症患者交错呈现音频和视觉语言刺激时,他们表现出明显的语言理解能力不足,并且他们的行为表现会降低到机会水平。自闭症中语言处理的多模态效应,如麦格克效应(视觉处理与听觉处理相结合以产生对口语的理解),表明感觉统合的时间不当会导致交流障碍。虽然在这项任务中正常发育个体和自闭症个体都表现良好,但是正常发育个体对视觉反馈(唇读)的依赖更大。即使两组都接受了麦格克效应的视觉反馈部分的训练,自闭症个体也没能得到进一步的改善。此外还发现,自闭症个体无法在嘈杂的听觉环境中依赖视觉反馈。③

大量文献表明,事件相关电位成分中有两个对感觉统合障碍较为敏感的指标,即听觉 P2 和视觉 N170。额中央 P2 峰,反映听觉皮层区域的活动,对面部表情和声音所传达的情绪与声音之间的一致性较为敏感。N170 则是在

① Foss-Feig J H, Kwakye L D, Cascio C J, et al. An extended multisensory temporal binding window in autism spectrum disorders [J]. Experimental Brain Research, 2010, 203(2): 381-389.

② Russo N, Foxe J J, Brandwein A B, et al. Multisensory processing in children with autism: High-density electrical mapping of auditory somatosensory integration [J]. Autism Research, 2010, 3(5): 253-267.

③ Iarocci G, Romnough A, Yaher J, et al. Visual influences on speech perception in children with autism [J]. Autism, 2010, 14(4): 305-320.

170 毫秒左右出现在双侧枕颞叶部位的一个负偏转波峰,并与面部的结构编码有关。先前的研究表明,这个视觉处理区域对跨模态情绪的一致性也很敏感。早期听觉和视觉加工的电生理指标是基于听觉 P1、N1a、N1b 和 N1c 及视觉 P1 和 N1 的峰值振幅。一般认为在低阶感觉统合条件下,多感觉条件下的听觉 P2 和视觉 N170 振幅比单通道感觉刺激的事件相关电位反应更小。自闭症人群的脑电图反映这种低阶感觉统合过程是完整呈现的,尤其是当注意力需要在视觉和听觉成分之间进行再分配时,低阶感觉统合过程表现最为明显。而在高阶感觉统合研究中,通过对比与情绪一致和不一致的面部语音,当注意力在刺激的视觉和听觉成分之间分配时,在对照组中可以清楚地观察到一致性效应,但在自闭症组中则没有出现。在简单条件下,这两种视听选择性注意条件在两组中都引发了相似的多感觉整合一致性效应,但在困难条件下没有显著差异。①

根据以往研究可以得出结论,即感觉统合可以通过注意力来调节。感觉统合障碍可能发生在感觉处理的多个阶段,并且被认为与注意力之间存在交互作用。在较低的注意力水平上,感觉统合可以自动捕获注意力,例如通过更快的方式显示通过听觉信号检测视觉对象。在更高的层次上,自上而下的注意力可以促进感觉统合,从而导致注意力进一步分散到各种模式中。考虑到自闭症患者表现出注意力障碍,尤其是当他们需要在听觉和视觉方式之间转移注意力时,感觉统合和注意力之间的这种相互作用尤为重要。因此,在执行旨在研究感觉统合的任务期间,在自闭症个体中看到的非典型行为和大脑激活实际上可能反映了注意力集中的问题。

(四)自闭症感觉统合障碍的 γ 神经振荡假说

局部场电位的 γ 振荡是大量脑内网络神经元的集体同步化运动,在认知和注意力方面起着重要作用。它通常出现在动物快速眼动睡眠(rapid-eye-

---

① Magnee M, De Gelder B, Van Engeland H, et al. Multisensory integration and attention in autism spectrum disorder:Evidence from event-related potentials [J]. PLoS One, 2011, 6(8):e24196.

movement sleep)或者清醒探索(active exploration)状态。目前研究表明,知觉、注意、学习和记忆的产生及运动程序的整合等这些高级神经网络活动都有 γ 振荡的参与。有研究者认为 γ 振荡与神经活动有同步关系,并研究了感觉信号的处理在大脑皮层中的定位和区域。

然而,相较于正常个体,自闭症患者的 GABA 中间神经元存在结构和功能上的受损,因此,常常表现出了异常的 γ 活动。这种异常的 γ 活动可能破坏了其正常的认知功能,如时间同步和预测编码,导致自闭症患者出现了感觉统合失调。因此,一些研究者提出了自闭症感觉统合障碍的 γ 振荡假说,认为 γ 节律活动的受损是自闭症的感统障碍的神经基础。

1. γ 振荡与感觉统合

(1)单通道感觉整合与 γ 振荡。日常生活中,人们常基于个体的经验和知识整合纷繁的视觉信息或听觉信息,形成对一个有意义对象的完整认识。

视觉:在辨识日常熟悉物品的脑电探究中,研究者发现了 γ 振荡与视觉信息整合加工有关的证据。比如,在早期的事件相关电位(ERP)成分上,加工真实存在的熟悉对象与无意义的不熟悉对象并无差异(两者物理属性相同)。但加工熟悉对象引发了更强烈的 γ 振荡。后续,研究者通过格兰杰因果模型发现人们在加工熟悉物品时引发的 γ 振荡活动是双向的,而加工非熟悉物品时只能激发单向的 γ 振荡活动。该研究表明,在对真实世界的熟悉物品进行加工时,人们会依赖经验自上而下地对碎片化信息进行整合,而 γ 振荡与这种整合相伴而生。

一般认为 γ 振荡在局部神经网络的感觉编码中发挥了关键作用,在对感官刺激的处理中,它也可以被相应地调节。通过布希(Niko A. Busch)等人的研究,可以知道感官刺激的输入会影响 γ 振荡的方式。[1] 在简单的视觉任务中,γ 振荡频率会根据空间频率等视觉信息进行调整。与正常发育个体的

---

[1] Busch N A, Debener S, Kranczioch C, et al. Size matters: Effects of stimulus size, duration and eccentricity on the visual gamma-band response [J]. Clinical Neurophysiology, 2004, 115(8): 1810-1820.

行为模式相比,在自闭症人群中,这种刺激依赖型的 γ 振荡要么减少[①],要么消失[②],从而可以得出结论,在早期视觉处理过程中,皮层网络的同步性相对减小。然而,自闭症人群中的 γ 振荡干扰并不局限于简单刺激,对复杂[③]和错觉的反应视觉刺激也会相应地衰减。而且感知复杂刺激的异常反应时间也比简单刺激更持久,这表明高阶反馈处理也可能受到影响。比如,在要求自闭症儿童对由黑白元素组成的、信息内容较少的简单面部图像做感知判断时,自闭症儿童在反应准确性和反应时间方面表现出行为障碍。此外,这些儿童在早期活动中表现出 γ 振荡频率和相位相干性的显著降低现象。这与斯特罗加诺夫(Tatiana A. Stroganova)等人的发现——自闭症人群在早期刺激加工时的同步性和随后的知觉加工和反馈都普遍在较低相上——一致。[④] 同时,有研究表明,半球间 γ 振荡的相干性受损也与自闭症患者视野知觉整合受损直接相关。[⑤] 根据这些研究,发现在自闭症人群中 γ 振荡网络输入和视觉输入的同步性发生了改变。此外,当需要感知整合的视觉刺激变得更加复杂时,与这些 γ 差异相对应的行为损伤就会出现。因此,γ 波段同步化的功能障碍似乎与视觉感知任务的缺陷直接对应。

听觉:在碎片听觉信息的整合加工中,γ 振荡也扮演着重要的角色。比如,研究者发现,相较于被试预期读到一组不符合音律规则的单词,当被试预期读到一组符合音律规则的单词时,会激发更强的 γ 振荡。也就是说,音律

① Cant J S, Sun S Z, Xu Y. Distinct cognitive mechanisms involved in the processing of single objects and object ensembles [J]. Journal of Vision, 2015, 15(4): 1-21.

② Snijders T M, Milivojevic B, Kemner C. Atypical excitation-inhibition balance in autism captured by the gamma response to contextual modulation [J]. Neuroimage: Clinical, 2013(3): 65-72.

③ Matthews L H, Puente A E. Janet Rogers Matthews (1944—2019)[J]. American Psychologist, 2020, 75(3): 414-414.

④ Stroganova T A, Orekhova E V, Prokofyev A O, et al. High-frequency oscillatory response to illusory contour in typically developing boys and boys with autism spectrum disorders [J]. Cerebral Cortex, 2012, 48(6): 701-717.

⑤ Peiker I, Schneider T R, Milne E, et al. Stronger neural modulation by visual motion intensity in autism spectrum disorders [J]. PLoS One, 2015, 10(7): e0132531.

的知识会对语音、语调信息的整合产生影响,并且 γ 振荡可能在其中发挥着作用。除了知识,研究人员还发现,γ 振荡与期望造成语音特征信息整合加工也有关。在一项研究中,主试记录了被试在听一系列由 6 个正弦声调组成的声调序列时的脑电活动。这些声调序列中有一些具有连续的特点,比如连续上升或连续下降;另一些在第 4 或 5 个声调的地方打破了声调的连续性。具有连续性特点的声调序列能给被试带来很强的预期感受。结果显示,具有连续特征的声调序列伴随着明显的 γ 振荡增加。这预示着 γ 振荡在预期造成的听觉信息特征整合加工中发挥着作用。

　　同步化减少的模式并不限于视觉处理,针对听觉系统的实验也证明了类似的功能障碍模式。在使用纯音的辨别任务中,与正常发育的儿童相比,自闭症儿童的 γ 振荡诱发水平较低。[①] 这一现象也可以通过听觉夹带范式证明,在使用可以调整幅度的听觉刺激时,γ 活动可以在听觉皮层中强烈地伴随产生,并且越接近 40 赫兹的频率,这种效果越强烈。患有自闭症的儿童和青少年可能表现出对这些调幅声音的神经反应的锁相量减少。最近的证据表明,当知觉需求增加时,非典型的听觉 γ 振荡的功能可能会导致行为缺陷。此外许多研究已经发现,慢性 γ 能量提升水平与语言功能的测量和听觉诱发反应的延迟相对应。[②]

　　(2)跨感觉通道信息整合与 γ 振荡。在生活中,我们常常会同时面临着来自不同感觉通道的信息。我们需要把这些信息进行跨通道整合,以形成完整的认知对象。已有大量的研究涉及 γ 振荡与跨通道信息整合的关系探索。

　　时间同步性:高频 γ 振荡的一个高精度的认知功能。时间捆绑理论(temporal binding theory)表示时间同步机制可以将一类对同一刺激或信息

① Edgar J C, Khan S Y, Blaskey L, et al. Neuromagnetic oscillations predict evoked response latency delays core language deficits autism spectrum disorders [J]. Journal of Autism and Developmental Disorders, 2015, 45(2): 395-405.

② Edgar J C, Khan S Y, Blaskey L, et al. Neuromagnetic oscillations predict evoked response latency delays core language deficits autism spectrum disorders [J]. Journal of Autism and Developmental Disorders, 2015, 45(2): 395-405.

进行加工处理的神经元集群进行选择、标记及从其他群组中进行区分,从而使隶属于一个神经元集群的个体可以在相同的神经网络中相互联系。这些神经元分布在不同的大脑区域,但是对同一刺激信息进行表征的神经元一般通过 γ 振荡来同步动作电位。基于此,可以将 γ 振荡的时间同步性作为多感觉整合的生理基础。

多感觉冗余目标效应:这是感觉统合的一个重要特点,是一种多感觉任务促进现象,它不仅可以有效整合不同感官通道的刺激信息,从而降低个体对其他知觉噪声的加工处理;还可以加强个体对加工刺激的感知辨别能力。这种效应反映在正常个体评估同时或顺序呈现的多感官刺激(冗余目标)任务中,与单个感觉器官的刺激相比,多感官刺激任务中的反应更快,评估更准确。2007 年森科夫斯基(Daniel Senkowski)等人的一项研究就证实了冗余目标效应,他们比较了双通道的视听同步刺激与单通道的视觉或听觉刺激的加工过程,发现参与者相较于单通道刺激,对双通道同步刺激的判断准确度更高。通过脑电图的反映,发现双通道视听同步刺激分别在额叶和枕叶都产生了显著的 γ 振荡频率,这表明视听冗余目标效应与 γ 振荡的时间同步特性存在相关性。森科夫斯基等人在 2009 年的另一项研究中对双通道视听知觉和 γ 振荡之间的关系进行了探讨,并将视听刺激及时呈现,且分为视听刺激一致和不一致条件;发现在视听刺激一致的情况下,在对听觉刺激进行认知加工时,会诱发 γ 振荡活动。

跨通道错觉效应:在对多感觉信息进行整合时,不同通道的信息彼此之间也会相互影响,这种现象就是跨通道错觉效应,典型代表有麦格克效应、声音诱发的闪光错觉,以及视触橡胶手错觉等。麦格克效应是指在视觉刺激信息内容与同时呈现的听觉刺激信息内容不一致时,两者之间会相互干扰,视觉信息会影响听觉信息的整合加工。声音诱发的闪光错觉是指因为对听觉刺激信息的加工而干扰了视觉通道,从而产生的一种错觉。视触橡胶手错觉,则体现了视触通道无意识的相互影响。有研究发现,上述跨感觉通道的错觉效应的产生过程都与 γ 振荡有着紧密关联。[1] 鲍尔茨等人发现集中在人类听觉中枢的颞上回 GABA 可以有效地预测实验过程中 γ 振荡的能量变化和错觉的产生。这一发现说明皮质中的中间神经元最有可能通过 GABA 递质的浓度来影响和调节 γ 振荡的时间同步特性。这一发现与时间捆绑理论相互印证,说明 γ 振荡确实与感觉统合有因果关系。

2. γ 振荡理论研究

(1)微功能柱理论。γ 振荡来源于大脑灰质皮层释放的 GABA 递质调节和平衡神经元的兴奋和抑制的过程,直接受到 GABA 递质的影响。因此 γ 振荡被认为是反映 GABA 能效中神经元兴奋/抑制平衡的重要指标。同样地,研究发现中间神经元 GABA 浓度可以有效预测 γ 振荡活动的能量大小及其知觉表现。[2] 由此有学者提出微功能柱理论。该理论认为神经皮质兴奋或抑制机制失衡和感知异常是由自闭症神经皮质微功能柱的结构和功能发育异常引起的。[3]

微柱(minicolumn)是大脑神经皮层六层结构中,由垂直跨越其中第二至第六层的椎体神经元细胞,与其周围氨基丁酸神经元和中间抑制细胞(包括双刷细胞、篮状细胞和枝形细胞)所构成的特殊神经元单元。单个微柱结构中,由椎体神经元完成神经信息的加工和在不同皮层间的上下垂直传递,而中间抑制细胞则承担水平方向的传递或抑制。基于上述特性,微柱被认为是大脑神经皮层实现正常心理功能的基础微观单元。相较正常个体的发育过程,自闭症儿童的神经微柱结构已被证实为发育异常。此种异常首先表现为

---

[1] Haans A, Kaiser F G, Bouwhuis D G, et al. Individual differences in the rubber-hand illusion: Predicting self-reports of people's personal experiences [J]. Acta Psychologica, 2012, 141(2): 169-177.

[2] Baiz J, Keil J, Romero Y R, et al. GABA concentration in superior temporal sulcus predicts gamma power and perception in the sound-induced flash illusion [J]. Neuroimage, 2016(125): 724-730.

[3] Casanova M F, Buxhoeveden D P, Brown C. Clinical and macroscopic correlates of minicolumnar pathology in autism [J]. Journal of Child Neurology, 2002, 17(9): 692-695.

单个微柱的体积缩小、长度变短,以及微柱间联系的空间变小,而且表现为神经元微柱数量的显著增多。这种异常结构反映在心理活动中则表现为微柱间抑制功能的显著降低及神经活动间相互干扰的增加。研究发现,自闭症个体的微柱结构异常以额叶皮层较为典型。而额叶皮层既是有意注意的关键脑区,又承担着工作记忆、控制执行的功能,是大脑对不同感觉通道信息进行有意深度整合的中枢。因此,额叶皮层微柱的结构和功能异常是自闭症感觉统合异常产生和出现的重要微观基础。

实验研究结果表明,特殊视觉刺激下,自闭症患者脑电信号中 γ 振荡同步的确存在异常;同时在怪球范式下的视觉实验也表明,自闭症患者的事件相关电位主要成分与正常对照组相比也存在差异。这些发现,进一步肯定了"神经细胞基本功能柱"这一模型的理论价值,同时也初步论证了多重经颅磁刺激治疗的可行性。

(2)信噪比减少假说。在微功能柱理论基础上,布朗(Caroline Brown)等人根据自闭症神经皮层的兴奋或抑制失衡问题提出了解释自闭症异常感知的信噪比减少假说(decreased signal-to-noise hypothesis)。该假说认为,是因为中间神经元 GABA 机能失调所造成的 γ 振荡异常,导致了大脑皮层普遍性的抑制功能失常。这种抑制性功能障碍会导致知觉处理的神经编码中出现过多的噪声,降低神经信号在处理过程中的信噪比,从而导致包括感觉在内的一系列异常知觉现象。

(3)时间绑定缺陷假说。时间窗主要反映了大脑对刺激整合时间间隔的知觉敏感性,是指个体将不同步的多个感官刺激整合为某个意义事件时,刺激间所真实存在的时间间隔。时间窗越宽,说明个体对刺激时间差的知觉敏感性下降,其时序知觉就越差,整合多感官刺激的能力也就越弱。时间再校准能力则是大脑对刺激的时序关系进行主动再适应的体现。个体可以通过主动调节刺激时间关系向延迟方向偏移,将不同步的刺激信息整合为一个整体事件。许多研究者指出,患有自闭症的个体出现感觉统合障碍等一系列并发症是因为其在刺激感知觉加工时出现了时间同步异常的现象。因此,在自闭症患者对多感觉信息进行整合的过程中,因为 γ 振荡的时间同步特性损坏,所以他们在不同感觉通道的刺激信息联结中存在困难,且他们进行跨通道的信息交流也比正常人困难。这些进而导致了感觉统合发生的时间窗口与正常时间在校准能力上的改变,影响了刺激感知的时间和顺序。有研究发现自闭症患者的时间窗相较正常个体显著更宽,但主观同时点偏移却显著较小。依照时间绑定缺陷假说,此发现与自闭症异常化的 γ 振荡相互印证,证明了自闭症患者在多感觉整合的时间同步性辨别能力上存在明显缺陷。①

(4)预测编码缺陷假说。在预测编码中,传入的自下而上的感官信息与高皮层脑区自上而下的预测信息进行比较,以解释感觉输入,产生感知。范德克鲁斯(Van de Cruys)等人试图通过这样一种观点来解释自闭症中认知神经机制的改变,认为即使在刺激发生之前,感觉加工也会受到大脑高级认知活动的影响。他们认为自闭症个体对错误预测的加工和反应可能不同,当传入的感官信息与自上而下的预测不一致时,就会出现预测错误,这表明已有的预测模型需要进行修正。

这一假说从自下而上的角度来说明自闭症的时间或时序知觉缺陷,并通过预测编码理论来补充自上而下的加工角度。同时,这一假说说明了自闭症的感知加工倾向忽略先前经验、依赖当前感觉输入的原因,以及不同感觉线索难以在加工过程中相互支撑改善感知加工效率的原因。

二、自闭症感觉统合障碍的典型效应及相关脑成像研究

科学发展往往与技术手段的更新紧密相关,近些年对于自闭症的研究进展广泛受益于脑成像技术的发展。为什么心理学、生物学和神经科学等学科如此依赖脑成像技术呢? 自古以来,人类大脑就意味着一个全新的世界,它决定了人类的行为和行为倾向等,而我们想知道生物与心理是如何受到个体

---

① Noel J P, De Niear M A, Stevenson R, et al. Atypical rapid audio-visual temporal recalibration in autism spectrum disorders [J]. Autism Research, 2017, 10(1): 121-129; Foss-Feig J H, Kwakye L D, Cascio C J, et al. An extended multisensory temporal binding window in autism spectrum disorders [J]. Experimental Brain Research, 2010, 203(2): 381-389.

内在脑结构的影响的。早在 17 世纪,科学家们就开始将大脑的特定部位或大脑面积、质量等与特定的心理功能联系起来,还提出了早期的"颅相说"观点,这在动物的脑研究中得到了部分验证。紧接着,医生们又开始关注大脑损伤与特定功能之间的关系,这也为科学家理解心理功能提供了神经基础。然而,对于研究一些复杂的大脑功能和现象,动物研究和自然产生的损伤是远远不够的,且由于研究伦理的限制,直接操纵或侵入性地测量人类大脑是被明令禁止的,这导致了大脑对科学家来说一直是未开发的大陆。

近年来,随着新兴技术的发展,研究者们可以采用一些非侵入性的技术手段直接测量人类大脑的活动。例如,科学家可以使用功能性核磁共振成像技术在临床中和实验室环境中测量活跃的大脑,探索性地和验证性地探讨人类大脑中不同区域所发挥的功能,甚至可以以动态脑网络的方式还原大脑各区域协作过程。其中最简单的例子是,确定每种感觉功能所对应的大脑区域,如人类视觉加工发生在枕叶皮层,听觉加工发生在颞叶及其颞上回等区域,而触觉加工则发生在顶叶后方等区域。

(一)脑成像技术简介

作为目前最广为接受的脑成像技术,核磁共振主要采用强烈的磁场以还原出生物组织的图像。在研究过程中,被试躺在扫描仪上的桌子上,会有额外的设备围绕着要扫描的身体部位,工作台移动回扫描仪的孔,直至身体都处于扫描仪的中心。为了达到良好的成像效果,核磁共振扫描仪将采用一系列变化的磁场梯度和振荡的电磁场,称为脉冲序列。由于原子核能够吸收外界磁场特定频率的能量,在核磁共振成像过程中,扫描仪能够调整原子核的频率。由于氢原子核广泛存在于水分子中,所以这在人体中是普遍存在的。当电磁能量被吸收后,又会随着原子核释放出来,而释放的能量则取决于原子核的数量和类型。利用以上原理,核磁共振成像可以检测大脑中灰质和白质之间的差异。据此构建的这种大脑结构中灰质与白质之间的差异称为结构像,但是仅有这种个体之间结构性差异是远远不够刻画大脑活动时功能的差异的。为了突破这种限制,功能性核磁共振成像研究应运而生。功能性核磁共振成像能够识别发生特定心理活动时的大脑激活模式,并且通过影像学的方向描述这些特定大脑激活模式。然而,现代研究者们并不像早期颅相学家那样认为复杂行为或个性特征与离散的大脑区域有关,而是认识到许多心理功能依赖于分布式网络,一个大脑区域可能对许多不同的心理功能与行为做出贡献。正电子发射断层成像技术(positron emission tomography,PET)是最早发明出来的功能性神经成像技术,它通过注射放射性示踪剂以测量大脑活动的过程,如血氧活动含量。通过该技术,研究人员可以识别出大脑中特定感知、运动或认知功能在代谢过程中的变化。然而,该方法存在部分缺点,如注射放射性物质的侵入性、高昂的费用和时间分辨率较低等。尽管正电子发射断层成像技术为科学承担了不可或缺的作用,但是以上缺点仍然限制了它的发展。目前,正电子发射断层成像技术常常被用于定位特定活动过程中的代谢物,比如神经递质,并且将代谢过程的差异与个体行为、生物等方面建立联系。

在功能性核磁共振的研究中,一个普遍的共识是,随着身体机能的运作,大脑的血液氧合水平必然会改变,而这种血液氧合水平随着大脑特定区域神经元的活动而迅速变化,这使得研究人员能够在该特定区域的毫秒水平内定位该代谢发生的位置。更重要的是,由于血液氧合的变化是作为正常大脑生理的一部分内源性发生的,功能性磁共振成像是一种非侵入性技术,可以在同一个人身上重复需要的次数。由于这些优势,功能磁共振成像渐渐地成为目前脑成像研究的主流方法。

(二)多通道感觉整合的脑机制及影响因素

在考察多通道感觉整合加工神经机制的研究中,最典型的就是卡尔弗特(Gemma A. Calvert)使用功能性磁共振成像考察听觉言语和无声唇读所激活的脑区。在其结果中发现,尽管只是看他人嘴唇动作而未听到声音也能诱发听觉相关皮层的活动,这可能说明了视听整合发生在早期加工阶段。[1] 而

① Calvert G A,Bullmore E T,Brammer M J,et al. Activation of auditory cortex during silent lipreading [J]. Science,1997,276(5312):593-596.

在随后的研究中,卡尔弗特进一步发现,当同时看到说话者的嘴唇动作和听到声音时,听觉皮层和视觉皮层的神经反应要显著高于任意单个通道下的激活强度。这可能说明了,说话者的嘴唇动作可以导致"听"的感受被放大。①为了进一步验证该可能性,卡尔弗特设置了四个实验条件:同时呈现一致的视觉和听觉言语信号;同时呈现不一致的视觉和听觉言语信号;单独呈现视觉信号;单独呈现听觉信号。结果发现,在左侧颞上沟后部观察到显著的整合效应,这说明在视听言语整合加工中 STS(Superior Temporal Sulcus)起着重要作用。②

　　是不是所有的多通道刺激出现后,人类都能有效地整合这些刺激呢? 答案可能并非如此。在接下来的介绍中,我们将进一步讲述多通道感觉整合的前提条件。

(三)多通道感觉整合的时间和空间因素

　　上述提到的来自人类或非人类的脑研究中为多通道感觉整合的大脑皮层区域提供了最初的证据。然而,在大部分关于人类的神经成像的证据中都只能在同一时间内呈现单个通道的刺激。为了进一步探讨人类大脑是如何整合多个感觉通道信息的,我们需要知道大脑是如何在时间上和空间上进一步整合刺激的。

　　当同时出现多个通道的刺激时,刺激之间的相对位置可能会影响大脑如何整合这两者之间的信息。这一概念最早通过单细胞记录的方法得到验证。有研究采用功能性核磁共振技术探讨了触觉和视觉加工过程中的位置激活。该研究让被试用左手或右手触碰刺激,或是出现在极为靠近的位置但未发生触碰。结果发现,在视觉条件下仅观察到枕叶皮层上对侧激活,而不是同侧

① Calvert G A, Brammer M J, Bullmore E T, et al. Response amplification in sensory-specific cortices during crossmodal binding [J]. Neuroreport, 1999, 10(12): 2619-2623.

② Calvert G A, Campbell R, Brammer M J. Evidence from functional magnetic resonance imaging of crossmodal binding in the human heteromodal cortex [J]. Current Biology, 2000, 10(11): 649-657.

枕叶皮层上,并且触觉上的中央后部区域在触碰条件下会显著激活。更重要的是,IPS(Intraparietal Sulcus)区域皮层上不论是对视觉刺激还是触觉刺激都会表现出显著的同侧激活。此外,研究者还发现,额叶、顶叶和颞叶后部皮层区域也会对多通道感觉刺激表现出显著激活,但与感觉刺激出现的位置无关。这在多通道刺激整合中也发现了位置效应。研究者比较了在呈现单通道刺激或多通道刺激后同一个细胞的反应。其中一个普遍的结论是,多通道刺激加工取决于刺激之间的空间位置和时间邻近性关系。对于空间上或时间上存在明显联系的刺激而言,这些细胞对多通道刺激的反应要显著高于单通道刺激,甚至在某些情景之下这些细胞的反应要高于单通道反应之间的总和。相反的,如果单一感觉通道信息在时间上和空间上差异较大,多感觉整合效应可能会减弱甚至消失,因为在这个条件下,人们不再认为这两个刺激构成同一个事件。

1. 空间因素

在探讨多感觉整合是否会受到不同感觉通道信息的空间一致性的影响研究中,有研究者改变了听觉和视觉刺激(口语单词和发该单词的人脸)之间的空间和时间关系。结果发现,空间不一致条件能诱发后侧枕区的激活,而腹侧枕区和颞上沟并不受相对位置的影响。还有研究者系统地操纵视觉和触觉刺激之间的相对位置。在一些研究中,被试看见左侧或右侧视野上靠近手的位置出现闪光。在一半的试次中,视觉刺激出现时会伴随着一个不可见的触觉刺激。因此,视觉刺激和触觉刺激之间可能会出现空间相容或不相容条件。该研究发现,存在空间相容性的触觉刺激会增加个体对侧枕叶皮层的神经活动。更重要的是,枕叶皮层被普遍认为是与个体加工视觉刺激有关的大脑区域。

2. 时间因素

不同通道的多感觉刺激所出现的情景不仅在空间上重合,而且在时间上也具有较高的邻近性。在关于动物的单细胞研究中及人类的功能成像研究中已经发现,多通道感觉的时间同步整合的结果。如果来自不同通道的感觉信号同时到达神经元,多感觉神经元(如上丘脑)通常会表现出更高程度的激活,这通常在约500毫秒的时间窗内。卡尔弗特在人类被试中通过静息态功能磁共振成像技术探讨语言感觉中的视、听交互时的神经激活。被试听一段故事(声音条件),或者看他人在阅读相同故事时的嘴唇运动(视觉条件),以及呈现同时包含两个通道信息的故事(视觉-听觉双通道同步)。[1] 该研究发现,颞上沟后部脑区的活动会随着双通道刺激同时出现而表现出更高程度的激活,并且这还需要视觉通道输入和听觉通道输入的刺激之间存在一定的相关性。此外,该研究还发现,视觉和听觉皮层的单通道感觉区域的激活也会受到视听刺激之间相关性的影响。这意味着,时间性的跨通道因素可能是影响单通道皮层的重要因素。这些结果表明了言语加工过程中多感官脑区的视听整合,而且这种整合效应受刺激之间时间因素的影响,即只有在刺激同步呈现的条件下才在颞上沟出现视听整合效应。在视听信号同步的条件下,视觉枕叶区和听觉皮层的激活也显著增强。但也有研究者提出了相反的证据,他们认为,即使多感觉通道刺激并非同时出现,但是只要两个刺激处于一定的时间窗之中,那么被试仍然可能会将这两个刺激感知为同一刺激进而产生多感觉整合。这种时间范围的取值可能依赖于实验任务本身的材料和要求,例如不同通道刺激呈现的顺序等。

为了证明以上可能性,有研究者采用了静息态功能磁共振成像技术考察了字母和语音整合过程中不同通道刺激呈现的先后顺序对刺激整合的影响。具体来说,视觉刺激和听觉刺激同时呈现是听觉皮层上出现多感觉整合的必要条件;然而,在视觉刺激呈现前后300毫秒内呈现听觉刺激,同样也会出现多感觉整合效应。综上所述,我们可以推测时间因素对听觉皮层的影响与视觉皮层并非完全相同,这可能是因为听觉刺激还包含了频率和振幅等信息。近年来,也有研究基于血氧水平依赖核磁共振技术(blood oxygen level dependent,fMRI)考察多感觉刺激同步和不同步呈现的整合过程。结果发现,颞叶皮层上部的区域只有在多通道刺激同步出现时才被激活,而在呈现

[1]　Calvert J, Manahilov V, Simpson W A, et al. Human cortical responses to contrast modulations of visual noise [J]. Vision Research, 2005, 45(17): 2218-2230.

听觉刺激前后 100 毫秒左右却不会显著激活。有意思的是，颞叶区域中另一个区域却在呈现任何双通道刺激时都会被显著激活，并且激活程度会随着多通道刺激之间同步性的增加而增加。① 以上结果表明，多感觉通道刺激在整合过程中，不同刺激也会导致不同的脑区机制。

此外，还有一些来自运动感知的研究同样发现时间同步对于整合多感觉通道信息至关重要。在该研究中，屏幕上出现两个相似的刺激进行相对运动，并且运动过程中会进一步重叠或碰撞，又继续沿着最初的运动轨迹移动，被试需要在任务中报告小球是重叠或碰撞。结果发现，如果在刺激相遇时同时呈现声音的话，被试更倾向于将刺激识别为碰撞后反弹，这也说明了听觉刺激对视觉感知的影响。② 有研究者基于该任务，通过事件相关-静息态功能磁共振成像（EEG-fMRI）发现，该任务能够显著激活顶叶与前额皮层的相关脑区，说明多感觉整合可能也在该区域存在显著激活。另外，被试在"经过任务"的练习后，枕叶和颞叶皮层后部的神经反应也显著高于"碰撞任务"。③

综合来说，不仅多感觉通道和事件通常会产生空间重合的不同模式的信号，而且不同感官的相关信号也可能倾向于同时出现。动物的单细胞记录和人类的一些功能成像研究已经给出了多感觉信号时间同步（或去同步化）的神经后果——如果来自不同方式的感觉信号大约同时在 500 毫秒的窗口内。卡尔弗特等人使用静息态功能磁共振成像研究了人类语音感知过程中的视—听交互过程。受试者听故事（听觉条件），观看正在阅读同一个故事的嘴唇动作（视觉条件），呈现故事的双峰版本（通常同步的听觉和视觉信号）或接收有关故事不同的听觉和视觉信号。

————————————

① Stevenson R A, Altieri N A, Kim S, et al. Neural processing of asynchronous audiovisual speech perception [J]. Neuroimage, 2010, 49(4): 3308-3318.

② Bushara K O, Grafman J, Hallett M. Neural correlates of auditory-visual stimulus onset asynchrony detection [J]. The Journal of Neuroscience: The Official Journal of the Society for Neuroscience, 2001, 21(1): 300-304.

③ Bushara K O, Hanakawa T, Immisch I, et al. Neural correlates of cross-modal binding [J]. Nature Neuroscience, 2003, 6(2): 190-195.

（四）自闭症感觉统合障碍的典型效应

在前文中,我们已经从时间、空间的角度探讨了多通道刺激整合时的神经机制。除了基于刺激本身的时空属性外,多通道刺激整合还取决于环境中不同信号的统计关系,例如小鸟总是和鸟叫声同时出现,又或者多感觉通道刺激的内容在语义信息上是否等同,而这可能会进一步导致多通道感觉整合的不同结果。

从结果上来说,同时呈现多感觉通道信息而不是单通道信息可能会导致增强效应或干扰效应。具体来说,当视觉刺激与听觉刺激的信息一致时能够提高整合过程中的准确性,促进对两类刺激的加工,这被称为增强效应;而当多感觉通道的信息在内容上不一致时,这可能会导致相互干扰的结果,其中最经典的效应就是麦格克效应,也被称为干扰效应。尽管多感觉整合通道在某种程度上遵循一般性规律,但是有可能在具体的加工过程和神经基础上存在差异。

1. 多通道感觉整合的增强效应

多通道感觉整合的增强效应可以被认为是多通道最显而易见的特征。在大部分场景,同时呈现多个通道的信息能够促进人类对信息的探测、辨别、分类和理解的速度和准确率,这种增强效应在低信噪比环境下尤为明显。[1]

普遍认为多通道感觉整合增强效应的核心脑区位于颞上沟后部（posterior superior temporal gyrus/sulcus, pSTG/S）的多感觉区。[2] 例如,有研究发现,当呈现具有一致性的多感觉通道信息时,颞上沟后部会显著激

① Grant K W, Seitz P F. The use of visible speech cues for improving auditory detection of spoken sentences [J]. The Journal of the Acoustical Society of America, 2000, 108 (3): 1197-1208; Ross L A, Saint-Amour D, Leavitt V M, et al. Do you see what I am saying? Exploring visual enhancement of speech comprehension in noisy environments [J]. Cerebral Cortex, 2007, 17(5): 1147-1153.

② Beauchamp M S. The social mysteries of the superior temporal sulcus [J]. Trends in Cognitive Sciences, 2015, 19(9): 489-490.

活,并且在低听觉刺激信噪比条件下颞上沟后部的激活比高信噪比条件下更
高。① 还有研究发现,当视觉刺激更清晰时,颞上沟后部与枕叶皮层的功能
联结增强,并且这种增强会随着听觉刺激清晰度的增加而增加。基于此,有
研究认为,颞上沟后部能够动态地整合视觉刺激和听觉刺激信息,能够最优
地配置认知资源。有研究还采用具有高时间和空间分辨率的脑磁图技术发
现,左侧颞上沟后部 θ 振荡的强度同时受到视觉刺激和听觉刺激等共同特征
的影响。② 来自颅内电极记录(electrocorticography,ECoG)技术的研究也得
到了相似的结果:相较于听觉刺激为噪声条件,颞上回前部对听觉刺激为非
噪声条件表现出更高的 γ 激活;而颞上沟后部则对噪声或非噪声刺激的反应
没有显著差异,并且对单个噪声的神经活动变异性小于前部颞上沟激活水
平③,这些研究综合说明颞上沟后部在多通道感觉增强效应下的作用。

　　然而,也有一些相反的证据发现,颞上沟后部不论是在多感觉通道增强
还是在干扰结果下,都能表现出显著的激活,并且干扰效应下的激活程度要
显著高于增强效应下的激活程度。并且还有研究发现,增强效应和干扰效应
下颞上沟后部的活动并无显著差异。此外,考虑到颞上沟后部位于枕叶、颞
叶和顶叶等脑区的交界处,这可能与多种复杂的认知功能有关,如情绪识别、

① Callan D E, Jones J A, Munhall K, et al. Neural processes underlying perceptual
enhancement by visual speech gestures [J]. Neuroreport, 2003, 14(17): 2213-2218;
Sekiyama K, Kanno I, Miura S, et al. Auditory-visual speech perception examined by
fMRI and PET [J]. Neuroscience Research, 2003, 47(3): 277-287.
② Park H, Ince R A A, Schyns P G, et al. Representational interactions during
audiovisual speech entrainment: Redundancy in left posterior superior temporal gyrus
and synergy in left motor cortex [J]. Plos Biology, 2018, 16(8):e2006558.
③ Micheli C, Schepers I M, Ozker M, et al. Electrocorticography reveals continuous
auditory and visual speech tracking in temporal and occipital cortex [J]. European
Journal of Neuroscience, 2020, 51(5): 1364-1376;Ozker M, Schepers I M, Magnotti
J F, et al. A double dissociation anterior and posterior superior temporal gyrus
processing audiovisual speech demonstrated by electrocorticography [J]. Journal of
Cognitive Neuroscience, 2017, 29(6): 1044-1060.

客体识别、面部信息、生物运动感知、心理理论。①

2.多通道感觉整合的干扰效应

多通道感觉整合的干扰效应指的是不同感觉通道信息在时间上同步但是在内容上却存在冲突,这会导致对两种信息进行分离性加工,即麦格克效应。在该效应中,被试听到的声音为 ba(或 pa),但是看到的嘴唇动作则为 ga(或 ka),这导致个体产生音节为 da(或 ta)的知觉,这个知觉既不是视觉刺激的结果,也非听觉刺激的结果。麦格克效应被广泛认为是反映多通道知觉整合的经典指标,它代表着人类知觉过程中在面对不确定性的刺激输入(尤其是多通道的冲突刺激)时,自动整合成一种稳定的知觉结果过程。

截至目前,已有大量研究探讨麦格克效应的神经机制,采用了多种神经技术手段,如脑电图或脑磁图(magnetoencephalography,MEG)、静息态功能磁共振图像、经颅磁刺激(transcranial magnetic stimulation,TMS)和脑损伤等。其中,较为一致的结论是,颞上沟后部是麦格克效应最为核心的脑区。以成人和儿童为被试的功能性磁共振技术的研究中,有研究者测量了被试的麦格克效应强度,通过定位任务找到每名被试的颞上沟多感觉区,接着采用被动观察的功能性磁共振技术测量被试的颞上沟区域在视听一致音节、视听不一致音节和麦格克音节下的激活强度。该研究发现,强错觉组被试左侧颞上沟后部激活显著高于弱错觉组,且错觉强度与左侧颞上沟后部激活强度呈显著正相关。但是,采用相似范式在老年人被试中并未发现类似效应,研究者认为这可能与老年组血氧水平依赖信号的变异性和错觉率的变异性较大有关。② 采用经颅磁刺激在听觉刺激呈现前后 100 毫秒干扰颞上沟后部会显著降低个体在刺激识别时的错觉率,但不影响听觉或视听一致刺激的感知,

① Deen B, Koldewyn K, Kanwisher N, et al. Functional organization of social perception and cognition in the superior temporal sulcus [J]. Cerebral Cortex, 2015, 25(11): 4596-4609;Hein G, Knight R T. Superior temporal sulcus—It's my area: Or is it? [J]. Journal Of Cognitive Neuroscience, 2008, 20(12): 2125-2136.
② Beauchamp M S. The social mysteries of the superior temporal sulcus [J]. Trends in Cognitive Sciences, 2015, 19(9): 489-490.

这反映了颞上沟与麦格克效应之间的因果关联。脑损伤研究显示,损伤左侧颞上沟后个体依旧能够产生麦格克效应,但其右侧颞上沟对视听音节的激活显著强于对照组被试,这一结果提示双侧颞上沟在视听言语加工中的功能相似,并可相互补偿。[①]

基于以上结果,有研究者提出由外侧视觉纹状区、听觉联合区和 pSTS 组成的视听言语整合模型。[②] 外侧视觉纹状区加工面部输入,形成视觉表征;听觉联合区加工声音输入,形成听觉语音表征;颞上沟后部整合视觉和听觉语音关键特征,形成言语知觉决策。这一观点也与晚期整合理论和知觉辨别的模糊逻辑模型一致,即视听信息先在感觉特异脑区进行加工,再到多感觉脑区进行整合。

此外,还有研究认为麦格克效应可能发生于更广泛的脑区,例如额下回(inferior frontal gyrus, IFG)[③]、运动皮层[④]、前扣带回(anterior cingulate cortex, ACC)等脑区[⑤]。与视听一致音节相比,麦格克音节在右侧前扣带回和左侧额下回均表现出更强激活,且被试知觉到错觉时相比未报告错觉时激活更强,但并未观察到颞上沟的激活差异,这可能反映了麦格克效应涉及冲

①　Baum K T, Shear P K, Howe S R, et al. A comparison of WISC-IV and SB-5 intelligence scores in adolescents with autism spectrum disorder [J]. Autism, 2015, 19(6): 736-745.

②　Beauchamp M S. The social mysteries of the superior temporal sulcus [J]. Trends in Cognitive Sciences, 2015, 19(9): 489-490.

③　Hasson U, Skipper J I, Nusbaum H C, et al. Abstract coding of audiovisual speech: Beyond sensory representation [J]. Neuron, 2007, 56(6): 1116-1126.

④　Murakami T, Abe M, Wiratman W, et al. The motor network reduces multisensory illusory perception [J]. Journal of Neuroscience, 2018, 38(45): 9679-9688.

⑤　Ernandez L M, Macaluso E, Soto-Faraco S. Audiovisual integration conflict resolution: The conflict McGurk illusion [J]. Human Brain Mapping, 2017, 38(11): 5691-5705.

突解决过程。麦格克效应也和与言语产出相关的运动皮层存在关联[1]，运动皮层激活程度能够预测被试的错觉强度（视听音节呈现前 100 毫秒和后 200毫秒），向运动皮层施加经颅磁刺激会降低被试的错觉率，但这并未得到其他研究的支持。[2]

简而言之，大量研究将颞上沟后部视为麦格克效应的核心脑区，但是对于其是否在麦格克效应和多感觉整合中的增强效应上具有相同的功能、加工何种信息、如何加工视听信息依旧不清楚。除颞上沟后部之外，其他更为广泛的脑区在麦格克效应及视听言语加工中的具体功能也有待进一步研究。

（五）自闭症感觉统合障碍的典型性理论假说

到目前为止的讨论都集中于多通道感觉统合的脑成像机制，那么是什么样的因素导致自闭症人群在多通道感觉统合上存在明显不足的呢？也有大量的研究在试图从脑成像的角度回答这一问题。

最早对自闭症人群的神经解剖学证据显示，一方面，自闭症早期大脑过度生长，尤其是前额叶区域神经元过多，通常表现为头围明显较大；另一方面，与前额皮层相连并主要用于处理感觉皮层输入信息的皮层下区域，如丘脑和小脑等，也表现出功能和解剖学上的改变。奈尔（Aarti Nair）发现患有自闭症的儿童和青少年（9—17 岁）的丘脑与前额叶、顶枕叶、运动和躯体感觉皮层之间的功能和解剖学上的连接性降低。[3] 相反，有一个相对的颞-丘脑过度连接出现在右半球。并且，额-丘脑连接不足与自闭症诊断观察计划评估的症状严重程度相关。丘脑不仅是感觉和运动信息加工的中继站，而且似

[1] Skipper J I, Van Wassenhove V, Nusbaum H C, et al. Hearing lips and seeing voices: How cortical areas supporting speech production mediate audiovisual speech perception [J]. Cerebral Cortex, 2007, 17(10): 2387-2399.

[2] Matchin W, Groulx K, Hickok G. Audiovisual speech integration does not rely on the motor system: Evidence from articulatory suppression, the McGurk effect, and fMRI [J]. Journal of Cognitive Neuroscience, 2014, 26(3): 606-620.

[3] Nair A, Treiber J M, Shukla D K, et al. Impaired thalamocortical connectivity in autism spectrum disorder: A study of functional and anatomical connectivity [J]. Brain, 2013(136): 1942-1955.

乎能够决定何种信息能够进一步流入到大脑皮层区域,表明丘脑区可能与自闭症的感觉症状有关。事实上,一些研究报告了自闭症人群的丘脑体积和葡萄糖代谢减少。①

哈丹(Antonio Y. Hardan)比较了自闭症群体及与其匹配的对照组中可能存在的丘脑异常情况。② 尽管两组群体之间没有观察到体积差异,但发现了代谢水平上的差异。具体来说,自闭症组表现出较低水平的谷氨酸和 N-乙酰天冬氨酸(神经轴突组织的功能标志物),表明氧化应激失衡。小脑和前额皮层之间存在很强的关联,并且这两个区域的异常都与症状的严重程度有关。③ 几项研究表明,与对照组相比,自闭症人群的小脑体积显著更小,并且浦肯野细胞的数量也更少。④ 小脑主要参与运动计划和运动执行,也就是说,小脑需要提前预测运动行为的感觉结果,并将预测的结果与实际运动结果进行比较,并不断纠正该偏差。在这个预测中,小脑皮层主要承担快速的

---

① Haznedar M M, Buchsbaum M S, Hazlett E A, et al. Volumetric analysis and three-dimensional glucose metabolic mapping of the striatum and thalamus in patients with autism spectrum disorders [J]. The American Journal of Psychiatry, 2006, 163(7): 1252-1263; Tamura R, Kitamura H, Endo T, et al. Reduced thalamic volume observed across different subgroups of autism spectrum disorders [J]. Psychiatry Research: Neuroimaging, 2010, 184(3): 186-188.

② Hardan A Y, Minshew N J, Melhem N M, et al. An MRI and proton spectroscopy study of the thalamus in children with autism [J]. Psychiatry Research: Neuroimaging, 2008, 163(2): 97-105.

③ Carper R A, Courchesne E. Inverse correlation between frontal lobe and cerebellum sizes in children with autism [J]. Brain, 2000, 123(4): 836-844; Kumar A, Sundaram S K, Sivaswamy L, et al. Alterations in frontal lobe tracts and corpus callosum in young children with autism spectrum disorder [J]. Cerebral Cortex, 2010, 20(9): 2103-2113.

④ Webb S J, Sparks B F, Friedman S D, et al. Cerebellar vermal volumes and behavioral correlates in children with autism spectrum disorder [J]. Psychiatry Research: Neuroimaging, 2009, 172(1): 61-67.

无意识过程,此外,顶叶则负责相对缓慢的意识过程。① 一些经验性证据发现,第一个回路涉及齿状核、脑干(网状被盖核、脚桥核和腹侧被盖区),最后是前额皮层;第二个回路是从齿状核通过丘脑(背内侧/腹外侧核)。

　　识别神经连接的异常模式已被证明是最有希望解释自闭症的多通道感觉整合障碍的途径,它允许人们统一认知理论(心智理论或中心连贯理论)、神经生物学发现和神经心理学观点。神经影像学方法已经证明自闭症患者存在半球间和半球内及皮质下的连接问题。然而,这些发现与支持相反的数据共存,即使用基于任务和静止状态功能连接的超连接也存在。有研究者通过功能性磁共振技术探索神经生理事件之间的临时关联,研究了功能连接性,使用了三种方法:特定种子区域的回归分析,多个区域的相关性分析,独立成分分析(ICA)。在系统评价中,一些研究者的研究表明,发展视角可能有助于调和这些明显矛盾的结果。这些研究者认为,随着年龄的增长,自闭症群体会出现从超连接到低连接的转变,在整个青春期有两种可能的轨迹:发育减少或功能连接模式异常。与上述发展观点相一致,其他网络(显着性、额颞叶、运动和视觉网络)中也发现了更强的功能连接(独立成分分析和种子分析),主要是在患有自闭症的青春期前儿童中。② 还有证据表明,在患有自闭症的青少年和成人中,长距离脑网络的连接性较弱,例如使用相关性和独

① D'angelo E, Casali S. Seeking a unified framework for cerebellar function and dysfunction:From circuit operations to cognition [J]. Frontiers in Neural Circuits, 2013(6):1-23.

② Di Martino A, Kelly C, Grzadzinski R, et al. Aberrant striatal functional connectivity in children with autism [J]. Biological Psychiatry, 2011, 69(9):847-856;Lynch C J, Uddin L Q, Supekar K, et al. Default mode network in childhood autism: Posteromedial cortex heterogeneity and relationship with social deficits [J]. Biological Psychiatry, 2013, 74(3):212-219; Uddin L Q, Supekar K, Menon V. Reconceptualizing functional brain connectivity in autism from a developmental perspective [J]. Frontiers in Human Neuroscience, 2013(8):1-11.

立成分分析降低默认网络节点之间的连接性。[①] 前额皮层和后扣带回区域（默认网络的中线部分）的活动与内部心理（自我参照思维和心理理论过程）和监测环境以防止意外事件相关。当前额皮层受损时，心理理论也会受损。[②] 尽管这个网络在自闭症患者中是完整的，但它在大脑的静止状态下是不活跃的，事实上，社交障碍越高，休息时的非典型活动就越大。[③] 随着自闭症中默认网络的不成熟，来自不同感觉系统的信号的神经整合似乎受到损害，导致一系列不连贯的片段而不是连贯的全局感知。此外，用诱发电位的研究表明，自闭症患者对不同复杂性（简单音调、复杂音调和元音）的声音的区分与对照组相似。在这种任务中，标准刺激应该被忽略，而新刺激必须被关注。相反，当注意力定向是非自愿的，特别是当刺激是语言时，自闭症处理是不足的。[④]

　　多通道感觉整合障碍可能在局部和分布式神经网络的时间同步，因为组合来自多种感觉模式的信息以形成统一感知的能力取决于感官刺激的时间

---

① Assaf M，Jagannathan K，Calhoun V D，et al. Abnormal functional connectivity of default mode sub-networks in autism spectrum disorder patients ［J］. Neuroimage，2010，53(1)：247-256；Von Dem Hagen E A，Stoyanova R S，Baron-Cohen S，et al. Reduced functional Connectivity within and between "social" resting state networks in autism spectrum conditions［J］. Social Cognitive and Affective Neuroscience，2013，8(6)：694-701.

② Mantini D，Vanduffel W. Emerging roles of the brain's default network ［J］. Neuroscientist，2013，19(1)：76-87.

③ Buckner R L，Andrews-Hanna J R，Schacter D L. The brain's default network—Anatomy，function，and relevance to disease ［J］. Annals of the New York Academy of Science，2008，1124(1)：1-38.

④ Ceponiene R，Lepisto T，Shestakova A，et al. Speech-sound-selective auditory impairment in children with autism：They can perceive but do not attend ［J］. Proceedings of the National Academy of Sciences of the United States of America，2003，100(9)：5567-5572.

同步。据推测,额叶皮层可以调节多感觉顶颞区的时间模式。① 几项研究表明,低水平的视觉和听觉刺激的整合是完整的。② 因此,当视听信息是非语言且简单的时,存在一定程度的感觉统合,尽管在时间处理上会出现中断。神经网络是完整的,但需要非典型的时间间隔(时间多感知功能障碍)来激活它们。与对感官刺激的反应潜伏期更长一样,一种感觉方式的刺激可能影响不同通道中另一种感觉方式,使其时间间隔必然会更长。法伊格和合作研究者使用"闪光-哔"错觉评估了这个问题。在大多数受试者中,当以适当的时间间隔将视觉(一次闪光)和几次听觉刺激(哔哔声)配对时,会产生感知两次或更多闪光的错觉。这项研究的结果表明,这种错觉也发生在自闭症组中,尽管两种刺激关联的时间窗口更大。③ 使用另一种感官任务,这些研究人员还发现了关于更宽时间窗口多通道感觉整合存在的类似结果。④ 然而,如果自闭症患者的积极性很高,那么这个窗口可能会像假设的那样更小。⑤

　　使用电生理和行为指标(视听反应时间任务)对视听刺激的整合的研究和视听时间顺序任务的研究揭示了一般视听时间处理的缺陷及对多感官的

① Engelen T, Rademaker R L, Sack A T. Reduced fading of visual afterimages after transcranial magnetic stimulation over early visual cortex [J]. Journal of Cognitive Neuroscience, 2019, 31(9): 1368-1379.

② Kwakye L D, Foss-Feig J H, Cascio C J, et al. Altered auditory and multisensory temporal processing in autism spectrum disorders [J]. Frontiers in Integrative Neuroscience, 2011(4): 1-11.

③ Foss-Feig J H, Kwakye L D, Cascio C J, et al. An extended multisensory temporal binding window in autism spectrum disorders [J]. Experimental Brain Research, 2010, 203(2): 381-389.

④ Kwakye L D, Foss-Feig J H, Cascio C J, et al. Altered auditory and multisensory temporal processing in autism spectrum disorders [J]. Frontiers in Integrative Neuroscience, 2011(4): 1-11.

⑤ Lawson W. Sensory connection, interest/attention and gamma synchrony in autism or autism, brain connections and preoccupation [J]. Medical Hypotheses, 2013, 80(3): 284-288.

行为促进的损害。[①] 这些在多感官时间处理中的发现可能与在自闭症患者中观察到的言语感知缺陷有关。[②]

第五节　自闭症感觉统合障碍的理论解释

以往研究在对自闭症感觉统合失调进行解释时存有多种理论假说,这些假说包括:(1)强调自闭症中央统合能力显著下降的弱中央统合假说(weak central coherence hypothesis);(2)强调自闭症时间绑定和时间再校准缺陷的时间绑定缺陷假说(temporal binding deficit hypothesis);(3)强调自闭症因忽略先前经验而过度依赖当前感觉信息,使得时间再校准失败的贝叶斯模型(Bayesian model),又称贝叶斯决策理论;(4)强调不同感觉线索在加工过程中相互支撑以促进感知加工效率的预测编码假说(predictive coding hypothesis);(5)强调由于自闭症神经系统兴奋-抑制失调,导致编码噪声大、信噪比降低而使统合失调的信噪比减少假说(decreased signal-to-noise hypothesis);(6)强调基于 γ 振荡的时间同步和特征捆绑特性的自闭症 γ 振荡的同步性异常的 γ 神经振荡假说。下面将对这几种理论假说进行概述。

一、弱中央统合假说

弱中央统合假说是一种关于自闭症神经生物学的假说,是近年来自闭症心理学研究领域中的一个新兴理论,它可以解释心理理论和执行功能理论所无法解释的自闭症症状,即自闭症个体的狭窄兴趣和特殊才能。

该理论的提出者弗里斯注意到正常发展的儿童或成人常以牺牲对细节和表面结构的关注为代价来处理信息以形成意义和格式塔(整体)结构,弱中

---

① De Boer-Schellekens L, Keetels M, Eussen M, et al. No evidence for impaired multisensory integration of low-level audiovisual stimuli in adolescents and young adults with autism spectrum disorders [J]. Neuropsychologia, 2013, 51(14): 3004-3013.

② Stevenson R A, Segers M, Ferber S, et al. The impact of multisensory integration deficits on speech perception in children with autism spectrum disorders [J]. Frontiers in Psychology, 2014(5): 1-4.

央统合理论强调自闭症中枢神经系统对输入信息的统合能力的异常,因而感知的自上而下控制能力减弱。其理论核心是自闭症个体对复杂刺激的认知倾向于将其理解为相互分离的部分,而难以将之整合成有意义的整体。

　　自闭症弱中央统合理论源于自闭症患者非典型性感觉和知觉加工的行为表现,如过多地关注局部细节而忽视了对整体结构的感知。在较低层次的感知和较高层次的认知加工过程中,个体通过跨皮层信息的结合而将外部各种相关信息构建成一个有意义的事件,在个体构建一个复杂的视觉场景的过程中,往往不是基于视觉信息的单个组成部分,而是将这些分散的组成部分进行整体加工,形成一个有意义的图像。而对自闭症个体来说,在面对复杂的外部环境时,通常很容易将事件进行分离,特别是在多个感官信息并存的时候。研究者们常使用镶嵌图、错觉图、积木游戏等方法来研究自闭症个体的感知加工。弗里斯等人用镶嵌图形任务测试了自闭症患者的整体-局部加工能力,发现相比正常发育同龄人,自闭症儿童能够很容易地识别出镶嵌在一系列图形之间的简单轮廓,这归功于他们对于局部细节的加工优势。此外,有研究表明,自闭症患者不太容易产生错觉,这通常也是其整体加工能力异常的结果。虽然在自闭症的相关文献中有大量研究都提供了关于其多感觉加工缺陷的证据,但也有许多研究表明个体对外部刺激的感知能力有可能依赖于感官刺激的性质和复杂性,自闭症在特定的感官刺激下感知能力增强。例如,有研究表明了自闭症患者的视力增强。类似地,在听觉领域,邦内尔(Anna Bonnel)也表明,自闭症患者与对照组相比具有更强的音高辨别和分类能力。① 这提示我们在看到自闭症的多感觉加工缺陷的同时也要考虑到其增强的特定的感知能力。

　　针对这些非典型性感知加工背后的机制,弗里斯和他的同事认为自闭症患者中枢神经的连接性较弱,导致他们无法处理整体形式的信息,这被认为

---

① Bonnel A, Mottron L, Peretz I, et al. Enhanced pitch sensitivity in individuals with autism: A signal detection analysis [J]. Journal of Cognitive Neuroscience, 2003, 15 (2): 226-235.

是弱中央统合假说的神经基础。[1] 研究指出,在同时涉及局部加工和整体加工的任务中,自闭症个体会表现出局部加工优势;而当让自闭症个体在受外界指导下主动关注整体性任务时,其整体加工与常人无异。也就是说,这种加工能力还与外在指导紧密相关。随后哈普和弗里斯进一步更新了这一理论,他们指出,弱中央统合性可能是由于局部加工的偏差造成的,而不是自闭症个体真正无法关注刺激的整体方面。莫顿(L. Mottron)和他的同事在他们提出的"知觉增强功能"(enhanced perceptual functioning,EPF)的解释中指出,自闭症的知觉特征是自下而上、前馈式知觉加工的增强,自闭症的局部加工偏差源于大脑区域的过度加工,实际上其整体功能并未受到损伤。[2]

事实上,弱中央统合能力其实可以解释为自闭症的一种特殊加工风格,而不是感知加工缺陷,并不是所有自闭症的整体加工能力都存在异常,即使是正常人也可能会与自闭症患者存在相同的感知加工情况。总的来说,这个理论从最初的关注自闭症整体加工到着眼于其局部加工的优势,可以较好地解释自闭症非社会性的一些行为表现,为自闭症感觉统合缺陷提供了中枢神经系统上的较为有力的解释。

自弗里斯提出该理论后,研究者们对自闭症弱中央统合理论的兴趣快速增长,随着研究兴趣增加,弱中央统合理论的观念立即得到了自闭症个体及其家庭的广泛认同。很重要的一个原因就在于,这个理论不仅能很好地解释其他理论所无法阐明的自闭症临床症状,如特质领域、超敏锐知觉及低迁移能力等,而且从本质上说它首次关注到自闭症个体由于特殊知觉方式而拥有的特殊能力,即他们的"闪光点"。这个理论既有助于更客观地认识自闭症,也给自闭症个体及其家庭增强了信心。

---

[1] Conrey B, Pisoni D B. Auditory-visual speech perception and synchrony detection for speech and nonspeech signals [J]. The Journal of the Acoustical Society of America, 2006, 119(6): 4065-4073.

[2] Lahaie A, Mottron L, Arguin M, et al. Face perception in high-functioning autistic adults: Evidence for superior processing of face parts, not for a configural face-processing deficit [J]. Neuropsychology, 2006, 20(1): 30-41.

　　综上所述，弱中央统合理论是自闭症心理学研究领域的一个新理论，能够较好地解释自闭症的一些非社会性症状。其最初强调自闭症个体缺乏整体加工从而表现出局部加工倾向。随着研究的深入，该理论内涵发生了变化，已由强调整体加工的缺陷转向强调局部加工的优势，并逐渐将中央统合视为一种认知风格。目前的研究表明不可以将弱中央统合视为一种执行功能障碍，且大多数研究表明弱中央统合是独立于社会认知障碍的。还需要对弱中央统合在神经认知水平上的机制加以探索。

二、时间绑定缺陷假说

　　时间绑定缺陷假说是另一种基于自闭症大脑感觉加工异常的神经机制层面的理论假说。弱中央统合理论认为，自闭症患者的行为表现是由于其较弱的中央统合能力，然而，弱中央统合能力背后的认知和神经机制仍然是未知的。时间绑定缺陷假说提出自闭症的弱中央统合与大脑局部神经网络之间的时间绑定障碍有关。

　　人类大脑对于外部输入的信息分不同区域进行加工，不同的任务涉及不同皮层和皮层下区域的活动。然而，这些功能化的神经网络并不是独立工作的，任何与任务相关的表现都与多个皮层和皮层下区域的协同激活有关。不同的大脑区域是如何相互作用的，以及信息是如何在大脑中被统合的，这个问题被称为"绑定问题"。根据时间捆绑理论，由于感知神经皮层呈现分层式加工的特点，在对客体进行有效感知表征时，表征同一客体或事件的神经元集群会以毫秒级的时间精度来同步动作电位，以此方式实现对感觉特征集的选择、捆绑等表征编码加工。这种时间同步（或时间捆绑）具有选择标记的功能，它能将表征同一客体或事件的神经元集群从其他神经元集群中区分出来，使得多种神经元集群能够在同一个神经网络中同时激活且彼此区分。这种时间同步机制通常被认为是实现知觉特征捆绑乃至多感觉统合的重要生理基础。[①]

---

① Engelen T, Rademaker R L, Sack A T. Reduced fading of visual afterimages after transcranial magnetic stimulation over early visual cortex [J]. Journal of Cognitive Neuroscience, 2019, 31(9): 1368-1379.

多感官任务的成功取决于不同大脑区域的神经元集群的有效的时间统合,针对自闭症在多种感觉信息加工中的异常表现,有必要将其特殊的行为症状与其神经统合的时间绑定相联系。据时间绑定缺陷假说,当接收不同通道刺激信息的输入时,其大脑多个神经系统之间的时间结构产生冲突,局部神经网络缺乏时间统合,不能协调激活,导致神经元放电过度或放电异于常人,以至于不能统合来自大脑中不同区域网络的信息,即使是近距离同一时间输入的刺激也不能很好地进行统合加工。这样的缺陷将迫使自闭症个体严重依赖于联合编码,这将导致在信息的自动和灵活地统合、新对象的表征及将整个对象作为部分集合的表征方面出现困难。如前人研究所示,在视听统合中自闭症患者需要一个比常人更宽的时间绑定窗口,也就是说在统合过程中需要更长的时间对刺激进行加工。[①] 这是由于自闭症个体大脑神经网络功能连接较弱,但仍能进行统合加工甚至具有其特有的局部加工优势。这种机制的背后是由于自闭症大脑神经网络的同步性放电异于常人,特别是高频 γ 振荡的同步性放电,这种跨脑区的神经统合的中断可以解释自闭症的许多神经表现。这些皮层交流过程中的变化,特别是在时间域内的变化,可能对大脑神经网络功能产生强烈的负面影响,而神经网络功能的作用是将感知世界的特征绑定到一个统一的、连贯的感知结构中。在这些区域内,相邻神经元的群体必须被绑定在一起,每个神经元都被粗略地归到几个不同的维度。单个局部神经网络可以驱动整个神经活动中的模态变化,同时全局活动对局部神经活动产生自上向下的影响。两个独立的局域网络可以通过全脑活动而成为时间上的间接相关的局部皮层网络。在这种情况下,局部神经网络不会在时间上相互关联,感觉信息是相对孤立的。因此,自闭症个体的弱中央统合性可以被理解为局部神经网络低耦合的认知表现。

这里提出的时间绑定缺陷假说应该被看作是研究自闭症大脑行为关系

---

① Kwakye L D, Foss-Feig J H, Cascio C J, et al. Altered auditory and multisensory temporal processing in autism spectrum disorders [J]. Frontiers in Integrative Neuroscience, 2011(4): 1-11.

的有效假设,时间绑定假说可以作为一种机制,选择感知信息进行进一步加工,激活相应神经元,这些被选择性激活的神经元可以通过在各自区域内的绑定操作来进行统合,从而保证一致有意义信息的"读出"。这是较早的关于自闭症个体多感觉时间加工异常的核心理论,侧重于通过评估位于不同大脑区域的神经群之间结构连接的完整性和功能同步的强度来表征自闭症患者的大脑结构。当然,这也并不意味着时间绑定是自闭症感知加工异常的唯一机制。

三、贝叶斯决策理论

在贝叶斯决策理论下,个体能将外界输入的信息与先验知识进行匹配,将不同的输入线索进行有效统合,推导出他们对所处环境可能的最佳解释,特别是在多种感觉形态并存的情况下。大脑内部先验表征与感知之间的匹配度差异对感知加工十分重要,且这种匹配的差异随外部输入的变化而变化。该理论认为,自闭症个体与正常发育个体的不同之处不在于感官加工本身,而在于对感官输入的解释,自闭症个体能更细微地看待外界环境,是由于他们较少受到先前经验的影响,更多关注感官输入的信息,而自闭症个体对两者的匹配能力较弱以至于不能进行多感觉信息的最佳统合。

有研究者认为自闭症个体特别不安的是外部事件的不可预测性,理解知觉系统如何加工这种不确定性是解释自闭症感觉和知觉非典型性的关键。视网膜图像本质上是模糊的,感知实际上是一个无意识推理的过程:个体自动地和无意识地对外部世界结构进行最佳猜测,使视网膜图像和过去的经验保持一致。一个类似的观点是,感知是一个积极的过程,是对外部世界形成假设和验证假设的过程。研究者以生动的视错觉的例子来阐述这个观点,例如,在云中看到熟悉的形状或图像,或者卡尼萨三角的"完形"表面等,这些都是大脑对嘈杂、模糊的感觉信号做出最佳可能解释的例子,而贝叶斯决策理论是不确定性条件下的最优推理方法,许多其他形式的知识可以作为先验来帮助消除歧义,比如可以解释许多视觉错觉、卡尼萨三角等。一般来说,先验通过降低总体噪声或误差来提高计算效率,虽然判断有可能不准确,但其可靠性得到了提高,总体错误率降低了,这对人类感知推理是有利的。此外,计算神经科学研究表明,神经元集群可以编码与刺激相关的整个概率分布,也可以编码如线索组合等计算的不确定程度。有趣的是,研究者还提出,关于外部环境的先验在自闭症自发的皮层活动(在没有感官刺激的情况下的活动)中被证明是非典型的。

贝叶斯决策理论对于推导关于自闭症感知的非典型性的假设特别有用。具体来说,自闭症认知的改变源于先验层面的非典型性——无论是在其结构上还是在与感觉信息的结合上——都会产生异常减弱的先验或"低密度先验"(这里的意思不是说自闭症患者没有先验,而是他们的先验更宽泛)。可以预期,较低的先验水平会对自闭症患者的感知体验产生实质性的影响。低先验有时会牺牲准确性来提高精度(可靠性),从而减少了整体误差。例如,他们不太容易产生错觉,在复制不可能的图形方面也做得更好。低先验一方面会导致更多意想不到的可变性,另一方面也可能导致学习过程中泛化能力的降低,类似于计算机视觉中所谓的"过度拟合",即将模型拟合到有噪声的数据而不是总体趋势上。在这种情况下,低先验会导致预期和实际测量之间的不匹配,也导致自闭症个体更多地依赖自下而上的、外界传入的感觉信号,这反过来可能导致更广泛地对感官刺激的知觉增强,与感觉信息的超敏反应一致。如果没有一个模板来匹配观察到的感官证据,个体就不太能够预测即将到来的感官环境,并解决感知模糊问题。因此,自闭症的感觉症状并不是由于感觉加工本身的根本差异,而是由于输入信息被感觉系统解释的非典型性。

贝叶斯决策理论是一个关于自闭症的感觉和其他非社交症状的新解释,为自闭症提供了一个强大的工具来研究各种各样的非社会特征背后的机制,强调了先验知识在多模态信息加工中的作用。

四、预测编码假说

预测编码假说强调不同通道信息的相互影响,一个通道输入的信息能引起大脑对环境的评估进而影响对下一个呈现的刺激做出自上而下的预测。

而自闭症个体由于不能对外部输入的信息进行准确地评估与加工,多个通道之间的刺激彼此独立,通道间的预测能力较弱,从而不能促进多种通道间信息的统合。

预测编码假说提出,感觉统合的过程包括刺激输入、内部匹配、个体反应。在感觉统合中,不同通道的刺激信息会根据加工先后顺序而产生相互影响,先完成加工的信息会对随后加工的另一通道的刺激提供线索从而促进统合。如视听语音范式中,当呈现一个视刺激[ga]和其对应的听刺激[ba]时,被试可以根据先加工的视觉刺激来提高警觉,进而促进声音[ga]的加工。听觉信息加速视觉信息的加工的结果通常在预测编码假说中进行解释。在听觉信息出现之前,视觉信息作为听觉信息的先导,在预测和感知事件之间产生较少的误差,最终促进信息的统合。听觉刺激从视觉信息中获得的可预测性越强,其还原程度越高。这说明视觉刺激对听觉特殊成分的诱发具有一定的调节性。而自闭症个体缺乏对外界输入信息的关系的精确把握与加工,其大脑对不同通道刺激的激活相互独立,通道间的预测能力较弱,从而不能促进多种通道间信息的统合。

近年来,许多研究使用多元记录的方法对预测编码理论进行了进一步阐述,这有助于深入了解自闭症的大脑皮层机制。预测编码假说扩展了贝叶斯决策理论,描述了大脑中的自适应动态前馈和反馈过程,包括由于不断变化的环境而引起的概率模型的动态适应。在预测编码中,传入的自下而上的感觉信息与高皮层脑区自上而下的预测信息进行比较,以解释感官输入,产生感知。范德克鲁斯试图通过这样一种观点来解释自闭症中认知神经机制的改变:即使在刺激发生之前,感觉加工也会受到大脑高级认知活动的影响。[①]他们认为自闭症个体对错误预测的加工和反应可能不同,当传入的感觉信息与自上而下的预测不一致时,就会出现预测错误,这表明已有的预测模型需

---

① Erickson L C, Heeg E, Rauschecker J P, et al. An ALE meta-analysis on the audiovisual integration of speech signals [J]. Human Brain Mappmg, 2014, 35(11): 5587-5605.

要进行修正。在这样一个模型中，误差几乎总是存在的，重要的是要估计哪些预测误差是重要的、哪些应该忽略。自闭症个体可能会高估误差，即使是很小的或偶然的感官输入的变化，也会被认为是对模型非常有价值。因此，自闭症患者可能在元学习方面表现出缺陷，因为对他们来说，每一种情况似乎都是全"新"的，这些不灵活的预测错误将被放大。这种对感官输入的错误预测可能导致自闭症中感觉功能的改变，并可能导致非社会性症状。由于自上而下的预测主要被认为是不正确的，因此传入的感觉信息被赋予了很高的关注度，自闭症患者的感知会更接近于实际的感官输入，更少地受到以往经验的影响，这也就解释了为什么自闭症个体对某些错觉（如麦格克效应）不那么敏感，为什么不同的任务策略会导致不同的行为结果和不同的皮层状态。

五、信噪比减少假说

脑成像研究发现，在自闭症患者执行任务时，其大脑功能相关区域之间的连接性通常较弱，多个大脑系统中表现出广泛的功能异常，这一结论引出了这样一种观点，即自闭症可以被描述为一种神经加工的普遍紊乱，神经反应可能"更嘈杂"或更不可靠，也可以跟大脑神经加工过程的信噪比减少假说相联系。不同通道的信息输入大脑皮层，在有限的时空维度内会进行信息的交互影响，单一感官输入信息的大脑神经加工的变化往往会极大地影响多个感官输入信息的加工。用信噪比减少假说进行解释，即单通道神经信息加工的噪声会引起多感官信息加工的紊乱。该假说认为，自闭症个体在神经加工过程中，大脑神经放电异常，导致信息编码的信噪比低于常人，且会出现不同的神经反应，变异性较大，从而影响对外界感知信息的提取、加工、统合能力。

一项静息态功能磁共振成像研究对高功能自闭症成人的视觉、听觉和躯体感觉系统中的皮层反应进行了独立的观测。结果发现，自闭症患者中逐次试验的反应变异性明显更大，且在所有三个皮层感觉系统中产生明显较弱的信噪比。在对感官刺激没有反应的区域，正在进行的皮层活动的可变性和在单独的静息状态扫描中正在进行的活动的可变性在组间没有显著差异。研究者认为，较低的神经可塑性是自闭症群体广泛存在的皮层特征，且在多个大脑区域的诱发反应中表现更加明显,这种非典型性的神经反应可能是突触发育改变或兴奋/抑制不平衡的结果。这支持了将自闭症描述为一种以更大的神经"噪声"为特征的神经紊乱的理论。脑电 EEG 研究也发现,自闭症个体与正常发育个体感知单一刺激时的信噪比就已经存在显著差异,自闭症组在没有噪声情境中的反应与正常发育组处于噪声情境中的反应一致,也就是说,自闭症个体在单一感知信息下(基线)的反应就已明显异于常人。

不同于时间绑定缺陷假说(强调多个神经网络之间的时间绑定异常),该理论从单一感官的神经噪声异常出发,引出多感觉加工的神经紊乱,它提供了一个更简洁的自闭症感知加工异常的解释,而不是考虑多个独立的生理异常。

六、γ 神经振荡假说

凯斯勒(K. Kessler)和合作者提出了一个较为新颖的神经振荡加工模型,旨在从前馈和后馈两条神经连接通路功能失调的视角统合既有理论,尝试阐述包括感觉统合失调在内的自闭症感知异常。[1] 具体而言,该模型从神经皮层的预测编码、局部功能连接和全局功能连接三个水平分析感知加工,并解释自闭症包括感觉统合失调在内的感知异常。首先,在基础性的神经编码层面,该模型借鉴、吸收了预测编码假说、时间绑定缺陷假说、信噪比减少假说等有关神经振荡编码的主要观点,并融合了阿纳尔(Luc H. Arnal)和吉劳德(Anne-Lise Giraud)提出的低频神经振荡主导感知预测编码的观点。具体而言,该假说认为,相对低频段的神经振荡(包括 δ、θ、α 和 β 频段)主要负责对时间和对象信息的自上而下的预测编码。这类低频振荡由于具有全局性、长距离的信息沟通优势,并和注意与认知控制有关,因此在反映全局性功能连接的后馈通道上占有主导作用。相比,高频 γ 振荡则具有时间同步和特征绑定的优势,加之它参与感知信息的记忆匹配,并对感觉编码中的预测错

---

[1]　Kessler K，Seymour R A，Rippon G. Brain oscillations and connectivity in autism spectrum disorders (ASD): New approaches to methodology, measurement and modelling [J]. Neuroscience & Biobehavioral Reviews，2016(71)：601-620.

误和干扰噪声敏感,因此主要反映自下而上刺激输入的前馈通路。其次,在介观的局部功能连接层面,高频与低频神经振荡并非完全独立。实际上,短距离、初步化的感知信息统合需要借助二者间的跨频段耦合(如相位振幅耦合机制,即 PAC 机制)来实现。在此加工过程中,不管是低频振荡或高频振荡中的哪一方出现异常,整个局部神经网络的功能均会出现障碍,并会进一步影响全局性的神经网络功能。最后,在神经系统宏观的全局功能连接层面,感觉统合这类高级知觉加工的实现必须建立在全局性、跨神经系统间的相互协作基础上。在此过程中,进入前馈通路的感觉信息本身可能带有一定噪声甚至错误,而后者可能会通过 γ 振荡主导的前馈通路进行传播和扩散。为了克服噪声和错误影响,进行初步统合后的感觉信息必须得到已有记忆经验的支持,才能在更高层面得到知觉识别并进行深层次加工。为此,自上而下的反馈通道将通过主动地预测编码、注意选择及记忆匹配,发现并调整前馈通路中的模糊与错误信息,最终实现经验预期影响下的知觉统合。所以综上所述,前馈和后馈两种神经通路在微观神经编码及宏观神经功能网络上的有效协作才是感觉统合等高级感知加工发生的认知神经基础。

对健康个体的神经系统而言,得益于正常的神经振荡机制,其前馈通路与后馈通路在局部和全局网络层面持续保持着有效协作,既保证了正常的刺激输入加工,同时也实现了常态而有效的预测编码,使得其在感觉统合的知觉加工过程中实现了内源和外源、自上而下和自下而上两种加工间的平衡与协调。但对自闭症个体而言,由于他们神经皮层微功能柱的兴奋/抑制调节功能存有显著异常,影响了高频 γ 振荡及其与低频神经振荡的耦合,破坏了局部乃至全局神经网络的功能连接,进而引发了前馈通路和后馈通路的加工紊乱。此时,若自闭症患者前馈刺激输入加工能力强而后馈预测编码能力弱,由于感官输入的信噪比降低,干扰噪声和错误信息的增多将使得伴随感官输入的前馈 γ 振荡能量变得过于强烈,进而引发它与低频神经振荡在局部功能网络中的耦合异常,并使其在无法得到有效后馈支持的情况下引发全局性的感觉统合失调,最终形成感觉超敏。反之,若自闭症患者前馈刺激输入加工和后馈预测编码都比较弱,此时 γ 振荡和低频振荡都会因彼此能量太弱而无法形成有效耦合,使得全局性的感觉统合无法得以实现,最终表现为感觉低敏。[①]

　　根据这一模型假设,自闭症患者的感觉统合失调,不管其外在行为表现是感觉超敏还是感觉低敏,其深层产生机制均和神经皮层功能柱中的 GABA 递质和 γ 振荡异常有关。其中,基于 γ 振荡认知特性的前馈通路假说可以统合既有的时间绑定缺陷假说、信噪比减少假说,并可对自闭症异化的统合时间窗与受损的时间再校准能力做出有效解释。至于自闭症为何会忽略先前经验而过度依赖当前感觉信息,并且表现出预测编码能力缺失和中央统合能力异常,则可以通过异常的后馈通路及失衡的前馈与后馈联系加以解释,从而实现对预测编码假说、贝叶斯模型,以及弱中央统合假说的理论统合。

　　综上所述,大脑神经皮层中间神经元 GABA 机能失调所导致的 γ 振荡已经被证明为自闭症的重要神经内表型。这种神经内表型介于自闭症的基因型和表现型之间,具有遗传特性。相比前人理论,自闭症的 γ 神经振荡假说除了能够统合既有的理论观点,解释包括自闭症感觉统合失调在内的一系列感知异常问题,还可以在一定程度上解释为何自闭症患儿的癫痫患病率显著偏高,以及社会知觉为何存在异常的问题。从加工机制层面看,自闭症的 γ 振荡异常虽与其感觉统合失调高度关联,但它很可能只是反映感觉统合失调的重要神经指标之一。这就意味着,运用这一指标需要谨慎。对自闭症患者 γ 振荡异常的干预应该会改善感觉统合失调的表现,但并不代表一定会解决自闭症的感觉统合失调问题。需要特别注意的是,这一神经加工模型虽然充分吸取了以往理论假说的优点,但它本身暂时没有提供崭新而强有力的研究证据,因此该模型仍有待进一步的实证证据对其加以检验。

　　以上的自闭症感觉统合缺陷的解释理论都是从其中某一方面出发进行解释的,尚还缺乏普适性理论,因此在对自闭症感觉统合障碍进行理论解释

[①]　Kessler K, Seymour R A, Rippon G. Brain oscillations and connectivity in autism spectrum disorders (ASD): New approaches to methodology, measurement and modelling [J]. Neuroscience & Biobehavioral Reviews, 2016(71): 601-620.

时，要结合多种模型或理论来综合评判，当然也要考虑不同群体的个体差异，未来还需要将研究重心放在对自闭症现有的行为障碍的矫正当中，结合多个自闭症的理论假说对其进行有效的干预。

小　结

通过以上论述，我们了解了自闭症感觉统合障碍的基本定义、行为表现、神经机制及主流的理论解释。感觉统合障碍是自闭症的典型表现之一，这也严重影响了自闭症儿童的认知发展和社会交往。我们只有不断地了解自闭症感觉统合障碍的典型表现及其背后的行为和神经基础，才能使行为学家和精神病学家有针对性地、系统性地干预自闭症。在下一章中，我们将介绍传统的行为干预手段是如何在相关理论的指导下干预自闭症感觉统合障碍的。

第四章 自闭症感觉统合障碍干预:传统行为干预手段

在第三章中我们简单了解了自闭症感觉统合障碍的神经基础,从自闭症感觉统合障碍的事件相关电位指标,到 γ 振荡指标,再到最后的自闭症感觉统合障碍的功能连接与跨频段耦合,这些内容为我们展示了以神经基础为导向的自闭症感觉统合障碍在神经方面的研究现状。在传统的自闭症感觉统合障碍的干预过程中,许多干预者都会采用行为分析手段、游戏干预、感觉统合训练、结构化教育等方式在行为层面干预自闭症感觉统合障碍。本章将对这些传统行为干预手段进行简单的介绍。

第一节 应用行为分析

应用行为分析(applied behavior analysis,ABA)作为干预自闭症感觉统合障碍的重要方法之一,基于大量行为障碍和发展性障碍患者的科学研究,主要强调学习理论的深入了解和掌握,并需要系统性运用富含行为学原理的思维模式,形成以强化正常社会行为为目的的行为改变策略。[①] 从 20 世纪60 年代开始,越来越多的研究都证明了以应用行为分析为基础的干预策略可以有效干预自闭症感觉统合障碍患者,增加其亲社会行为,塑造并保持新行为,减少问题行为的发生,广泛应用于培养社交技能、增加共同注意、减少

---

① Baer D M, Wolf M M, Risley T R. Some current dimensions of applied behavior analysis [J]. Journal of Applied Behavior Analysis, 1968, 1(1):91-97.

自我伤害等多种行为领域。[1]

应用行为分析是行为矫正领域采用的干预方式之一,其基本原理是刺激—反应—强化。首先,干预者需向患者施加一种或多种刺激,使患者对刺激做出反应;其次,干预者需对正确反应提供强化物进行强化,对错误反应不进行强化;最后,干预者需要引导患者用合适的行为替代问题行为。[2] 应用行为分析重视个体的独立性,在面对不同的患者时,需要依据其内在需求而采用不同的强化策略。[3]

一、应用行为分析的理论基础

(一)应用行为分析的维度

唐纳德·拜尔(Donald M. Baer)等人在《当代应用行为分析的维度》(Some Current Dimensions of Applied Behavior Analysis)一文中认为不同于实验室分析,应用行为分析应具备应用性、行为性、可分析性、技术性、概念系统性、有效性和泛化性。[4]

应用性(applied):在应用行为分析中,选取的行为或刺激均是基于其对人类和社会的重要性,一般在现实情境中进行干预,解决现实问题。

行为性(behavioral):应用行为分析主要关注如何使个体有效完成某事,

---

① Granpeesheh D, Najdowski A C, Gould E R. Maximizing global access to effective treatment: Center for Autism and Related Disorders (CARD), CARD eLearning™ and Skills™ [M]//Goldstein S, Naglieri J A (eds.). Interventions for Autism Spectrum Disorders: Translating Science into Practice. Berlin: Springer, 2013: 129-152;胡梦娟,徐胜,许家成,等. 应用行为分析法对自闭症儿童心理理论能力教学成效的个案研究 [J]. 现代特殊教育,2015(14):44-51;刘惠军,李亚莉. 应用行为分析在自闭症儿童康复训练中的应用 [J]. 中国特殊教育,2007(3):33-37;石萍,于情,郭少芹,等. 应用行为分析法治疗儿童孤独症 [J]. 中国组织工程研究与临床康复,2007(52):10489-10491.

② 郭延庆. 应用行为分析与儿童行为管理[M]. 北京:华夏出版社,2012.

③ Jacobson J W. Applied behavior analysis [M]//Encyclopedic of Cognitive Behavior Theropy. New York: Springer US, 2005: 45-49.

④ Baer D M, Wolf M M, Risley T R. Some current dimensions of applied behavior analysis [J]. Journal of Applied Behavior Analysis, 1968, 1(1): 91-97.

即患者的行为,而不是语言。

可分析性(analytic):确保干预可以引起行为的改变,二者之间存在因果关系。

技术性(technological):在进行干预时干预者需要向患者明确、清晰和全面地描述干预程序。判断操作程序的技术性指标是否具有可重复性,即后续研究者能否基于前人的操作程序得出同样的结果。

概念系统性(conceptual systematic):将操作程序与行为学原理相结合,以此阐述干预效果的原因和方式。

有效性(effective):实施行为干预策略会引起行为实际有效的改变。

泛化性(generality):问题行为在一段时间内、其他场景内或其他相关行为中持续出现。

（二）行为学习理论

行为学习流派以具体行为为研究对象,强调环境和经验的作用,采取一系列改变行为的方法对个人或社会学问题进行干预,从而达到预测和控制人类行为的根本目的。[①]

1. 经典条件作用理论

俄国生理学家、心理学家巴甫洛夫(Ivan P. Pavlov)是提出经典条件作用的创始人。[②] 在他的实验中,先给狗呈现铃声刺激,响铃半分钟后给狗呈现食物,同时观察并记录狗的唾液分泌量。经过多次铃声与食物结合的呈现后,当仅呈现铃声而不呈现食物时,巴甫洛夫发现狗的唾液分泌量也会增加。这就是著名的经典条件反射现象。

经典条件作用理论认为,所有有效刺激都能与无条件刺激在时间上相匹配,从而使个体学会对条件刺激做出条件反应,并且条件刺激物的呈现时间要早于无条件刺激物(习得律)。在条件反射确立后,其他与条件刺激相似的刺激也可能引起条件反射(泛化律),且相似程度越高,泛化强度越高。但是,

---

① 郭本禹. 西方心理学史[M]. 北京：人民卫生出版社，2007:67-68.
② 巴甫洛夫. 巴甫洛夫全集[M]. 北京：人民卫生出版社，1958:258.

如果只强化条件刺激而不强化相似刺激,那么个体就会对条件刺激和相似刺激做出不同的反应(分化律)。在条件反射建立后,若条件刺激重复出现但并未被无条件刺激强化时,条件反应会越来越弱,并最终消失(消退律)。但消退并不意味着条件刺激和相应反应之间的联结已经消失,经过一段时间后,如果再次呈现条件刺激,条件反应就会重新出现(自发恢复)。但这种自发恢复是无法达到以往强度的,且如果无条件刺激出现的次数不再增加,那么自发恢复的条件反应也会迅速消退。

经典条件作用理论的另一位代表人物是约翰·华生(John B. Watson)。① 在他看来,心理学的研究对象是人和动物的行为,行为完全独立于意识。行为的本质是人和动物对外界环境的适应,刺激和反应是所有行为的共同要素,应根据行为自身来研究行为。他强调环境和早期训练的作用,尽管个体间存在遗传差异,但只要在特定环境中给予特定刺激,那么某些遗传的结构特征就有可能表现出来。

华生虽然没有明确提出"行为干预"的概念,但他认为可以用行为主义的术语来描述精神疾病,用习惯系统来解释精神疾病,这些疾病中引起的情绪都是在童年时通过条件作用形成的。1923 年,华生进行了最早的恐惧的反条件作用研究。被试是一个极其害怕白鼠、兔子和青蛙等小动物的小男孩,他们尝试了如下的方法:(1)刺激停止法,即通过长时间停止使用刺激来消除恐惧反应;(2)社会模仿法,利用榜样的示范作用,即后来示范疗法的前身;(3)逆条件作用法,研究者用该方法消除了男孩的恐惧反应。这项研究被认为是行为矫正的先驱。

在实际干预情境中,经典条件作用理论具有广泛的应用价值。例如,干预者可以提供温暖、舒适的干预环境,使被试产生温馨的感觉,并将这种感觉泛化到学习活动中。②

---

① 张厚粲. 行为主义心理学[M]. 杭州:浙江教育出版社,2003:39-73.
② 郭本禹. 西方心理学史[M]. 北京:人民卫生出版社,2007:81.

2. 联结主义理论

桑代克(Edward L. Thorndike)是联结主义理论的创始人。[1] 他将动物和人类的学习过程定义为刺激与反应之间的联结,认为必须通过"尝试—错误—再尝试"的过程才能习得知识和技能。学习的实质也在于形成刺激-反应联结,其中刺激(以 S 为代表)是指情境,既包括外界情境,也包括思想、情感等内部情境,反应(以 R 为代表)包括肌肉与腺体活动等外部反应和观念、意志等内部反应。联结是通过试误的过程建立起来的,因此桑代克的学习理论也被称为学习过程的试误说。在学习的过程中,随着错误反应的减少和正确反应的增加,最终在刺激与反应之间形成牢固的联结。

刺激-反应的联结必须遵循一定规律,在此基础上桑代克提出了三个学习主律和五个学习副律。学习主律包括准备律、练习律和效果律,以下进行简单介绍:(1)准备律是指学习者在开始时的预备定势,当其准备好并给予进行活动的机会时个体就会感到满意,如果个体准备好了却不进行活动则会感到烦恼,或者个体没有做好准备却强制要求其活动也会使其感到烦恼。(2)练习律是指已经形成的联结会通过应用增强该联结,若不练习则会减弱。桑代克后来对其进行了修改,因为他发现只有通过有奖励的练习才能增强,没有奖励的练习是无效的。(3)效果律是指情境与反应间的联结因伴随个体满意的结果而增强,因伴随着烦恼的结果而减弱,因此个体当前行为的结果会对他未来的行为起着重要的作用。桑代克后来也对效果律进行了修改,其中关于"伴随着烦恼的结果而减弱联结"被取消了,因为他发现惩罚并不一定削弱联结。学习副律包括多重反应律、定势律、选择反应律、类化反应律和联结转移律,接下来进行简单介绍:(1)多重反应律是指当反应的结果不能令人满意时,将进行其他反应,直到有一种反应导致满意的结果为止,即试误的过程。(2)定势律是指学习者自身条件对联结形成的影响。(3)选择反应律是指对情境中某些因素进行选择性反应。例如,随着尝试次数的增加,迷笼中的猫之所以开门的时间越短,就是因为它是有选择地对某些刺激做出反应。

① 郭本禹. 西方心理学史 [M]. 北京:人民卫生出版社,2007:89-90.

(4)类化反应律是指个体在新情境中出现的反应与其在相似情境中的反应相似。(5)联结转移律是指实验者会逐渐改变刺激,直到反应与新刺激形成联结,例如实验者会先在刺激中加入一些新的刺激成分,然后逐渐减去原有的刺激成分,直到新的刺激也能唤起该反应为止。

桑代克的学习理论对教育实践有着极大的指导意义。效果律指导教师可以使用具体奖励来强化学生与知识之间的联结;练习律指导教师可以集中训练那些应结合的联结,例如不断重复对某个知识点的练习,以此强化学生头脑中原有知识结构与新知识之间的联结。

3. 操作性条件作用理论

操作性条件作用理论是由斯金纳(Burrhus F. Skinner)提出的。[1] 他创造性提出了经典条件反射之外的另一种反射类型,即操作性条件(operant conditioning)反射,其原理是"斯金纳箱"(Skinner box)的经典实验。在"斯金纳箱"中有一个操纵杆,只要按压杠杆,就会有一颗丸子滚进来。当实验者将饥饿的白鼠置于箱内时,白鼠偶然间触碰操纵杆,便会得到一颗丸子;当白鼠再次按压杠杆,丸子又滚出,重复若干次后白鼠就习得了按压杠杆取得食物的反应。斯金纳的操作性条件反射作为一种反应性条件反射过程,没有已知的刺激,是个体本身自发出现的反应,是强化物与反应相结合的过程。

强化理论是斯金纳理论中最重要的一个部分,他认为强化(reinforcement)对行为改变起着重要的作用,对强化的控制就是对行为的控制。在斯金纳看来,"强化"是一个中性术语,能提高反应的发生频率。其中涉及另一个术语"强化物"(reinforcer),强化物是指所有能够提高反应频率的刺激。强化分为正强化和负强化两类,前者是指操作发生后呈现正强化物,即个体想要的愉快刺激来提高反应频率;后者是指操作发生后撤除负强化物,即消除或中止厌恶刺激来提高反应频率。

---

[1]　叶浩生,贾林祥,汪凤炎副. 高等学校心理学专业课程教材心理学史［M］. 北京:高等教育出版社,2005.

斯金纳阐述了强化与惩罚的差异,并将惩罚分为Ⅰ型惩罚和Ⅱ型惩罚。他认为惩罚(punishment)是指能够降低反应频率的刺激,其中Ⅰ型惩罚是指通过呈现厌恶刺激降低反应频率,Ⅱ型惩罚是指通过消除愉快刺激降低反应频率。无论是何种惩罚类型,其作用均在于降低行为发生的频率;无论是何种强化类型,其作用均在于提高行为发生的频率。

在心理干预领域,斯金纳就心理疗法的内容进行了探讨。他分析了问题行为的产生过程,指出导致问题行为产生的主要原因是控制不当、强化不当和惩罚过度。他的干预观认为心理干预是产生不良行为的逆过程,是需要纠正的特定行为,其本质上仍然是强化、控制的过程,是使不良行为朝向积极的、符合社会期望的方向转变的过程。

(三)社会认知行为主义理论

自20世纪40年代以来,行为主义心理学家对儿童如何获得合作、攻击和竞争等社会行为的方式产生了极大的兴趣。社会学习理论创始人班杜拉(Albert Bandura)在前人研究的基础上,对传统行为主义中的学习观提出了质疑。相比以直接经验为基础的学习观,班杜拉更重视线索对行为和心理过程的作用,认为儿童是通过观察生活中的重要人物来习得社会行为。这些观察以表象或其他表征符号的形式存储在脑中,以辅助儿童进行模仿活动。这种较为综合且广为接受的模仿理论最初被称为社会学习理论(social learning theory,SLT),后来又被称为社会认知理论。(social cognitive theory,SCT)。[①]

班杜拉提出的三元交互决定论(triadic reciprocal determinism,TRD)否定了传统的个人决定论、环境决定论和互动论,认为个体、环境和行为这三个因素之间具有两两双向的交互决定关系,从而构成了决定个体功能活动的三元交互决定系统。但这并不意味着三个因素具有同等的交互影响力,它们的交互作用模式具有一定的灵活性。不同个体在不同环境中的相互作用模式

---

① 郭本禹. 西方心理学史[M]. 北京:人民卫生出版社,2007:107.

不同,起到的作用也不尽相同。班杜拉特别重视个体因素,并进一步分析了个体的学习能力、自我调节能力和自我反省能力对行为和环境的影响,同时也强调行为对环境的反作用。

班杜拉提出的社会学习理论和行为矫正技术具有极其重要的意义。在他的社会学习理论体系中,最关键的是观察学习。与基于直接经验的学习相比,观察学习是一种更普遍、更有效的学习方式,但并未得到足够的重视。因此他将研究重点转向了观察学习,并为此做了两个经典实验:抗拒诱惑实验和波波玩偶实验。

在实验基础上,班杜拉提出了观察学习的四个阶段:注意过程、保持过程、动作再现过程和动机过程。注意过程决定了选择什么作为观察对象。保持过程是指观察者从观察中获得的榜样行为信息以表象或符号的方式在记忆中存储起来的过程。动作再现过程是指将保存的符号信息转化为外显行为的过程。动机过程决定了选择哪种经由观察模仿而习得的行为可以表现。

临床心理学家将班杜拉的社会学习理论运用到了心理干预上,形成了一种新的技术,即示范模仿疗法(therapy of modeling and imitation,TMI)。班杜拉认为所有的行为都是观察并模仿他人行为的结果,那么矫正不良行为也可以通过同样方式来进行。示范模仿疗法是指个体通过观察良好的榜样行为,使自身获得良好行为的信息,并进而加以实践,从而减少或彻底消除不良行为的行为矫正方式。其中包含了行为示范、行为获得和行为表现三个基本阶段。大量研究证明了示范模仿疗法的效果,并在实践中广泛应用于临床和课堂教学等环境。示范模仿疗法可用于干预社会退缩行为、强迫症和自闭症感觉统合障碍,也可以提高自我效能感。示范模仿疗法通常会作为矫正计划的一部分,与强化和惩罚等方法结合使用。①

---

① 　郭本禹. 西方心理学史 [M]. 北京:人民卫生出版社,2007:110-111.

二、应用行为分析的方法

（一）功能性沟通训练

功能性沟通训练（functional communication training，FCT）是一种区别性增强替代行为，即采用功能相同但更为适合的沟通行为替代原来具有相同功能的问题行为，从而减少问题行为发生。患有自闭症感觉统合障碍的儿童表现出的行为具有一定的沟通功能，通常会传递出获取关注或逃避任务等行为信息。当这些行为使儿童达到了满足需求的目的时，就会得到强化。功能性沟通训练的原理就是通过诊断问题行为，进行功能性行为分析后判断其功能类型，找到与问题行为功能一致的沟通行为进行替代。[1] 接下来简单介绍功能性沟通训练的步骤。[2]

1.确定问题行为的原因

实施功能性沟通训练的第一步是对问题行为进行功能性评估。通过功能性评估可以确定引起问题行为的环境事件（强化物），在保留环境事件的基础上，将问题行为替换为沟通行为。如果不对问题行为的强化物进行精确分析的话，那么沟通行为与问题行为就会出现功能上的匹配错误，这样的干预行为不利于问题行为的减少和沟通行为的增加。

2.选择沟通行为的内容

功能性沟通训练中有许多沟通行为内容，包括声音、图片、手语、手势和

---

① Falcomata T S，Roane H S，Muething C S，et al. Functional communication training and chained schedules of reinforcement to treat challenging behavior maintained by terminations of activity interruptions [J]. Behavior Modification，2012，36(5)：630-649；Kuhn D E，Hardesty S L，Sweeney N M. Assessment and treatment of excessive straightening and destructive behavior in an adolescent diagnosed with autism [J]. Journal of Applied Behavior Analysis，2009，42(2)：355-360；高健，范文静，胡晓毅. 功能性沟通训练减少自闭症儿童问题行为的个案研究 [J]. 绥化学院学报，2016，36(1)：97-101.
② Tiger J H，Hanley G P，Bruzek J. Functional communication training：A review and practical guide [J]. Behavior Analysis in Practice，2008，1(1)：16-23.

电子设备等。在选择沟通行为的内容时,需要考虑以下因素:沟通行为需要的努力程度、强化物的社会认知和沟通行为的获取速度。(1)沟通行为需要努力的程度。当沟通行为比问题行为需要患者付出更多努力时(例如,写完整的句子),沟通行为的获取会变得困难;相反,当沟通行为需要较少努力时(例如,写一个词语),就更容易获得问题行为。[①] 因此,至少在干预的最初阶段,沟通行为要付出的努力应少于问题行为。虽然这个方法看似简单,但仍需要对沟通行为的选择进行缜密的考虑。在干预初期,可以选择所需努力程度较少的沟通行为,使得患者更容易习得沟通行为。随着干预的进行,沟通行为所需要的努力程度也可以随之提升。(2)强化患者的社会认知。经验丰富的干预者会重视患者的社会认知,了解个体的行为模式,选择准确引起患者问题行为的强化物。[②] 对患者行为模式不熟悉的干预者不会注意患者随意的手势,而更有可能对患者的手语做出反应;经验丰富的干预者则会注意患者不经意的言语和微小的行为,选择最合适的强化物。(3)沟通行为的获取速度。选择可以快速获取的替代行为。在干预过程中患者需要习得来自干预者的沟通行为,一般情况下干预者通常会采取口头交流的形式引导患者习得沟通行为。但是,有些患者在干预开始前还没有学会说话,而教会他们说话可能还需要大量成本。因此,在这种情况下干预者通常会帮助患者习得更合适的动作反应,之后再聚焦于强化动作反应。

综上所述,在功能性沟通训练的最初阶段,干预者应全面熟悉患者的行为模式,然后选择符合患者社会认知的强化物,方便其快速获取功能性沟通行为。在获取最初沟通行为后,可以进一步考虑更复杂的反应形式,达到减少问题行为的目的。

3.干预环境与干预者

当明确强化物和沟通行为后,需要选择实施沟通行为的干预环境和干预

---

① Horner R H, Day H M. The effects of response efficiency on functionally equivalent competing behaviors [J]. Journal of Applied Behavior Analysis, 1991, 24(4): 719-732.

② Durand V M, Carr E G. An analysis of maintenance following functional communication training [J]. Journal of Applied Behavior Analysis, 1992, 25(4): 777-794.

者,两者本质上都是刺激控制和泛化的问题。在干预环境中存在干预者的情况下,患者表现沟通行为的程度是检验功能性沟通训练成功与否的标准。在确定了习得沟通行为的初始条件后,干预者需要对所有条件进行适当的修改,以促进干预效果的泛化和维持。

(1)考虑初始教学条件。功能性沟通训练一般是在高度控制环境中由专业的干预者或者日常生活中的父母及教师进行的。[①] 在选择干预者时,需要考虑培训成本和时间成本,尤其是将父母和教师作为培训对象时更要注意成本的控制。干预环境一般会分为控制环境和自然环境。在控制环境中,一般需要对环境中的人员和物体进行严格的控制,确保干预者可以正常进行干预,患者也可以正常接受干预。在早期的干预阶段中,干预者对问题行为进行干预的难度是最大的,因为干预者需要精确判断患者的问题行为并选择合适的沟通行为进行自然而然的替代,需要花费大量精力来帮助患者适应。在沟通行为开始替代问题行为后,干预者需要对沟通行为进行一段时间的强化,以巩固沟通行为的强度。在干预阶段的后期,干预者需要逐渐将业余的干预者(如父母、教师等)引入干预环境中,同时也需要将干预环境逐渐转移到患者日常生活的情境中。

有些干预者会采取在自然环境中进行功能性沟通训练。[②] 这种方法的

---

① Hagopian L P, Fisher W W, Sullivan M T, et al. Effectiveness of functional communication training with and without extinction and punishment: A summary of 21 inpatient cases [J]. Journal of Applied Behavior Analysis, 1998, 31(2): 211-235; Northup J, Wacker D P, Berg W K, et al. The treatment of severe behavior problems in school settings using a technical assistance model [J]. Journal of Applied Behavior Analysis, 1994, 27(1): 33-47; Wacker D P, Berg W K, Harding J W, et al. Treatment effectiveness, stimulus generalization, and acceptability to parents of functional communication training [J]. Educational Psychology, 2005, 25(2-3): 233-256.

② Kemp D C, Carr E G. Reduction of severe problem behavior in community employment using an hypothesis-driven multicomponent intervention approach [J]. Journal of the Association for Persons with Severe Handicaps, 1995, 20(4): 229-247.

优点是可以直接在日常环境中发展沟通行为,将控制环境下的干预泛化问题降至最小,但同时也有两个缺点:第一,已经表现出来的问题行为或其他潜在的问题行为可能在自然环境中得到强化,但是在控制环境中这些强化物的竞争性来源可以尽量最小化甚至移除。第二,自然环境中的无关人员和物体可能会存在一定的安全隐患(如同学、课桌和水杯等),但是控制环境会排除无关人员,并使用特殊的防护设备,拿开易碎或危险的物品,这些措施可以将自然环境下的安全隐患降至最低。因此,对自己或他人造成危险的个体必须在控制环境中干预。但这并不表示在控制环境中进行干预就足够了,因为这不利于干预效果的泛化。因此在控制环境中取得干预效果后,还需要以其他方式促进沟通行为泛化到其他环境。

(2)制定促进泛化的策略。促进泛化的策略有三种:第一,结合多个干预者或干预环境,即在干预环境中安排多个干预者进行干预,或者是在多个干预环境下进行干预,可以有效提高干预的泛化程度。第二,将日常生活的事物纳入干预环境,使干预环境与自然环境相似。例如,在干预环境中引入课程资料和学习用品等,促进个体的沟通行为泛化到教室。第三,顺序调节,即在干预环境中按顺序进行训练。干预者在多个干预环境中依次进行训练,从而促进沟通行为的泛化。虽然从时间和效果的角度看,顺序调节还面临许多挑战,但当其他促进泛化的方法都收效甚微时,顺序调节的方法还是可以尝试的。

总之,功能性沟通训练应由干预者实施,最小化竞争性强化物,最大化干预者、患者的安全性。同时,要将沟通行为的泛化推广到重要环境和其他干预者,并评估泛化的程度以稳定泛化行为的发生。

4.训练沟通行为

训练沟通行为需要考虑两方面:第一,训练任务是人为安排还是自然发生;第二,引导沟通行为的方法及其消退。

(1)训练任务。人为和自然建立训练任务之间的区别在于干预者是等待已有的强化物变得有价值,还是设置专门的条件以增加强化物的价值。例如,针对那些逃避洗漱的患者,干预者会在早晨洗漱时进行干预,或在训练任务中重复提醒患者进行洗漱。在日常生活中插入训练将促进替代行为的泛化。但是,单一地采用"自然建立训练任务"的方法,患者会由于较少的学习机会导致沟通行为的获取相对较慢,不利于恢复。

(2)提示和迅速消退策略。提示和迅速消退策略包括"最少到最多"和"最多到最少"的提示序列。"最少到最多"的方法是指在每次训练回合开始时都设置相关的操作(例如,阻止患者获取偏好物品),同时设置沟通行为发生的时间(例如,等待 5 秒),5 秒后由干预者做出口头或肢体上的提示(例如,引导患者的手完成目标手势),然后以短暂获取患者偏好物品的形式进行强化。然后,进一步延迟干预者的提示,以消除患者对提示的依赖,即偏好物品消除时也可以发生沟通行为。这一过程的目的是通过逐步增加沟通行为和提示之间的时间延迟,将干预者的提示控制转移到沟通行为上。①

"最多到最少"的提示方法主要指无错误的反向锁链程序。干预者在移除强化物时,会以物理的方式促进患者参与目标沟通行为。通过慢慢减少提示强度,物理提示逐渐消失,直到患者独立做出反应。例如,最初以正常声音进行口头提示,然后逐渐降低声音,直到最后没有声音提示时患者也可以独立进行反应。"最多到最少"提示策略的目的是将对干预者的提示控制转移到沟通行为上,但这是通过逐步消除提示来实现的。②

5.问题行为的结果

当实施功能性沟通训练时,问题行为的结果可以分为三类:强化、消退和惩罚。

(1)问题行为的强化。在功能性沟通训练中,当强化物没有控制(例如,

①　Shirley M J, Iwata B A, Kahng S W, et al. Does functional communication training compete with ongoing contingencies of reinforcement? An analysis during response acquisition and maintenance [J]. Journal of Applied Behavior Analysis, 1997, 30(1): 93-104.

②　Fisher W, Piazza C, Cataldo M, et al. Functional communication training with and without extinction and punishment [J]. Journal of Applied Behavior Analysis, 1993, 26(1): 23-36.

教室里的同伴注意)或强化物的移除存在一定危险(例如,进行攻击或自残)时,说明问题行为可能存在着持续强化的过程,因此沟通行为也需要进行强化。研究表明,如果问题行为持续得到强化,那么沟通行为需要更长的强化时间①,需要更及时或更高质量的强化②,以及更高频率的强化③。

（2）问题行为的消退。如果功能性沟通训练不能完全消除问题行为,那么功能性沟通行为也无法完全替代问题行为,导致干预的效果大打折扣。④因此,干预者需要重视问题行为的消退,并将其作为功能性沟通训练的起点。

（3）问题行为的惩罚。虽然功能性沟通训练能有效干预各种问题行为,

———————————

① Peck Peterson S M, Caniglia C, Jo Royster A, et al. Blending functional communication training and choice making to improve task engagement and decrease problem behaviour [J]. Educational Psychology, 2005, 25(2-3): 257-274; Peck S M, Wacker D P, Berg W K, et al. Choice-making treatment of young children's severe behavior problems[J]. Journal of Applied Behavior Analysis, 1996, 29(3): 263-290.

② Horner R H, Day H M. The effects of response efficiency on functionally equivalent competing behaviors [J]. Journal of Applied Behavior Analysis, 1991, 24(4): 719-732.

③ Kelley M E, Lerman D C, Van Camp C M. The effects of competing reinforcement schedules on the acquisition of functional communication [J]. Journal of Applied Behavior Analysis, 2002, 35(1): 59-63; Worsdell A S, Iwata B A, Hanley G P, et al. Effects of continuous and intermittent reinforcement for problem behavior during functional communication training [J]. Journal of Applied Behavior Analysis, 2000, 33(2): 167-179.

④ Hagopian L P, Fisher W W, Sullivan M T, et al. Effectiveness of functional communication training with and without extinction and punishment: A summary of 21 inpatient cases [J]. Journal of Applied Behavior Analysis, 1998, 31(2): 211-235; Northup J, Wacker D P, Berg W K, et al. The treatment of severe behavior problems in school settings using a technical assistance model [J]. Journal of Applied Behavior Analysis, 1994, 27(1): 33-47; Shirley M J, Iwata B A, Kahng S W, et al. Does functional communication training compete with ongoing contingencies of reinforcement? An analysis during response acquisition and maintenance [J]. Journal of Applied Behavior Analysis, 1997, 30(1): 93-104; Fisher W, Piazza C, Cataldo M, et al. Functional communication training with and without extinction and punishment [J]. Journal of Applied Behavior Analysis, 1993, 26(1): 23-36.

但也不是对所有个体都有效果。① 研究表明,增加对问题行为的惩罚,可以增强功能性沟通训练的效果。虽然惩罚的干预性功能会引发相关伦理问题,但是偶尔的惩罚还是允许的,并且对严重问题行为的减少是必须的。通过强化沟通行为,明确导致惩罚的问题行为,并根据严格的时间计划给予惩罚,可以将问题行为的发生率最小化。②③

综上所述,在功能性沟通训练中需要设计问题行为的消除环节。对于不能进行消除或消除无效的问题行为,需要调整强化参数并再次进行干预,必要时可以进行惩罚。但在惩罚之前需要评估惩罚的程度,确保其在不违反伦理道德的前提下具有一定的效果。

6.撤销沟通行为的强化物

在功能性沟通训练干预中,沟通行为训练的最初阶段都会使用连续性的强化时间表(continuous reinforcement,CRF),用以强化沟通行为。然而,作为业余干预者的父母或教师通常有许多其他日常工作要完成,使得干预者无法强化所有的沟通行为,也就是说,对沟通行为的强化很可能是间歇性或延

---

① Hagopian L P, FIsher W W, Sullivan M T, et al. Effectiveness of functional communication training with and without extinction and punishment: A summary of 21 inpatient cases [J]. Journal of Applied Behavior Analysis, 1998, 31(2): 211-235; Northup J, Wacker D P, Berg W K, et al. The treatment of severe behavior problems in school settings using a technical assistance model [J]. Journal of Applied Behavior Analysis, 1994, 27(1): 33-47; Fisher W, Piazza C, Cataldo M, et al. Functional communication training with and without extinction and punishment [J]. Journal of Applied Behavior Analysis, 1993, 26(1): 23-36; Worsdell A S, Iwata B A, Hanley G P, et al. Effects of continuous and intermittent reinforcement for problem behavior during functional communication training [J]. Journal of Applied Behavior Analysis, 2000, 33(2): 167-179.

② Hanley G P, Piazza C C, Fisher W W, et al. On the effectiveness of and preference for punishment and extinction components of function-based interventions [J]. Journal of Applied Behavior Analysis, 2005, 38(1): 51-65.

③ Lerman D C, Vorndran C M. On the status of knowledge for using punishment: Implications for treating behavior disorders[J]. Journal of Applied Behavior Analysis, 2002, 35(4): 431-464.

时性的。因此,当干预计划突然从连续性的强化时间表转换到自然条件下的间歇性或延迟性计划时,沟通行为很可能会消退,导致问题行为的再现。[1] 因此,有研究者系统性地设计了减少计算时间的程序,以保持一定的效果。接下来简单介绍撤销强化物的方法。

(1)在沟通行为和强化物之间引入时间延迟。强化物撤销的常用方法是在沟通行为和强化物之间引入时间延迟,但是如果沟通行为和强化物之间的延迟较长,那么沟通行为的有效性就会减弱,使得问题行为有可能恢复。[1][2]

拉利(Joseph S. Lalli)等人设计了延时程序的替代程序,用以保持沟通行为与强化行为之间的时间连续性。[3] 例如,当患者执行一个包含 16 个步骤的任务时,干预者会不定时地要求患者休息。最初,每完成一个步骤患者可以休息一次,渐渐地,患者需要完成越来越多的步骤才能休息,直到最后在没有休息的情况下一次性完成整个任务。

(2)建立沟通行为的刺激控制程序。由于延迟强化会导致沟通行为的消退和问题行为的恢复,汉利(Gregory P. Hanley)设计了一个程序帮助患者确认沟通行为消退的时间。[3] 干预者会交替进行沟通行为的消退和强化,每个步骤都会出现一个相应的刺激:强化阶段对应红牌,消退阶段对应白牌。当沟通行为的强化时间为总时间的 20％ 时,该程序的效果是最好的,既保持了沟通行为强化之间的强偶然性,同时患者在消退阶段也可以得到休息。

(3)注意问题行为的重新出现。无论使用何种策略,在强化消退的过程中都要做好问题行为再现的心理准备。因此,可能需要采取其他处理方法。

---

[1]　Hanley G P, Piazza C C, Fisher W W, et al. On the effectiveness of and preference for punishment and extinction components of function-based interventions [J]. Journal of Applied Behavior Analysis, 2005, 38(1): 51-65.

[2]　Fisher W W, Thompson R H, Hagopian L P, et al. Facilitating tolerance of delayed reinforcement during functional communication training [J]. Behaviov Modification, 2000, 24(1): 3-29.

[3]　Lalli J S, Casey S, Kates K. Reducing escape behavior and increasing task completion with functional communication training, extinction, and response chaining [J]. Journal of Applied Behavior Analysis, 1995, 28(3): 261-268.

第一种方法是在延迟强化的间隔之间提供偏好物品，费希尔（Wayne W. Fisher）等人会让患者在强化物消退时获得偏好物品。① 如果偏好物品无法有效地与问题行为的强化物竞争，那么可以考虑第二种方法，即对问题行为进行惩罚。

　　总之，在干预过程的早期阶段，需要仔细选择刺激材料，最重要的是尽量不要在早期阶段就终止干预。因为此时虽然患者可能不会出现问题行为，但还是存在患者刻意逃避日常活动的现象（例如，打扫个人卫生或进行学习活动）。通过细化强化时间计划，引导患者忍耐没有强化的时间段，并尝试完成最初感到厌恶的活动；同时，设计合适的刺激控制（即强化信号的延迟和消退）和在强化信号延迟或消退期提供替代强化物，通过这两种方式保持功能性沟通训练的干预效果。②

　　（二）回合式教学法

　　回合式教学法（discrete trial teaching，DTT）是传统行为干预中常见的方法，通常采取一对一的多回合训练模式，每个回合通常仅持续 5～20 秒。回合式教学法可用于提升患有自闭症感觉统合障碍的儿童的社交能力、适应能力、语言表达能力等。③

_____

① Fisher W W, Kuhn D E, Thompson R H. Establishing discriminative control of responding using functional and alternative reinforcers during functional communication training [J]. Journal of Applied Behavior Analysis, 1998, 31(4): 543-560.

② Fisher W W, Thompson R H, Hagopian L P, et al. Facilitating tolerance of delayed reinforcement during functional communication training [J]. Behavior Modification, 2000, 24(1): 3-29.

③ Goldsmith T R, Leblanc L A, Sautter R A. Teaching intraverbal behavior to children with autism [J]. Research in Autism Spectrum Disorders, 2007, 1(1): 1-13; Jones E A, Feeley K M, Takacs J. Teaching spontaneous responses to young children with autism [J]. Journal of Applied Behavior Analysis, 2007, 40(3): 565-570; 曾松添, 胡晓毅. 美国自闭症幼儿家长执行式干预法研究综述 [J]. 中国特殊教育, 2015(6): 62-70; 郑荣双, 李小莉. 无语自闭症儿童表达需求训练效应的个案研究 [J]. 岭南师范学院学报, 2017, 38(2): 37-44.

　　回合式教学法的每个回合通常包含以下五个部分：线索、提示、反应、结果和回合间隔。① 线索是指干预者呈现给患者简短清楚的指令或问题，例如"做这个"或"这是什么"。提示是指与线索同时呈现或之后呈现的刺激，一般用于干预者辅助患者对线索进行反应。例如，当看到提示出现时，干预者需要引导患者做出反应或进行示范，如果患者成功做出反应，那么干预者会逐渐减少提示，直到提示完全消除后患者也可以独立进行反应。反应是指患者对干预者的线索给予正确或错误的回应。结果是指如果患者出现正确反应，干预者会通过表扬、拥抱、食物、玩具或其他患者感兴趣的活动形式强化该反应；如果患者出现错误反应，干预者会通过否定语句、视线转移和材料移除等方式对错误反应进行表示。回合间隔是指在结果呈现后，到下一回合开始前的时间间隔，通常是 1～5 秒。

　　根据不同的干预方案，患者可以在任何地点接受任意时长的回合式教学。在干预最集中的时候，患者通常会进行 2～5 分钟的回合式教学，同时在教学之间会有 1～2 分钟的休息。有时候患者也会在每小时的最后 10～15 分钟及中午 1～2 个小时休息。为了维持患者对干预流程的兴趣，干预者会仔细选择强化物并设计一系列干预方法来提高患者的干预体验。

　　回合式教学法可能会从三个方面增强患者的动机和学习兴趣。第一，由于每回合的时间较短，患者会有许多学习机会（最多每分钟 12 次）。第二，干预者与患者面对面坐着，可以方便干预者根据患者的需要及时调整治疗方案。第三，回合式教学法通常会有标准的教学模板，因此会严格控制患者的干预环境，具体来说，每个回合都有严格的开始和结束时间点，且其中的内容也是简单明了。因此，回合式教学法将干预者与患者之间的连续互动模式分解成高度独立的事件，使得整个过程更容易被患者接受。通过这种方式，回合式教学法可以最大化干预效果，并尽可能避免干预失败。

---

① 　Smith T. Discrete trial training in the treatment of autism [J]. Focus on Autism and Other Developmental Disabilities，2001，16(2)：86-92.

1. 回合式教学法的主要用途

研究表明,回合式教学法在引导患有自闭症感觉统合障碍的儿童形成新行为模式和新区分性行为方面有较好的干预效果。

(1)形成新行为模式。"形成新行为模式"是指患者习得了之前无法形成或不能形成的行为模式。例如,许多患有自闭症感觉统合障碍的儿童不能发出说话时需要的声音或者不能做出手语时需要的动作,在经历了回合式教学法后都可以得到有效改善。回合式教学法可以引导患者添加新的声音到自己的语音库,并组合这些声音成为单词、音节和短语。① 此外,回合式教学法还是一种新颖精细的动作教学方法,如书写、绘画和使用剪刀等②,即使这类行为的教学方法还没有得到广泛普及,但在回合式教学法中还是会经常用到。

(2)新的区分性行为。区分性行为是指对不同线索采取不同反应。例如,当干预者举起一个娃娃问患者"这是什么"时,如果患者回答"汽车",那么干预者会举起汽车玩具提问"那这是什么"。当运用回合式教学法帮助患者形成区分性行为时,干预者也会使用上述方式,形成类似的干预方式。患者一旦掌握对"娃娃"的反应,干预者便会使用相同范式引导患者做出第二个反应,如对"汽车"的反应。在掌握了第二个反应后,干预者会交替呈现这两个刺激,使患者进行不同反应。例如,干预者在第一回合中拿起娃娃并提问"这是什么",在第二回合中拿起汽车玩具并提问"这是什么",然后在第三回合又用娃娃提问。在这一阶段,干预者为了更好地帮助患者作出正确反应,需要重复进行提示。同时还需要注意,患者可能在没有学习到区分性行为时也能进行正确反应。例如,干预者可能会在无意中说出正确的单词,而患者可能会对这个动作进行反应,或者可能只是重复了上一回合被强化的反应,而不是

---

① Lavaas O I. Acquisition of imitative speech in schizophrenic children [J]. Science, 1966, 151(3711): 705-707; Young J M, Krantz P J, Mcclannahan L E, et al. Generalized imitation and response-class formation in children with autism [J]. Journal of Applied Behavior Analysis, 1994, 27(4): 685-697.

② Ackerman A, Alexander D, Firestone P. Teaching Developmentally Disabled Children: The Mebook [M]. Statecraft: University Park Press, 1981.

对呈现的物品做出反应。经验丰富的干预者通常能够克服这些困难。一旦患者做出了区分，干预者就可以每次增加新的提示，直到患者可以区分多个不同的提示。

2. 替代性交流系统

无论运用什么方法，也存在一部分患有自闭症感觉统合障碍的儿童难以学习发声技能，因此有些干预者设计了替代性沟通系统，包括手语和图片交流系统。回合式教学法是少数可以有效教育患有自闭症感觉统合障碍的儿童练习手语单词和短语的方法。[①] 在图片交流系统中，患有自闭症感觉统合障碍的儿童可以自由选择感兴趣的图片。作为学习这些内容的前提，患有自闭症感觉统合障碍的儿童需要通过回合式教学法将图片与对应的物体相匹配。[②]

3. 拓展其他技能与方法

当患者习得了新行为模式或者区分性行为后，干预者既可以继续使用回合式教学法，也可以使用其他疗法。

干预者可以继续使用回合式教学法拓展自闭症患者的词汇量。此外，附带性教学方法也是一种有效的方法。[③] 在附带性教学中，干预者会创建一个

---

① Carr E G, Dores P A. Patterns of language acquisition following simultaneous communication with autistic children[J]. Analysis and Intervention in Developmental Disabilities, 1981, 1 (3-4): 113-114; Carr E G, Kologinsky E, Leff-Simon S. Acquisition of sign language by autistic children. Ⅲ: Generalized descriptive phrases [J]. Journal of Autism and Developmental Disorders, 1987, 17(2): 217-229.

② Lovaas O I, Koegel R L, SCHreibman L. Stimulus overselectivity in autism: A review of research [J]. Psychological Bulletin, 1979, 86(6): 1236-1254.

③ Mcgee G G, Krantz P J, Mason D, et al. A modified incidental-teaching procedure for autistic youth: Acquisition and generalization of receptive object labels [J]. Journal of Applied Behavior Analysis, 1983, 16 (3): 329-338; Mcgee G G, Krantz P J, Mcclannahan L E. The facilitative effects of incidental teaching on preposition use by autistic children [J]. Journal of Applied Behavior Analysis, 1985, 18(1): 17-31; Miranda-Linné F, Melin L. Acquisition, generalization, and spontaneous use of color adjectives: A comparison of incidental teaching and traditional discrete-trial procedures for children with autism [J]. Research in Developmental Disabilities, 1992, 13(3): 191-210.

鼓励患者主动开展活动的环境,并在患者自主选择的活动背景下指导患者。因此,干预者会在患者视野内投放玩具,但是患者无法直接接触。开始时,无论患者何时尝试去获得玩具,干预者都会说出玩具的名字并要求患者在拿到玩具之前重复玩具的名字。当患者掌握了这一步,干预者会提高任务难度,如提问"你想要什么"而不是直接说玩具的名字。随后干预者可能什么也不说,只是带着期待的目光看着患者,直到患者说出玩具的名字。

　　当患有自闭症感觉统合障碍的儿童学习沟通语句时,干预者也可以继续使用回合式教学法引导患者陈述更多的语句。[1] 但是查洛普(Marjorie H. Charlop)和米尔斯坦(Janice P. Milstein)发现患有自闭症感觉统合障碍的儿童可以通过观看榜样的对话录像来发展沟通能力。[2] 此外,克兰茨(Patricia J. Krantz)和麦克兰纳汉(Lynn E. McClannahan)在指导患有自闭症感觉统合障碍的儿童阅读文字材料后,发现这可以促进他与同龄人的沟通。[3] 当儿童表现出一定的进步时,将材料中的内容慢慢移除。最终,患者可以不用材料就进行正常的沟通。

　　在患者学会通过模仿进行活动后,干预者可以使用回合式教学法进一步发展他们的玩要技能。例如,他们可以要求儿童模仿两三个动作。[4] 同时,也有干预者发现了其他可行的教学方法。凯尔(Edward G. Carr)等人引导患者观察并模仿同龄人所做的动作。然后,通过跟随者游戏要求同龄人引导

[1]　Krantz P J, Zalenski S, Hall L J, et al. Teaching complex language to autistic children [J]. Analysis & Intervention in Developmental Disabilities, 1981, 1(3-4): 259-297.

[2]　Charlop M H, Milstein J P. Teaching autistic children conversational speech using video modeling [J]. Journal of Applied Behavior Analysis, 1989, 22(3): 275-285.

[3]　Krantz P J, Mcclannahan L E. Teaching children with autism to initiate to peers: Effects of a script-fading procedure[J]. Journal of Applied Behavior Analysis, 2013, 26(1): 121-132.

[4]　Lovaas O I. Teaching Developmentally Disabled Children: The Me Book [M]. Statecraft: University Park Press, 1981.

患者模仿同龄人的游戏活动。① 在另一项研究中,施塔默尔(Aubyn C. Stahmer)和施赖布曼(Laura Schreibman)要求患者在没有成人监督的情况下,根据图片表的指导进行一系列游戏活动。②

回合式教学法和图片表是两种拓展患有自闭症感觉统合障碍的儿童日常生活技能的简易方法。回合式教学法可以指导患者一步一步按照顺序进行活动,图片表也可以让患有自闭症感觉统合障碍的儿童有效地完成任务。③

4. 破坏性行为的管理

许多研究都聚焦于如何减少患有自闭症感觉统合障碍的儿童的破坏性行为和如何用更合适的行为进行替代这两个方面。④ 在改善患者的日常环境中,一方面要阻止他们的破坏性行为,另一方面要加强他们的适应性行为。回合式教学法在行为管理中也有许多重要的应用价值。例如,当患者尝试逃避教学环境和干预者的要求时,干预者可以在回合式教学法中要求患者做出他自己最有可能成功的行为(例如,把书放在书架上)。干预者对患者的正确反应要给予强化,并且要忽视他极力回避教学环境的行为。⑤ 另一种方法是

---

① Carr E G, Darcy M. Setting generality of peer modeling in children with autism[J]. Journal of Autism and Developmental Disrders, 1990, 20(1): 45-59.

② Stahmer A C, Schreibman L. Teaching children with autism appropriate play in unsupervised environments using a self-management treatment package [J]. Journal of Applied Behavior Analysis, 1992, 25(2): 447-459.

③ Mcclannahan L E, Krantz P J. Activity Schedules for Children with Autism: Teaching Independent Behavior [M]. Annapolis: Woodbine House, 1999.

④ Matson J L, Benaridez D A, Compton L S, et al. Behavioral treatment of autistic persons: A review of research from 1980 to the present [J]. Research in Developmental Disabilities, 1996, 17(16):433-465.

⑤ Carr E G, Newsom C D, Binkoff J A. Escape as a factor in the aggressive behavior of two retarded children [J]. Journal of Applied Behavior Analysis, 1980, 13(1): 101-117; Piazza C C, Moes D R, Fisher W W. Differential reinforcement of alternative behavior and demand fading in the treatment of escape-maintained destructive behavior [J]. Journal of Applied Behavior Analysis, 1996, 29(4): 569-572.

通过与患者进行良好互动来建立融洽的医患关系，例如，模仿患者的行为或参与患者熟悉的活动。① 但是后者本身是否能显著减少患者的逃避行为，这点仍处于争议之中。因此，在日常干预中通常都会使用回合式教学法。

回合式教学法在行为管理中的另一个应用是作为教学备选方案，用适宜性行为代替破坏性行为。例如，干预者通常会在日常环境中使用回合式教学法引导患者以口头表达的方式去获得物品或参加活动，而不是通过发脾气的方式。②

5. 回合式教学法的局限和其他指导方法的需要

虽然回合式教学法在干预患有自闭症感觉统合障碍的儿童中起着许多重要的作用，但它也存在一定的不足之处。在回合式教学法中，患者对来自干预者的线索进行反应，因此他们可能只会在线索被清楚感知的情况下做出反应。例如，当干预者发出指令时患者会进行反应，但是当患者看到玩具时可能就不会进行反应。此外，患者一般在控制程度较高的学习环境下接受干预，所以可能无法将反应成功迁移至其他环境，他们可能只有在没有干扰，或与成人单独相处，或得到特定线索时才会表现出习得的反应。最后，从干预者需要单独对患者进行持续性干预的角度看，回合式教学法是一项劳动密集型工作，需要花费大量的劳动力。

附带性教学法，即干预者对患者的行为做出积极反应，是鼓励患者使用

---

① Dawson G, Adams A. Imitation and social responsiveness in autistic children [J]. Journal of Abnormal Child Psychology, 1984, 12(2): 209-226; Koegel R L, Dyer K, Bell L K. The influence of child-preferred activities on autistic children's social behavior [J]. Journal of Applied Behavior Analysis, 1987, 20(3): 243-252.

② Carr E G, Durand V M. Reducing behavior problems through functional communication training [J]. Journal of Applied Behavior Analysis, 2013, 18(2): 111-126; Dunlap G E. Positive Behavior Support: Including People with Difficult Behavior in the Community [M]. Baltimore: Paul H. Brookes Publishing Company, 1996.

已习得技能的有效方法。① 附带性教学和其他教学方法，如同龄人示范、视频学习和图片表等，都是比回合式教学法更为自由灵活的方法。相比回合式教学法，这些方法有两个优点：一是在技能迁移方面更有效；二是减少了干预者对患者提供线索的需求。

由于回合式教学法在帮助患者学习技能方面的作用与附带性教学和其他方法的作用相互独立，因此这些方法通常是相辅相成的。特别是当引导患者形成新的行为模式和区分性行为时，干预者可以从回合式教学法开始，在患者熟练掌握后再用其他方法进行引导。当患者需要拓展技能时，干预者既可以使用回合式教学法和其他方法，也可以直接使用其他教学方法。因此，在实际运用中，需要干预者结合实际的情况，针对患者的具体情况，选取恰当的方法进行干预。

6.回合式教学法的时间安排

在对患者实施回合式教学法时的时间安排目前仍处于争议之中。回合式教学法对全年龄段的患者都有较好的干预效果。但是，高强度回合式教学法训练（例如，每周15—40小时，持续两年或更长时间）是否适合年幼患者的争议早已出现。研究表明，在患者2—3岁时就开展高强度回合式教学法可能为患者带来最大收益②，同时也可以为4—5岁的患者（具备沟通性语言和基本高于60的智商）开展高强度回合式教学法。③ 根据报道，患有自闭症感觉统合障碍的儿童的平均智商提高了20点，其他标准化测试成绩也有类似提高。

因此，部分研究者认为4—5岁的自闭症患者需要每周40小时的回合式

---

① Matson J L, Benavidez D A, Compton L S, et al. Behavioral treatment of autistic persons：A review of research from 1980 to the present ［J］. Research in Developmental Disabilities，1996,17(6)：433-465.

② Smith T. Discrete trial training in the treatment of autism［J］. Focus on Autism and Other Developmental Disabilities，2001，16(2)：86-92.

③ Eikeseth S，Smith T，Jahr E，et al. Intensive behavioral treatment at school for 4- to 7-year-old children with autism. A 1-year comparison controlled study［J］. Behavior Modification，2002，26(1)：49-68.

教学法。① 但是也有其他人认为目前的研究有许多缺点,如缺乏效度,干预费用昂贵,对患者和家庭成员存在潜在压力。②

　　无论患者什么时候开始接受干预或接受多久的干预,他们都需要逐渐减少干预程度。在实际情况中,一些患者在日常环境中就可以得到良好的干预效果。但也有患者需要在高度控制的环境下进行干预,因此史密斯(Tristram Smith)等人建议对大多数患者而言,5 岁后可以将每周的干预时间调整为 10 小时,但这一点仍需要进行验证。③

　　(三)关键反应训练

　　关键反应训练(pivotal response treatment,PRT)是 20 世纪 80 年代由罗伯特·凯格尔(Robert L. Koegel)等人开发的应用行为分析的自然干预模式,得到了许多专业机构和组织的支持。凯格尔的干预体系素有"自然语言教学"之称,其主要目的在于提高患有自闭症感觉统合障碍的儿童的语言能力。随着关键反应训练的完善,凯格尔本人逐渐开始将关键反应训练作为其教学体系的重要部分,标志着关键反应训练的干预目标从语言领域扩展到沟通、社交和兴趣等关键性领域。关键性领域(pivotal areas)是指经过干预之后会对其他目标领域产生较大影响的领域,从而可以广泛提高儿童的各项能力。④

---

① Green G. Early behavioral intervention for autism: What does research tell us? [M]// Maurice C. Behavioral Intervention for Young Children with Autism: A Manual for Parents and Professionals. Queensland: Pro-Ed Australia, 1996: 29-44.

② Schopler E, Short A, Mesibov G. Relation of behavioral treatment to "normal functioning": Comment on Lovaas [J]. Journal of Consulting & Clinical Psychology, 1989,57(1):162-164.

③ Smith T, Donahoe P A, Davis B J. The UCLA treatment model[M]// Handleman J S. Preschool Education Programs for Children with Autism. Queensland: Pro-Ed Australia, 2000: 29-39.

④ 朱丽叶·阿尔文,奥瑞尔·沃里克. 孤独症儿童的音乐治疗 [M]. 张鸿懿,译. 上海:上海音乐出版社,2008:31-38;吕梦,杨广学. 自闭症 PRT 干预模式评析 [J]. 中国特殊教育,2012(10): 38-42.

以往患有自闭症感觉统合障碍的儿童的干预方式通常是回合式教学,但是自从关键反应训练模式诞生之后,其对常规教学模式的大胆调整,为人们提供了新的干预思路,具有极其重要的意义。

1.增加了人们对自闭症的认识

在关键反应训练诞生之前,许多学者都认为患有自闭症感觉统合障碍的儿童缺乏学习动机,甚至没有学习能力,因此对应的干预模式也比较机械刻板。但是关键反应训练的实践研究证明了患有自闭症感觉统合障碍的儿童具有主动学习的能力,促进了学者们对患有自闭症感觉统合障碍的儿童的认识。[①]

2.凸显了儿童的主导地位

关键反应训练干预模式强调对学习动机的激发,充分关注患者的兴趣和需要。在干预过程中,干预者会根据干预目标为自闭症儿童准备若干物品。患者可以根据喜好与需要选择感兴趣的物品。通过这种方式,干预者确定了作为激发患者学习兴趣的强化物,并在后续的干预过程中不断呈现以引导患者完成各项干预目标。这种以患者兴趣为出发点的干预模式,不同于回合式教学法的强行机械训练,更注重患者的兴趣引导和内部需求。它以患者兴趣为中心,干预者只是配合他们完成各种干预活动。患者在自然的干预情境中,能够主动对干预者的要求给予反馈,在"玩"中提升自我的能力。

3.拓展了干预情境

关键反应训练以患者为主导,通过在模拟环境或真实环境中提高患者的关键性技能,从而促进他们其他技能的发展,并把这些技能泛化到生活情景中去。在学校干预中,干预者要根据患者的需要创设真实的自然情景,例如,在训练过程中,如果患者对积木特别感兴趣,那么干预者就可以故意把它放到患者能看见却够不着的位置,使得患者既想玩但又拿不到,在这种情况下患者就会主动向干预者寻求帮助。通过这种方法,干预者可以训练患者的主

---

① 张轩瑜,杜学元.孤独症儿童关键反应训练的缘起及发展研究[J].现代特殊教育,2021(16):69-76.

动沟通和需求表达的能力。

4.提高了父母在干预中的参与度

关键反应训练在训练患有自闭症感觉统合障碍的儿童的同时,也重视对患者父母的培训,制定儿童父母的干预目标。在心理干预方面,父母参与是目前及未来的主要趋势,特殊教育也不例外。这是因为父母作为孩子的第一任教师,比任何人都了解自己的孩子,希望孩子健康成长的动机水平也更高。除此之外,父母对儿童的干预过程也更容易穿插在日常生活中。因此,父母参与将作为关键反应训练的关键性变量,整个干预设计也是以此为基础。凯格尔等人曾对患者父母进行过一周的集中式关键反应训练的培训,然后让其在家庭情境中对患者进行干预,取得了一定的干预效果。①

5.保证了干预效果的一致性

关键反应训练使得越来越多的人成为自闭症感觉统合障碍的干预人员,同伴、父母、教师和医生等都是患者日常接触的人,都可以通过关键反应训练获得培训,并在与患者的日常互动中进行干预。从这一点上来说,可以有效保证干预的一致性,避免传统干预缺乏家校联系和干预影响不一致的情况。

在关键反应训练的理论当中,患者的关键性技能主要包括四个方面:学习动力、注意力、自我管理能力与语言和行为的主动性。②

学习动力,即患者与他人进行沟通与交往的动力。凯格尔指出,在干预过程中患者之所以表现出抗拒、害怕和逃避等消极行为,除了封闭式干预环境和一对一教学造成的压力外,关键的原因是患者缺乏学习动力。如果能在学习动力方面加以培养,那么其他技能也可以得到提高。具体的培养策略如下:(1)患者选择策略:使用患者感兴趣的物品对其进行行为干预,尊重患者

① 吕梦,杨广学. 自闭症 PRT 干预模式评析 [J]. 中国特殊教育,2012(10):38-42.
② 朱丽叶·阿尔文,奥瑞尔·沃里克. 孤独症儿童的音乐治疗 [M]. 张鸿懿,译. 上海:上海音乐出版社,2008:31-38;Koegel R L, Koegel, L K. The PRT Pocket Guide: Pivotal Response Treatmen for Autism Spectrum Disorders [M]. Baltimore:Brookes,2012:31-38;王振洲. 自闭症儿童 DTT 与 PRT 干预模式的对比研究 [J]. 重庆文理学院学报(社会科学版),2015,34(1):109-113.

的选择;(2)强化尝试策略:虽然患者可能无法完全做出目标行为,但是目标指向尝试的强化可以在提高患者动机的同时,促进目标行为的获得;(3)分散安排习得性任务和保持性任务策略:将患者正在完成的新任务(习得性任务)和已经掌握的任务(保持性任务)随机分配到干预过程中,避免其在学习新任务时连续体验到挫败感。[①]

　　注意力是指个体对外界事物和人的注意力,其核心技能在两岁前后就会自主发展出来。但很多研究者发现患有自闭症感觉统合障碍的儿童在临床上会表现出注意力异常,例如,在某种情境下对选择性刺激高度关注,但是对其他相关刺激则不会集中注意力,必须在经过干预后,才能得到改善。训练注意力的方法比较多,主要分为社会性注意力训练、互动性注意力训练、引导他人的注意力训练和分享式注意力训练。(1)社会性注意力训练:对儿童刺激反应的训练。例如,干预者喊患者的名字,患者能够与干预者进行眼神交流。如果患者对干预者的刺激没有反应,则需要通过一些方法来训练。(2)互动性注意力训练:通过互动进行训练,通过反复行为来促进和维持患者的互动注意力。干预者在引导患者时,可以在口语上加入有节奏的律动,如"包、包、包饺子",之后在某个节奏点故意停留较长时间,要求患者看到干预者示意后再继续行动。(3)引导他人的注意力训练:以非口语的方法来表达自己的需求,向干预者寻求帮助。例如,干预者故意设计较为困难的情境,在这种情境中儿童不能够依靠自己拿到喜欢的物品,此时干预者会引导儿童用眼神注视或手势指向的方式来表达需求。(4)分享式注意力训练:这是融合情感性与社会性的一种分享,由于患者的社会性互动与沟通存在障碍,因此分享式注意力训练是患有自闭症感觉统合障碍的儿童注意力训练过程中最

---

① 　陈芳. 诱发自闭症学生有效沟通动机的个案研究 [J]. 现代特殊教育,2013(2):2.

难的一个环节。①

自我控制始于自我观察，通过指导患者学会观察和记录自己的行为，调控自己的行为，改善患者的问题行为、自我伤害行为和刻板行为。在干预过程中，首先，需要将动机融入患者的自我管理中，这样患者就可以通过有意识地建立或消除动机来管理自己的行为。其次，需要根据患者需求和特征为目标行为提供有效的反应提示。此外，还需要为目标行为设计一个特定环境，并将问题行为限制在其中。由于患者存在身心发展障碍，他们在生活自理方面的能力比较差，因此在关键反应训练等干预训练中，这些能力的训练通常会在真实自然情景中进行。以"过马路"为例，首先教患者认识红绿灯、斑马线及"红灯停，绿灯行，黄灯一亮等一等"的简单交通规则，让他们意识到"闯红灯"是错误的行为，然后把儿童带到真实场景中，去室外认识红绿灯，从斑马线上过马路。②

语言与行为的主动性是指许多患者缺乏提问的主动性。即便是提问题，有些患者也是出于自己狭隘的兴趣提出重复性问题，无法根据他人兴趣提出有意义的问题。在这方面，干预者通常采用提问的方式进行干预，使患者学会自我发问，为其沟通能力和社会交往能力的发展打下基础。

凯格尔经过几十年的科学研究和临床实践总结出以下基本操作技巧。

（1）简短清晰的指令。通过简短清晰的指令，帮助患者进行正确反应，在发出指令的同时干预者还应根据实际情况调节指令与干预方案。

（2）新旧技能穿插训练。在患者掌握已有知识和技能的基础上，将新

---

① 王振洲. 自闭症儿童 DTT 与 PRT 干预模式的对比研究［J］. 重庆文理学院学报（社会科学版），2015，34（1）：109-113；Lovaas O I, Schreibman L. Stimulus overselectivity of autistic children in a two stimulus situation［J］. Behaviour Research and Therapy, 1971, 9(4)：305-310；王永固，郭惠. 孤独症儿童刺激过度选择感知障碍及其干预策略研究综述［J］. 现代特殊教育，2017(8)：26-32,52.
② 王振洲. 自闭症儿童 DTT 与 PRT 干预模式的对比研究［J］. 重庆文理学院学报（社会科学版），2015,34(1):109-113；刘畅. 培智学校自闭症学生基础性学习能力个别化教学方案［J］. 现代特殊教育，2016(23)：14-15；周哲成，葛琛. 自我管理策略提升自闭症谱系障碍儿童社交技能研究综述［J］. 现代特殊教育，2018(18)：58-66.

内容与旧内容交替呈现,增加患者成功的机会,打破其习得性无助,维持患者的学习自信心和动力。对于干预期间表现良好的患者,只要其情绪起伏维持在一个稳定的状态,那么就可以尝试安排 70% 左右的新任务技能训练。

(3)提升患者注意力的广泛性。在干预过程中干预者可以给予患者各种形式的注意指令,提升患者注意力的广泛性。例如,有的患者倾向于注意事物或他人的单一特征,而不关注整体特征,所以干预者应该多多训练患者的多重线索加工能力。

(4)分享控制权。通过控制权的分享,患者和干预者都能在一定程度上掌握活动的进程。一方面,患者有机会选择和参与自己喜欢的多种活动,在这个过程中干预者可以给予支持和示范;另一方面,干预者需要灵活利用患者感兴趣的活动或强化物,对患者出现的问题行为进行引导,使其注意力始终保持在目标活动和强化物上。此外,在分享控制权的过程中需要达到干预者和患者之间的平衡,干预者既要遵循患者的引导,辅助他参与活动,又要和患者轮流掌握活动的干预目标,使整个干预过程在可控范围内达到干预目标。

(5)使用条件奖励。干预者要及时奖励患者习得的技能和付出的努力,同时也需要忽视患者不恰当的行为。如果干预者可以将奖励系统化,患者就更有可能形成良好的行为习惯。但需要注意的是,在干预后期要递减奖励的频率和数量,使患者渐渐学会在没有奖励的时候也可以做出合适的行为。

(6)充分运用自然的奖励物。利用自然奖励物,使患者可以自然而然地得到奖励。自然奖励的实际应用需要患者的行为和行为结果之间存在逻辑联系,而非人为制造的联系,如果患者的行为经常得到自然的奖励,他就会更容易适应将来的自然环境。

(7)奖励儿童的合理努力。合理努力是指患者在听从父母要求的前提下,付出一定的意志努力在规定时间内习得相应的行为。在干预初期,为了保持患者的学习兴趣,干预者要不断鼓励患者的合理努力。如果等到患者能够熟练掌握技能时,干预者才给予奖励,就会严重打击患者的学习兴趣和动力。[①]

三、应用行为分析的实践

洛瓦斯(Ivar O. Lovaas)对患者进行了长期的应用行为分析干预,并在两个阶段测量了结果。[②] 第一阶段是在患者 6—7 岁的时候,相比控制组被试,实验组的智商分数得到了一定的提升,并且有将近一半的实验组被试能和控制组被试一样完成部分学业课程。第二阶段是在患者 8—9 岁的时候,实验组被试的智商分数提高了 30 分,且适应性行为分数得到了提高。

萨洛(Glen O. Sallows)等人将 24 名患有自闭症感觉统合障碍的儿童随机分为临床干预组和父母干预组。[③] 经过四年的应用行为分析干预后,两组患者在认知和语言等方面得到了类似的评估结果。将两组数据合并后,他们发现 48% 的患者学习能力得到了有效提升,超过了干预后的平均测验得分,这使得他们在 7 岁时就能够正常进行课程学习。

在应用行为分析的实例研究中,也有作为父母的研究者分享了应用在自己孩子身上的行为矫正技术。例如,摩里斯(Catherine Maurice)在《让我听听你的声音》(*Let Me Hear Your Voice*)一书中记录了自己和丈夫在专家指导下对自己患有自闭症的孩子进行行为干预的过程。[④] 在接受了一段时间

---

① 朱丽叶·阿尔文,奥瑞尔·沃里克. 孤独症儿童的音乐治疗 [M]. 张鸿懿,译. 上海:上海音乐出版社, 2008:175-176;Koegel R L, Koegel L K. The PRT Pocket Guide:Pivotal Response Treatment for Autism Spectrum Disorders[M]. Baltimore:Brookes, 2012; Koegel R L, Koegel L K. Pivotal Response Treatments for Autism:Communication, Social, & Academic Development[M]. Baltimore:Paul H. Brookes Publishing Company, 2006.

② Lovaas O I. The Autistic Child:Language Training through Behavior Modification [M]. New York:Irvington Publishers, 1977:369-378.

③ Sallows G O, Graapner T D. Intensive behavioral treatment for children with autism:Four-year outcome and predictors [J]. American Journal of Mental Retardation:AJMR, 2005, 110(6): 417-438.

④ Maurice C. Let Me Hear Your Voice:Family's Triumph over Autism [M]. New York:Bollantine Books, 1994.

的干预后,两个孩子都可以正常地注视他人,与他人正常沟通,并开始学习一些亲社会行为,在语言测试上也已达到同龄人水平。国内干预者尝试运用应用行为分析干预本土的自闭症感觉统合障碍。李荣源等人以结构化教育和应用行为分析为干预手段,对 11 名患有自闭症感觉统合障碍的儿童进行干预。结果表明,患者在自闭症发展及行为量表上的得分显著提高。[①]

应用行为分析作为干预自闭症感觉统合障碍儿童的手段之一,国内外许多研究和案例都证明了其有效性。行为分析也在实践的基础上,通过结合其他干预手段的技术与方法,形成综合性技术,在丰富理论的同时提出了许多新方法,不断发展和完善自己的干预体系。

四、应用行为分析的意义

应用行为分析以对各种行为障碍和发展性障碍的科学研究为基础,重视对学习理论的深入分析,系统运用行为学原理,制定行为改变策略以强化亲社会行为,具有一定的重要意义。

第一,应用行为分析能培养自闭症感觉统合障碍儿童的社交技能。应用行为分析的部分技术是可以由父母和朋友通过培训习得的,这些人对患者的日常行为和性格特点有更深的了解,可以将应用行为分析的方法更自然地融入日常生活。通过将干预理念与日常社交活动相结合的形式,可以让患者直接在现实生活场景中得到训练,降低了迁移学习的难度,使其更容易将习得行为迁移到其他活动上,从而有效提升患者的社交技能。

第二,应用行为分析能促进自闭症感觉统合障碍儿童的语言能力和沟通能力。关键反应训练在发展早期就是主要针对患者的语言能力和沟通能力,积极引导患者主动提问和表达。许多患者是不会主动提问的,即使有也只是重复提问属于自己狭隘兴趣的问题。因此,干预者通常会引导儿童进行提问的训练,例如,干预者会提问"你在做什么呢?""这样做是为了什么呢?"等问题。这样患者就会有意识地去思考这些问题,尝试进行回答,在回答之后他

---

① 李荣源,魏玲,成三梅. 11 例儿童孤独症综合疗法疗效分析 [J]. 中国妇幼保健,2004,19(10):86-87.

也会以类似问题去询问干预者，以此培养患者的语言能力和沟通能力。

第三，减少自闭症感觉统合障碍儿童的攻击性行为，促进其亲社会行为的发展。很多患者都会出现带有某种意图的攻击性行为，不仅有可能伤害周围的人，也可能出现自残的现象。这种意图通常具有某种功能性，传递出患者可能需要关注、食物或安慰等。应用行为分析会将具有相同功能但比攻击性行为更适合的亲社会行为作为问题行为的替代行为，通过强化和惩罚等行为矫正的方式，帮助患者逐渐减少攻击性行为，促进亲社会行为的发生。

第二节　游戏干预

游戏是儿童的主要活动形式。著名的儿童心理学家皮亚杰（Jean Piaget）曾这样描述游戏："儿童不能像成年人那样将个人情感和智慧达到一定平衡，他需要一个可以随意利用环境资源的活动领域，在这个领域中他的动机并非为了适应现实，而是为了使现实被自己同化。这里既没有强迫，也没有惩罚，这样的活动领域就是游戏。"[①]游戏干预（play therapy，PT）来自精神分析学派，有学者对 6 岁以下的患自闭症感觉统合障碍儿童以游戏技巧的形式进行干预，形成了精神分析游戏干预。后来随着干预理论的发展，逐渐形成了儿童精神分析游戏干预、儿童中心游戏干预和认知行为游戏干预等方法。[②] 20 世纪 80 年代，日本学者萌山英顺（ほーざんえーじゅん）将人本主义理论和精神分析理论结合，设计出了精神统合疗法（psychology integration therapy）。精神统合疗法强调对患者的经历给予充分尊重，干预者应当尽力做到感同身受。在游戏环境中，患者可以分享愉快的经历，同时干预者也需

---

① J. 皮亚杰，B. 英海尔德. 儿童心理学［M］. 吴福元，译. 北京：商务印书馆，1981：96-97.
② 刘敏娜，黄钢，章小雷. 儿童游戏治疗的研究进展［J］. 中国临床康复，2004（15）：2908-2909.

要不断激发患者的交流欲,促进其自我表达和与人沟通。[①] 实践表明,游戏干预可以有效改善患者的心理问题,具有广泛的适应性和应用性,也可以为指导健康儿童的心理发展提供一些支持。

　　游戏治疗国际协会(API)将游戏干预定义为"将理论模式系统性运用以建立人际交往的过程,受过训练的干预者运用游戏的干预性力量去协助个案预防或解决心理社会困境以及得到最大的成长和发展",其本质是结合游戏达到干预目标的一种心理服务活动。在游戏干预的发展早期,干预者认为游戏媒介是患者对真实生活的投射和宣泄。即在游戏情境中,患者行为可能透露出自身的特殊情绪和社会交往困难的信息,而游戏环境给予了患者释放这类情绪情感的场所。后来,学者们对游戏干预的看法发生了改变,他们更倾向于以游戏的方式为患者创设出一种温和、信任及自由的环境,帮助患者察觉问题,挖掘潜力,从而改变行为模式。

一、游戏干预的理论基础

(一)心理理论

　　1978年普雷马克(David Premack)和伍德拉夫(Guy Woodruff)提出了心理理论。[②] 他们认为,心理理论是个体将心理状态传递给自身或者他人的能力,使得个体理解他人在场景中的心理活动,并预测他人的未来行动。由此可知,心理理论可以表征他人的心理状态,并且有研究发现这种能力在个体2岁时就开始形成。[③] 维默尔(Heinz Wimmer)和佩尔奈(Josef Perner)在

---

① 荫山英顺,徐光兴. 自闭症儿童的精神统合疗法 [J]. 华东师范大学学报(教育科学版),1994(1):81-94.

② Premack D, Woodruff G. Does the chimpanzee have a theory of mind? [J]. Behavioral and Brain Siences,1978,1(4):515-526.

③ Bates E, Bretherton I, Beeghly-Smith M, et al. Social bases of language development:A reassessment[J]. Advances in Child Development and Behavior, 1982(16):7-75;Macnamara J, Baker E, Olson C L. Four-year-olds' understanding of "pretend","forget",and "know":Evidence for propositional operations [J]. Child Development,1976,47(1):62-70.

1983 年的研究中发现儿童 4 岁时就具备了外显的心理理论。① 他们在实验中探究儿童是否能区别自身心理状态与他人心理状态的不同。儿童只有在意识到不同个体对同一个场景有不同心理状态之后，才能成功进行实验，这就为儿童确实存在心理理论提供了有效证据。② 柯恩（Simon B. Cohen）等人在研究中发现，相比唐氏综合征儿童，患有自闭症感觉统合障碍的儿童在错误信念任务上的表现显著更差，表明自闭症感觉统合障碍儿童无法理解自我与他人的心理状态。③ 克莱门（Jamie Kleinman）等人的研究结果表明，自闭症感觉统合障碍儿童不能利用声音、语调或人类的眼部照片来识别心理状态。④ 何旭良和杨峰研究发现，在心理理论测验上表现失败的自闭症感觉统合障碍儿童在理解比喻和讽刺等语言内容的表现上也会显著差于正常儿童。⑤ 这些研究都表明，心理理论缺失会导致儿童在交往过程中存在一系列障碍，如难以理解对方的心理状态，无法预测和解释他人的行为，也难以理解复杂的社会交往规则。

（二）精神分析理论

精神分析理论诞生于干预精神障碍的实践中，其创始人是心理学家弗洛伊德（Sigmund Freud）。他揭示了人类的无意识过程，提出了人格结构理论、性本能理论和心理防御机制理论。

---

① Wimmer H，Perner J. Beliefs about beliefs：Representation and constraining function of wrong beliefs in young children's understanding of deception [J]. Cognition，1983，13(1)：103-128.

② Dennett D C. Beliefs about belief [P&W，SR&B][J]. Behavioral and Brain Sciences，1978，1(4)：568-570.

③ Baron-Cohen S，Leslie A M，Frith U. Does the autistic child have a "theory of mind"? [J]. Cognition，1985，21(1)：37-46.

④ Kleinman J，Marciano P L，Ault R L. Advanced theory of mind in high functioning adults with autism [J]. Journal of Autism and Developmental Disorders，2001，31(1)：29-36.

⑤ 何旭良，杨峰. 自闭症儿童的语言研究现状及构想 [J]. 医学与哲学：B，2018，39(8)：25-28.

在弗洛伊德看来,人格结构由本我、自我和超我三部分构成。本我是指原始的自己,具备个体的基本欲望、冲动和生命力。本我是一切心理能量之源,按照"快乐原则"行事,一切都是为了获得快乐、避免痛苦,因此会忽视对外在道德行为规范的约束。本我是无意识的,不被个体自身所察觉。自我是个体可意识到的执行思考、感觉、判断和记忆的部分,通常是为了满足本我的冲动,同时保护整个机体不受伤害,它遵循"现实原则",服务本我。超我是个体通过内化道德规范和社会、文化环境的价值观念而形成的,主要是为了监督、批判和管束自身行为。超我会追求完美,且大部分是无意识的,它遵循的是"道德原则"。

弗洛伊德的性本能理论认为个体精神活动的能量来源是性本能,它是推动个体行为的内在动力。人的本能分为生本能和死本能,前者包括性欲本能与个体生存本能。在弗洛伊德看来,性欲是一切追求快乐的欲望,性本能冲动是一切心理活动的内在动力,也被称作力比多(libido)。力比多是会逐渐积累的,当积累到一定程度时便会造成个体紧张不安的心理,此时个体需要寻找释放力比多的方法。

心理防御机制体现了自我防卫功能。当个体的自我与超我、本我之间出现矛盾和冲突时,人们会感到痛苦。在这种情况下,自我将采取各种方式调整双方关系。在超我可以接受和本我得到满足的条件下,自我的任务就是缓和个体焦虑,消除痛苦。个体的自我心理防御机制通常包括压抑、否认、投射、退化、隔离、抵消转化和合理化等方法。

在干预过程中,精神分析学派注重以游戏形式将患者压抑在潜意识里的内容上升到意识层面,然后对其进行分析。他们认为游戏本身并不具备任何干预作用,只是用作患者心理分析时的必要媒介。通过布置好的场景和道具重新唤醒患者负性的情绪体验,将其表现出来,释放出内心的能量,那么患者的心理问题也就解决了。

(三)人本主义理论

美国心理学家亚伯拉罕·马斯洛(Abraham H. Maslow)于20世纪50

年代创立了人本主义心理学,作为继行为主义心理学和精神分析心理学之后的第三类心理学,它又被称作现代心理学的"第三势力"。马斯洛一直强调个体的"自我实现"是要通过满足多层次的需要模型,才能获得"高峰体验"。在他看来,每个个体都是一个有机整体,具有多层次需要,包括生理需要、安全需要、归属与爱的需要、自尊需要和自我实现的需要。马斯洛认为,低层次的需要得到满足之后,个体会转向实现更高层次的需要。"自我实现"的需要是超越性的,它会引导个体成为"完美的人","高峰体验"代表个体的这种最佳状态。正是基于自我实现的需要,个体的潜能才能得以挖掘、保持和增强,从而促进个体人格的形成与成熟。

人本主义理论的另一位代表人物是罗杰斯(Carl Rogers)。罗杰斯是美国著名的心理学家、心理干预专家和教育改革家,也是继马斯洛之后的又一位人本主义心理学家,其理论核心是强调对人的尊重和实现人的价值等。罗杰斯一直希望个体可以结合认知和情感两种思维方式,形成一种新的思维模式,并以此处理各类事务,成为知情合一的人,也就是所谓的"完人"。因此,要实现这一教育理想,罗杰斯定下了一个现实的教育目标,即"促进变化和学习,培养能够适应变化和知道如何学习的人"。人本主义重视教学过程和方法,因此在教学过程中要以学生为中心,重视学生的情感体验,同时还要培养其学习的积极性和主动性。

罗杰斯强调有意义的自由学习观。有意义学习通常关注学习内容与个人之间的关系,这不仅是理解与记忆的学习,更是学习者做出的一种自主自觉的学习,即在相当大范围内自行选择合适的学习材料,安排适合自己的学习计划和学习情境。

以学生为中心的教育观是罗杰斯的另一个观点。罗杰斯认为,人人身上都会有"自我概念"的不协调。当个体无法调整这种不协调时,就会产生心理障碍。但是与之对应的是,每个学生都具备解决自身问题的能力和动机。教师的任务就是帮助学生创造适合的教育氛围,用有效的方法调动学生解决问题的积极性,帮助他们重新认识自己,形成良好的自我评估,以此消除"自我概念"上的不协调和随之而来的心理障碍。此外,罗杰斯还提倡教师应当给予学生无条件的积极关注，创造并维护一种安全和轻松的教育氛围。只有这样，学生才可以勇敢地面对自己"自我概念"上的不协调。

在干预过程中，干预者同样也需要重视为自闭症感觉统合障碍儿童创设一个温馨、友好和安全的游戏环境，做到以儿童为中心，由患者自行安排游戏内容。干预者需要紧紧把握与患者的互动，维持情感上的联系。

二、游戏干预的方法

游戏干预和经典的心理干预一样，也有许多派别之分，不同的心理学理论对游戏干预也有不同的理解与操作。具体而言，游戏干预的方法分为儿童精神分析游戏干预（psychoanalytic play therapy）、儿童中心游戏干预（child-centered play therapy）、认知行为游戏干预（cognitive behavior play therapy）、格式塔游戏干预（gestalt play therapy）、亲子游戏干预（filial play therapy）和集体游戏干预（group play therapy）。

（一）儿童精神分析游戏干预

儿童精神分析游戏干预以弗洛伊德的精神分析理论为基础，认为儿童本我的需求和欲望是需要得到满足、表现和发泄的。但是由于受外界限制而无法得偿所愿，所以儿童心理感觉很抑郁，从而外在表现出自私、捣乱等各种外显行为。对于患自闭症感觉统合障碍的儿童而言，这方面的行为更加频繁。儿童精神分析游戏干预认为通过游戏活动，儿童能补偿现实生活中无法满足的需求。这种需求的满足可以很好地帮助儿童获得愉悦，减少抑郁。同时通过游戏活动，可以将自闭症感觉统合障碍儿童的潜意识提升到意识层面，从而彻底解决他们的心理问题。因此，在干预过程中，游戏起到了与儿童建立分析性关系、观察分析媒介、提供分析资料和促使儿童发生顿悟的作用。[1]

（二）儿童中心游戏干预

儿童中心游戏干预的理论指导是以罗杰斯为代表的人本主义心理学，该

---

[1] Fahrig H. Heidelberger study on psychoanalytic therapy of children and adolescents: Methodology[J]. Praxis Der Kinderpsychologie Und Kinderpsychiatrie, 1999, 48 (9): 694-710.

干预方法相信每个个体都有自我发展的力量。[①] 国外大多数研究都将该方法的干预对象确定为 3—12 岁且具备一定语言表达能力和运动能力的儿童。国内有研究则指出,该方法只有在干预 3—8 岁自闭症感觉统合障碍儿童的情绪问题和行为问题时才具有显著的效果。[②] 迄今为止,该方法都遵循创始人维琴妮亚·亚瑟兰(Virginia M. Axline)的八项原则[③]:第一,干预者应和儿童建立温馨友好的关系。第二,干预者应无条件地接受儿童的一切。第三,干预者应营造宽容的氛围,帮助儿童充分表达自己。第四,干预者必须迅速识别儿童的情感,准确解释儿童的情感体验,理解儿童的行为意图。第五,干预者应始终相信儿童独自解决问题的能力,只要给儿童创造合适的条件,儿童自己就能解决问题。第六,干预者不能以任何方式引导儿童,而应由儿童引导整个干预过程。第七,干预必须按部就班,循序渐进。第八,游戏过程要遵循现实世界的运行法则,以保证干预效果是建立在现实世界的基础之上。在欧美国家和国内港台地区,儿童中心游戏干预主要用于干预儿童的心理问题和行为问题,并且在幼儿园和小学也具有一定的普遍推广性。[④]

(三)认知行为游戏干预

认知行为游戏干预的理论基础主要是认知行为理论。认知行为理论认为,在认知、情绪和行为三者当中,认知起到中介和协调的作用。苏珊·奈尔(Susan M. Knell)认为,认知行为游戏干预强调儿童的主观能动性,需要让儿童形成一种外显的认知,即自己可以控制和掌握自身行为并对这些行为负

---

① Ray D C, Bratton S C. What the research shows about play therapy: Twenty-first century update [M]// Baggerly J N. Child-Centered Play Therapy Research: The Evidence Base for Effectire Practice. Chichester: John Wiley & Sons, 2010: 1-33.

② 郭贞美,周淑丽,林爱兰. 儿童中心游戏治疗在儿童心理保健门诊的应用[C]//中国心理卫生协会. 第七届全国心理卫生学术大会论文汇编,2014:197-197.

③ Axline V M. Play Therapy: The Inner Dynamics of Childhood [M]. Boston: Houghton Mifflin, 1947.

④ Johnson L, Bruhn R, Winek J, et al. The use of child-centered play therapy and filial therapy with Head Start families: A brief report [J]. Journal of Marital and Family Therapy, 1999, 25(2): 169-176.

责的意识。① 近年来,认知行为游戏干预结合了多种技术和方法,更加贴合自闭症感觉统合障碍儿童的发展需求。在游戏过程中,干预者需要提供结构性和目标导向性的活动,患者也可以即兴携带喜欢的玩具一起进入游戏,共同参与整个干预活动中。

(四)格式塔游戏干预

格式塔游戏干预最早由弗里茨·皮尔斯(Fritz Pierce)和萝拉·皮尔斯(Laura Pierce)两位研究者提出。其理论基础较为丰富,在格式塔学派的人格理论基础上,综合了精神分析理论、人本主义理论、现象学、身体干预和行为主义理论等内容。② 格式塔游戏干预基于你—我关系、阻抗、自我觉察与经验的基本概念,帮助儿童通过活动体验来促进自我觉察能力的发展,从外部支持转变为内部支持,充分利用自我资源成为统合之人。③ 因此,格式塔游戏干预的活动通常具有创造性、表达性和投射性,如绘画、黏土制作、拼图等。在干预过程中,儿童会享受到更多的自由空间。同时干预者也要注重和社会接轨的规则意识,让儿童学会自我觉察和自我决策,体会到自我控制和自我成长。

(五)亲子游戏干预

亲子游戏干预对于那些由于家庭系统出现问题而造成心理障碍或行为异常的自闭症感觉统合障碍儿童具有较为显著的干预效果。干预者通常要对儿童的父母进行培训,通过儿童中心游戏干预的方式,帮助父母为儿童营造一种包容的、有安全感的环境。干预流程可简单概括如下:一是向父母解释基本理念与方法;二是向父母演示干预过程;三是指导父母掌握基本的干

---

① Knell S M. Journal of marital and family therapy[J]. Journal of Clinical Child Psychology,1998,27(1):28-33.

② Ray D C,Bratton S C. What the research shows about play therapy:Twenty-first Century update[M]//Baggerly J N. Child-Centered Play Therapy Research:The Evidence Base for Effective Practice. Chichester:John Wiley & Sons,2010:1-33.

③ 王晓萍. 儿童游戏治疗[M]. 南京:江苏教育出版社,2010.

预技能;四是在干预者的指导下,父母与儿童进行游戏实操活动;五是父母脱离干预者的指导,独自在家开展游戏干预活动。① 亲子游戏巧妙地将对儿童心理的主动干预转变为亲子关系的引导和保护。通过亲子游戏,父母在发现及解决儿童心理及行为障碍时,可以建立一个富有安全感的环境,促进亲子之间的沟通交流,建立和谐轻松的家庭氛围。

三、游戏干预的实践

随着游戏干预的发展趋势日益壮大,国内外越来越多的研究者开始将游戏干预作为训练自闭症感觉统合障碍儿童的方法。潘蜜拉·沃尔夫堡(Pamela J. Wolfberg)等人采用团体游戏干预的方法来干预自闭症感觉统合障碍儿童,并取得了一定的疗效。② 除此之外,也有研究者进行了个案研究。例如,邱学青采用游戏干预的方法对一名不足 3 岁的儿童进行干预,在三个多月的干预之后,该儿童的语言、动作、社交等能力均有了明显的进步。③

在选择干预方法的时候,通常会根据患者数量进行分类,一般分为一对一游戏干预法和团体干预法。④ 前者强调因材施教,对自闭症感觉统合障碍儿童的具体问题进行深入解决。干预者应设计针对性方案,从而更好解决自闭症感觉统合障碍儿童的行为障碍和心理障碍。后者则侧重训练社交能力,包括合作能力和竞争能力。干预者会设计许多有关合作与竞争的游戏,使得患者在游戏过程中提高沟通表达能力和人际协作能力,促进患者的社会发展。除了根据患者的数量进行划分之外,还能根据游戏方案本身的限制来将游戏干预分为自由式游戏干预和限制式游戏干预。前者会给予患者丰富的自由空间,让其自由探索,主动接触周围的事物;后者一般带有游戏规则,要

---

① Cooklin A. Eliciting children's thinking in families and family therapy [J]. Family Process, 2001, 40(3): 293-312.

② Wolfberg P J, Schuler A L. Integrated play groups: A model for promoting the social and cognitive dimensions of play in children with autism [J]. Journal of Autism and Derelopmental Disorders, 1993, 23(3): 467-489.

③ 邱学青. 孤独症儿童游戏治疗的个案研究 [J]. 学前教育研究, 2001(1): 36-37.

④ 张红梅. 自闭症儿童游戏治疗的发展趋势 [J]. 考试周刊, 2017(61): 195.

求患者在遵守游戏规则的前提下,进行合适的游戏活动。但是无论使用哪种干预方式进行治疗,为了确保患者的人身安全,干预者和家长都需要进行陪伴和监督。接下来简单介绍游戏疗法的实施过程。

（一）建立游戏干预室

干预室面积在 30 平方米左右较为合适,如果面积太大,患者可能会感到不安;如果面积太小,患者又会感到拘束。干预室内墙面颜色应以柔和色调为主,饱和度不宜过高,否则容易引起患者的负面情绪。在干预室内,可以准备一些活动设备,如打击乐器和游戏道具等。

（二）设计干预方案

游戏干预方案的制定应基于患者的具体问题。游戏内容和时间安排都需要干预者提前精心设计,并列出时间表,一般每周安排 1—2 次的游戏干预。在干预初期,游戏时间可视患者的具体情况略微调整。随着游戏次数的增加,游戏时间可以慢慢延长,最终将其控制在 1—1.5 小时范围内。游戏时间一旦确定,就不可随意更改。

为了确保游戏顺利进行,还需要制定游戏规则。制定规则时需注意要给患者充分的时间表现自己,不能因为催促患者完成活动或强制患者进行活动而引起患者的负面情绪,甚至影响干预的进行。干预者作为负责人,需要对患者在干预时的言行举止保密,并详细记录其行为表现,方便在干预一段时间后从纵向角度评估患者的变化和干预效果。

（三）观察与记录患者表现

进入干预室之前,干预者需要观察亲子分离的状态,记录下患者的不安程度。游戏过程中,干预者需要观察并记录以下内容[1]:

（1）患者参加活动的兴趣、动机的强弱变化;

（2）亲子分离状况;

---

[1]　杨满云,刘衍玲,郭成. 儿童游戏治疗理论及应用［J］. 幼儿教育（教育科学版）,2007(12)：42-45.

(3)游戏疗法组成情况；

(4)活动中表现出的能力变化；

(5)与干预者的关系；

(6)破坏玩具的倾向性；

(7)干预者对患者的活动是否进行了限制，以及患者是否可以理解；

(8)情绪情感表现；

(9)自我控制力和注意力；

(10)合适的语言表达。

四、游戏干预的意义

将游戏干预应用在自闭症感觉统合障碍儿童治疗的领域里，具有重要的意义。①

第一，游戏能促进自闭症感觉统合障碍儿童"象征性理解"能力的发展。在游戏过程中，患者能逐渐意识到不同玩具代表生活中的不同物体，意识到事物的差异性和真实性，从而更为准确地看待真实生活的世界。此外，干预者通过扮演游戏角色，与患者进行游戏互动，能引导其进行社会交流，训练其语言组织能力和口语表达能力。

第二，游戏能促进自闭症感觉统合障碍儿童对事物之间普遍性联系的理解。通过观察并把玩不同玩具，发挥玩具的日常用途（例如，拿着玩具飞机在空中"飞行"），患者可以意识到行为与结果之间的因果关系，明白自己的行为可以导致事物发生变化。有意思的是，干预者还可以在游戏中加入具有时间跨度的故事剧情和人物，并让患者每天重复此类游戏，使其感受故事之间的连贯性、趣味性和有意义性，让其将不同时间、不同事物之间的联系结合起来，形成完整的小故事，从而培养其联系事物、整合关系的能力。

第三，游戏能促进自闭症感觉统合障碍儿童的情绪情感表达，并进一步理解不同社会角色的作用和社会任务的分配。干预者通常会为患者建立一

---

① 刘建梅，于文哲. 自闭症儿童游戏治疗的研究综述［J］. 文学教育（中），2012(8)：56-57.

个安全、放松的游戏环境,可以让患者畅所欲言,自由表达藏在内心深处的情绪情感和稀奇古怪的想法。例如,患者可以扮演透明人的角色,以第三者的视角观察社会活动的运行,也可以代入故事角色的视角,体会角色的故事,感受角色的心情,处理游戏中的人际关系,促进心理理论的发展。

第四,游戏干预能促进自闭症感觉统合障碍儿童人际交往能力的提升。[1] 游戏干预中的游戏既可以是单人游戏,也可以是同龄人的社会性游戏。在社会性游戏中,患者们通常需要齐心协力完成某一个游戏活动。在游戏活动中,每位患者需要思考并提出自己的想法,同时与同伴进行沟通和交流,以完成信息的传递和任务的分配。在这些过程中,不仅可以改善他们的人际交往能力,也能提高他们的心理理论水平,使他们会尝试预测同伴的下一步行动,并做好相应反应,最终提高自闭症感觉统合障碍儿童的社交能力。

第三节　其他干预手段

在对患自闭症感觉统合障碍儿童进行干预的过程中,除了应用行为分析和游戏干预这两种方法,还有许多其他的干预手段。虽然干预的方法不尽相同,但是都可以在一定程度上改善患者的自闭症感觉统合障碍和心理障碍。

一、感觉统合训练

(一)理论基础

在 20 世纪 70 年代,艾尔斯(Jean A. Ayres)结合脑神经学、发展心理学和其他领域的研究结果,系统性提出了感觉统合理论。在该理论中视觉、听觉、触觉、本体感觉与前庭感觉会向大脑传递刺激信号,这些信号经由大脑统合之后对身体内外的刺激进行反应。[2] 在个体的婴幼儿时期,低层次的脑干

---

[1]　张红梅. 自闭症儿童游戏治疗的发展趋势 [J]. 考试周刊,2017(61):195.

[2]　Ayres A J. Sensory Integration and the Child [M]. Torranle: Western Psychological Serrices,1979:236-257.

和内耳前庭平衡系统会处理这些刺激信号。随着个体发育,大脑皮质开始统合刺激信号,形成运动—知觉—认知功能的高层次行为模式。个体逐渐开始以全局视角认识周围的环境,调控身体机能。如果感官系统的某一部分受到损伤,就会导致运动—知觉—认知功能的模式出现障碍,使得个体无法正确表征事物的形式和内在的逻辑,从而出现感觉统合失调。换句话说,感觉统合是健康儿童的大脑所具有的功能。在该功能的执行过程中,大脑会选择性吸收外界传入的感觉刺激,加以组织整理并做出合适的反应。在这一过程中,个体会收到来自身体内外的反馈,并根据反馈,调整当前的行为反应,使得下次再遇见同类刺激时,做出更合适的反应,并在这一过程中提高对环境的适应性。通过这些经验的累积,大脑功能得以不断发展,自闭症感觉统合障碍儿童的反应和学习能力也可以得到有效提升。

在应用感觉统合理论时,研究者们通常会进行如下假设:第一,感觉运动区的发展状况是学习基础,如果感觉运动区的发展比较困难,那么个体将难以进行正常的学习活动。第二,个体的生理状态、心理状态和外部环境与个体的交互过程都会影响个体大脑的发展。第三,神经系统具有一定可塑性,研究者们会利用不同的干预方式调整自闭症感觉统合障碍儿童的感觉输入,进而完善其神经系统的发育情况。第四,有意义的感觉运动行为可以有效地塑造个体的生理与心理机能。[①] 因此,感觉统合训练其实就是利用了大脑和神经系统的可塑性,加之以听觉、视觉、触觉、本体感觉和前庭感觉等方面的干预,刺激大脑发育,帮助患者统合整理这些感觉,促进神经发展,形成适应性反应。

（二）实践研究

感觉统合理论的干预原则是合适的挑战性、适应性反应、积极投入和合适指导。首先,干预活动的难度应处在患者一开始无法轻易解决的情况下,

①　Schaaf R C, Miller L J. Occupational therapy using a sensory integrative approach for children with developmental disabilities [J]. Mental Retardation and Deteropmental Disabilties Reseach Reviews, 2005, 11(2): 143-148.

但稍作努力就能解决的程度;其次,患者需要在干预者的帮助下,习得并借助新策略调整自身行为;再次,干预者应当营造出轻松和谐的干预环境,使得患者可以全身心投入干预;最后,干预者要全程关注患者的言行举止,并以此作为行为线索,理解患者的行动与想法。

根据国内学者的研究,感觉统合干预的主要患者为 4—12 岁的自闭症感觉统合障碍儿童,并且干预越早,效果越好。[①] 邓红珠等人将 45 名自闭症感觉统合障碍的儿童分为对照组和实验组,进行干预。对照组不接受任何处理,实验组接受感觉统合训练。在经过 6 个月的干预后发现,相比干预前,实验组的临床症状各项分值均显著降低,其中社交项的分值降低更为显著,实验组患者的感觉统合能力失调状况也有较明显的改善。

感觉统合训练能有效改善自闭症感觉统合障碍儿童的语言、社交、感知觉和行为方面的症状,促进注意力集中、目光对视好转、多动行为减少、情绪稳定等积极行为。因此,感觉统合训练能在一定程度上改善儿童的自闭症感觉统合障碍等症状。

二、结构化教育

(一)理论基础

结构化教育(treatment and education of autistic and related communication handicapped children,TEACHC)作为埃里克·斯考普勒(Eric Schopler)等人创立的个性化训练项目,基于自闭症感觉统合障碍儿童的功能优势,强调对患者的各类症状给予充分理解与尊重。利用各种教育资源,运用时间—空间的视觉象征,使得教育环境与教学活动高度结构化。[②] 结构化和个性化是结构化教育的核心:教育的结构化是为了结构化患者的生活环境、作息时间、工作

---

① 邓红珠,邹小兵,静进,等. 感觉统合训练治疗儿童孤独症疗效影响因素分析 [J]. 临床儿科杂志,2005(2):110.

② Schopler E. A statewide program for the treatment and education of autistic and related communication handicapped children (TEACCH) [J]. Child and Adolescent Psychiatric Clinics of North America,1994,3(1):91-103.

框架等方面,使环境具有可预测性,给予患者一个安全的生活环境;教育的个性化是指重视自闭症感觉统合障碍儿童的兴趣与爱好,干预者需要为每一位患者量身打造一套训练体系,利用标准化测试工具来评估训练结果,从而有针对性地调整训练计划。[①] 根据患者的学习能力和学习目标,结构化教育会对学习环境进行系统性地安排,以便更好地达到预定教学目标。此外,结构化教育还充分利用了患者的视知觉优势,利用卡片等玩具作为视觉线索引导儿童的活动,在潜移默化中将社会互动的行为准则和技巧传授给患者,提高其社会能力。

(二)实践研究

在结构化教育的实践研究中,许多干预者都会将视觉提示贯穿结构化教育的始终,同时强调生活环境、作息时间和工作框架的结构化[②]:

(1)生活环境结构化。干预者需要明确划分不同的生活功能区,如工作区、休息区和游戏区等。每个区域之间可以用简单线条分隔,从而减少视听刺激的干扰,促进患者集中注意力,专注于学习活动。

(2)作息时间结构化。干预者可以利用简单的文字、图片等形式,罗列出患者的作息时间表,其中涉及具体的时间、地点和事件内容等。患者可以按照作息时间表的内容,明白何时何地做何事,方便其按照指令完成任务。

(3)工作框架的结构化。患者的工作框架是基于作息时间表发展而来的,整合了结构化的作息时间与视觉线索等信息,要求患者能遵照内容独立完成任务,可以有效锻炼其生活技能。

(4)视觉线索。借助图片、文字和流程图等视觉线索,自闭症感觉统合障碍儿童的活动方式能变得更明确,主要包括视觉清晰、视觉组织和视觉教学

①　袁海娟. 自闭症谱系障碍儿童结构化教学的研究综述 [J]. 现代特殊教育,2017 (14):2017(14):54-59.

②　曾刚,于松梅. 自闭症文化特质与结构化教学 [J]. 中州大学学报,2014,31(6):4.

三个方面。[①] 视觉清晰是指通过显著的视觉提示将患者注意力吸引到重要的任务上，帮助其捕获重点和要点；视觉组织主要是将空间和工作整合起来，帮助患者理解工作的任务框架，提高其注意力的聚焦；视觉教学主要是指用文字或图片的形式给予患者任务提示，尤其是在患者无法靠自己的能力克服困难的时候。

有研究者采用父母问卷的方式粗略评估了结构化教育训练项目，结果表明其适用性较高，可以有效帮助大多数患者。莎丽·佐诺夫（Sally Ozonoff）和卡斯卡特（Kristina Cathcart）也评估了自闭症感觉统合障碍儿童的训练方法疗效，通过对患者父母进行结构化培训，要求他们在家中对患者进行结构化教育训练，结果表明疗效显著。[②] 相比国外，国内结构化教育对自闭症感觉统合障碍儿童干预的相关研究数量较少。已有研究结果表明，在结构化教育的干预后，自闭症感觉统合障碍儿童的多数功能领域得到了显著改善，并且随着干预时间的延长，自闭症感觉统合障碍儿童的社会适应性越好，其干预效果也越好。

三、音乐疗法

（一）理论基础

音乐疗法是一种系统的干预过程，美国音乐治疗协会（American Music Therapy Association，AMTA）认为音乐疗法是一种将音乐当作干预方法，提高患者对自己及周围环境的满意度，进而达到社会适应目的的干预手段。通过患者的音乐反应，干预者可以评估患者的生理和心理健康，然后以音乐的形式设计干预方案，让患者在音乐体验中得到干预。音乐疗法的

---

① Griffiths C. LEGO Therapy and social competence：An exploration of parental and teacher perceptions of LEGO-based therapy with pupils diagnosed with autism spectrum disorder (ASD) [D]. Cardiff：Cardiff University, 2016.

② Ozonoff S, Cathcart K. Effectiveness of a home program intervention for young children with autism [J]. Journal of Autism and Developmental Disordes, 1998(28)：25-32.

原则是使用音乐体验将干预者和患者之间发展成动态变化的关系,促进患者的干预。[1]

音乐疗法的干预机制可以从生理、社会和心理三个方面进行阐述。在生理机制上,音乐疗法对大脑右半球的作用更为显著。通过节奏和韵律对神经中枢的脑区产生影响,促使各功能区之间及中枢与外周器官之间的活动节律协调一致,形成组织化和程序化的活动。[2] 此外,音乐还能刺激下丘脑和边缘系统等负责情绪的神经中枢,有效培养自闭症感觉统合障碍儿童的情绪能力。在社会层面上,音乐作为非语言交流形式,其本身就具有一定的社会性,患者身处愉悦的人际交往环境,能更好地学习社会行为。从心理机制层面来讲,音乐疗法能使自闭症感觉统合障碍儿童的情绪、行为及思想观念得到有效改善,促使患者形成对环境更强的适应性。

音乐疗法的主要流派分为埃米尔·达尔克罗兹(Emile J. Dalcroze)音乐教育、佐尔坦·柯达伊(Zoltan Kodaly)音乐教育、卡尔·奥尔夫(Carl Orff)音乐干预法、朱丽叶·阿尔文(Juliet Alvin)的阶段理论,以及鲁道夫·罗宾斯(Nordoff Robbins)的创造性音乐干预模型。

1. 达尔克罗兹音乐教育

达尔克罗兹是瑞士著名的音乐家和教育家,曾担任日内瓦音乐学院的教授。在他的教育体系中,他认为当时的音乐教育只注重音乐性,不符合音乐的本性。音乐本身作为一种有节奏的语言,离不开律动的运动特点。同时律动和人体本身的运动也存在密切联系。因此,达尔克罗兹提出了"体态律动学"的教学方法。他的教学理念在今天仍具有一定的意义,他认为人体本身就是乐器,人是通过自身运动将内心的情绪转化为音乐的。因此,他在教学过程中特别注重启发患者进入产生乐曲的激情之中,将乐曲的感情转化为具

---

[1] Accordino R, Comer R, Heller W B. Searching for music's potential: A critical examination of research on music therapy with individuals with autism [J]. Research in Autism Spectrum Disorders, 2007, 1(1): 101-115.

[2] 刘建梅,于文哲. 自闭症儿童游戏治疗的研究综述 [J]. 文学教育(中),2012(8): 56-57.

体的动作、节奏和声音，培养人体的节奏感，达到身心和谐，激发患者的想象力，促进患者的全面发展。

2. 柯达伊音乐教育

柯达伊音乐教育是匈牙利音乐家柯达伊提出的，其中的很多教学方法都依赖于一定的练习和游戏。柯达伊的教学方法以匈牙利的民间教学为基础，创造性地结合了可移动"do"视唱练耳、发声节奏、手势和协作练习，使得柯达伊音乐教育在全世界都有较好的普及度。柯达伊认为，音乐应该从小就教授，并以一种有逻辑性和顺序性的方式教授，需要让患者在学习音乐的过程中体会到音乐的乐趣。他主张用人声作为学习音乐的通用工具，并且学习素材还得选自患者的母语民歌，这为患者的音乐体验提供了通俗易懂的学习基础。

3. 奥尔夫音乐干预法

德国作曲家奥尔夫创立的奥尔夫音乐干预法具有综合性的自娱特点，患者一直参与到音乐当中，与音乐形成双向互融的关系。奥尔夫强调结合艺术探索，不只是音乐，包括躯体运动、语言、听觉等形式，形成完整的艺术呈现方式，并需要患者在乐曲当中进行各种舞蹈动作的模仿。[①] 其首要目标和原则便是让患者在即兴环境中参与音乐活动，体验音乐，最终提高患者的主动性、专注力、感知觉能力和模仿能力等。

4. 阿尔文的阶段理论

阿尔文的阶段理论是目前较为广泛的音乐干预理论。[②] 阿尔文开创了儿童即兴音乐演奏之先河，强调音乐疗法的主动性，认为音乐疗法的目的是让患者和环境建立积极的联系。干预过程分为两个阶段：在第一阶段，引导患者主动接触乐器，使其逐渐感受音乐的节奏与旋律；在第二阶段，患者开始进行即兴创作，此时干预者可以将音调高低和音色变化结合到语言文字中，从而帮助患者运用音乐性的语言表达情绪。这些活动能够激发、培养患者的

---

① Ayres A J，Robbins J．Sensorg Integration and the Child：Understanding Hidden Sensory Challenges[M]．Torrance：Western Psychological Services，2005.

② 朱丽叶·阿尔文，奥瑞尔·沃里克．孤独症儿童的音乐治疗 [M]．张鸿懿，译．上海：上海音乐出版社，2008.

认知能力,使得患者能将音乐和周围事物进行关联,在即兴发挥的轻松环境中改善自我。

5.罗宾斯的创造性音乐干预模型

创造性音乐干预来源于人本主义,以马斯洛的需求层次理论为基础。[①]创造性音乐干预的重点是干预者的"创造性",需要激发患者的音乐体验,增强其情绪表达能力。强调通过即兴音乐来唤醒患者自我实现的潜力,利用个体与生俱来的即兴音乐创造能力来克服情绪、生理和认知上的障碍。在干预过程中,干预者要同患者一起利用各种特殊乐器即兴创作,激发内在动力,促进个体其他方面的发展,从而实现自我成长与自我实现。

(二)实践研究

目前国外的音乐干预体系已经形成了一套系统性和实用性较强的体系,而我国的音乐干预则相对发展得较晚,也还没有规范性设施。自 1950 年美国音乐治疗协会成立,国外便开始尝试使用音乐对自闭症感觉统合障碍的儿童进行干预,大多集中于患者的言语交流、行为、社交和情绪等方面的实证研究。现有研究已经证实了音乐疗法在自闭症感觉统合障碍儿童的语言和社交能力等方面有显著改善的效果,能有效减少患者固执和重复的刻板行为,增强患者的言语模仿能力,减少负性情绪等。辛迪·埃哲顿(Cindy L. Edgerton)将音乐疗法应用于自闭症感觉统合障碍儿童的社会交往技能,伊芙琳·布达伊(Evelyn M. Buday)则更关注如何用音乐疗法促进自闭症感觉统合障碍儿童的语言、社交和行为能力的发展。[②] 国内的音乐疗法也开始逐渐应用在自闭症感

---

① Schaaf R C，Miller L J. Occupational therapy using a sensory integrative approach for children with developmental disabilities [J]. Mental Retardation and Delelopmental Disabilities Research Reviews，2005,11(2):143-148.

② Edgerton C L. The effect of improvisational music therapy on the communicative behaviors of autistic children [J]. Journal of Music Therapy, 1994，31(1):31-62; Buday E M. The effects of signed and spoken words taught with music on sign and speech imitation by children with autism [J]. Journal of Music Therapy, 1995, 32 (3):189-202.

觉统合障碍儿童的情绪、语言、感知觉、行为和社交能力等方面。如郭树荫和李慧娟探讨了音乐干预方式对自闭症感觉统合障碍儿童语言功能康复的临床疗效与意义,将220名自闭症感觉统合障碍的患者随机分为实验组和对照组,在实验组中加入音乐干预。结果表明,音乐干预能够显著地提高自闭症感觉统合障碍儿童的语言表达能力、语言理解能力和社交沟通能力。[1]

四、针灸疗法

(一)理论基础

根据古代各种书籍的描述,有研究者发现儿童的自闭症感觉统合障碍属于"语迟""胎弱"的范畴。[2] 郭麟竹和张红林认为,儿童自闭症感觉统合障碍的病因包括以下三点。

一是肝失条达、升发不利。《素问·灵兰秘典论》中记载:"肝者,将军之官,谋略出焉。"表明肝主要负责疏泄调气,表现在精神状态和情绪变化方面。如果肝无法及时疏泄调气,个人身体里就会憋着一股气,无法宣泄,外在表现便是郁郁寡欢,长此以往会阻碍个体身心的健康发展。

二是神失所养,心窍不通。神失所养的具体表现是说话次数少和说话流畅度较差等症状。这主要强调了心主神志的重要性,心神养好了,则精神振奋,神志清晰;如果心神失养,则会表现出神情淡漠,精神萎靡,严重阻碍个体的自我发展。

三是先天不足,肾精亏虚。肾为人体之本,倘若先天肾精不足,则肾精亏虚,影响大脑发育,使得个体活动异常。药物刺激、精神刺激等原因,都会使得个体在出生时就表现出肾精不足的症状。

(二)实践研究

将针灸干预应用于自闭症的主要方法有单纯针刺、电针和针锥推拿并用等。

---

[1] 郭树荫,李慧娟. 音乐治疗在孤独症儿童语言康复治疗中的应用 [J]. 中国妇幼保健,2015,30(32):5588-5589.
[2] 郭麟竹,张红林. 儿童自闭症的中医认识及其疗法研究综述 [J]. 首都医药,2012(22):17-19.

　　单纯针刺的穴位一般选取具有益肾增精和开窍醒神功能的穴位，如项丛针、手智三针和颞三针等。每日干预 1 次，每周干预 4—6 次，3 个月为 1 疗程。相关研究结果表明，单纯针刺具有一定的干预效果。①

　　王春南等人在研究中每天都对自闭症患者进行行为疗法训练和电针干预。穴位取百会、四神聪、神庭和本神等穴，以 0.3 毫米×40 毫米毫针刺入，刺入后接通生命信息干预仪，采用频率为 1.25 赫兹的等幅疏密波。每日 1 次，每次 50 分钟，每周 5 次，2 个月为 1 个疗程，连续干预 2 个疗程，最终的有效率为 33％。②

　　琚玮和封玉采用针灸与推拿并用的方式干预患自闭症感觉统合障碍的儿童。③ 针灸时取百会、四神聪、神庭和印堂等穴位，进针后留针 45 分钟，其间采用捻转手法强刺激行针 3 次，每日 1 次。推拿时要求患者取坐位或仰卧位，施一指禅推法于下关、颊车、地仓等穴位，重点揉按廉泉、通里和风府穴。按揉患者侧面部与口角部，推摩承浆穴，每次 30 分钟，每日 2 次。在 13 例患者中有效干预 11 例患者。

　　在缺乏自闭症感觉统合障碍特效药的前提下，针刺作为一种简单便捷的干预手段，临床上证明其具有一定的疗效，这为自闭症感觉统合障碍儿童的干预提供了崭新的思路。

五、生物相关疗法

（一）药物

　　现如今还没有专门用于治疗自闭症感觉统合障碍的特效药，因此主要还是在干预方面施加抗精神病药物。通过改变 5-羟色胺受体和多巴胺神经元

① 奚玉凤，刘媛媛，艾宙，等. 增智开窍针法对孤独症儿童语言功能的干预作用［J］. 上海针灸杂志，2007，26(5)：7-8.
② 王春南，商淑云，魏晓红. 电针配合行为疗法对孤独症患儿社会适应行为能力的影响［J］. 上海针灸杂志，2006，25(12)：19-20.
③ 琚玮，封玉. 针刺、推拿为主治疗儿童孤独症语言障碍 13 例［J］. 中医研究，2009，22(4)：54-55.

等神经生化系统来干预焦虑、抑郁或强迫性精神障碍等。利培酮和阿立哌唑是少数通过美国食品药品监督管理局(Food and Drug Administration,FDA)认证的仅仅用于5—16岁儿童的自闭症药物,艾司西酞普兰(Escitalopram)和氟西汀(fluoxetine)等可以干预自闭症感觉统合障碍儿童的自伤行为和重复行为等问题行为。[1]

虽然以上这些药物都能在一定程度上缓解自闭症感觉统合障碍儿童的症状,但是都无法触及自闭症感觉统合障碍患者的核心缺陷,即社交和沟通障碍。此外,这些药物存在一定的副作用,在儿童用药方面还欠缺足够的临床经验,这就使得对自闭症感觉统合障碍儿童进行药物干预的道路依旧任重而道远。[2]

(二)抗生素

在对自闭症感觉统合障碍患者的肠道症状进行分析后,许多研究者开始尝试用抗生素来干预肠道症状,从而缓解自闭症感觉统合障碍患者的症状。研究表明,服用万古霉素可以在一定程度上改善自闭症感觉统合障碍症状。[3] 虽然抗生素的干预存在一定价值,但是一旦患者产生了耐药性,将极大地降低干预效果,因此在选择此类抗生素时应当慎重。

(三)饮食

相较于上述干预手段,饮食疗法的风险和副作用相对较低,并且具有一

---

[1] Kutcher S P. Risperidone treatment of antitic disorder: Longer-term benefits and blinded discontinuation after 6 months [J]. American Journal of Psgchiatry, 2005, 162(7):1361-1369;Posey D J, Erickson C A, Stigler K A, et al. The use of selective serotonin reuptake inhibitors in autism and related disorders [J]. Journal of Child & Adolescent Psychopharmacology, 2006, 16(1-2): 181-186.

[2] Posey D J, Aman M G, Arnold L E, et al. Randomized, controlled, crossover trial of methylphenidate in pervasive developmental disorders with hyperactivity [J]. Archives of General Psychiatry, 2005, 62(11): 1266-1274.

[3] Sandler R H, Finegold S M, Bolte E R, et al. Short-term benefit from oral vancomycin treatment of regressive-onset autism [J]. Journal of Child Neurology, 2000, 15(7): 429-435.

定的兼容性。目前,多数研究都会采用无麸质/无酪蛋白饮食(gluten-free/casein-free diet,GF/CF)和特殊碳水化合物饮食(the specific carbohydrate diet,SCD)等饮食方式来改善自闭症感觉统合障碍。[①]

无麸质/无酪蛋白饮食干预法主要是去除面粉、小麦和大麦等含有谷蛋白的食物,禁止所有奶和奶制品。这是因为自闭症感觉统合障碍儿童通常会伴有食物不耐受或过敏的症状,所以需要避免这类引起不耐受和过敏的食物。有研究表明,在严格限制了这类食物的摄入后,自闭症感觉统合障碍的症状有了显著改善,在7—9岁的儿童身上效果尤为明显。[②] 有研究者调查了GF/CF饮食对自闭症感觉统合障碍儿童社会行为的影响,在经过一段时间的饮食干预后,各个量表的得分均有明显升高,表明了该饮食干预的有效性。[③] 虽然有研究证明了无麸质/无酪蛋白饮食干预法的积极作用,但也有研究者持反对意见,他们甚至还发现使用该方法会引起营养不良等问题。因此,在使用时也需要慎重考虑。

2004年,伊莲·戈特沙尔(Elaine Gottschall)首次研制出特殊碳水化合物饮食疗法,该方法不仅完全无麸质,也没有淀粉。[④] 有研究者认为某些以

① Kawick A A, Regulska-Ilow B. How nutritional status, diet and dietary supplements can affect autism? A review [J]. Roczniki Panstwowego Zakladu Higierg, 2013, 64 (1): 1-12.

② Goin-Kochel R P, Mackintosh V H, Myers B J. Parental reports on the efficacy of treatments and therapies for their children with autism spectrum disorders [J]. Research in Autism Spectrum Disorders, 2009, 3(2): 528-537; Pedersen L, Parlar S, Kvist K, et al. Data mining the ScanBrit study of a gluten-and casein-free dietary intervention for children with autism spectrum disorders: Behavioural and psychometric measures of dietary response [J]. Nutritional Neuroscience, 2014, 17 (5): 207-213.

③ Whiteley P, Haracopos D, Knivsberg A M, et al. The ScanBrit randomised, controlled, single-blind study of a gluten-and casein-free dietary intervention for children with autism spectrum disorders [J]. Nutritional Neuroscience, 2010, 13(2): 87-100.

④ Gottschall E. Digestion-gut-autism connection: The specific carbohydrate diet [J]. Medical Veritas the Journal of Medical Truth, 2004, 1(2): 261-271.

淀粉为营养物质的肠道病原体会产生神经毒性物质，从而影响自闭症感觉统合障碍儿童的大脑。特殊碳水化合物饮食疗法严格限制了碳水化合物（即淀粉）的摄入，从而抑制了大部分酵母菌和其他有害肠道病原体，减少了肠道感染，保护了肠道微生物生态系统，有助于消化功能的恢复，改善患者症状。

小　结

随着国家的相关心理建设工作逐渐完善，自闭症感觉统合障碍的诊断标准不断更新，自闭症感觉统合障碍由过去的一种单一疾病变成了一个谱系障碍。当儿童出现了社会交往障碍、言语障碍、兴趣狭窄和重复的刻板行为这些症状时，很有可能已经患上了自闭症感觉统合障碍，需要及时向心理干预者寻求心理干预。

许多传统的自闭症感觉统合障碍干预手段主要集中在行为分析方面，并且已被大量研究证明可以在一定程度上改善患者的症状，帮助他们恢复心理健康。本章对这些行为分析的干预手段进行了简单的介绍。应用行为分析以刺激—反应—强化为基本原理，强化正确反应，用合适行为代替问题行为。游戏干预是将游戏模式系统性运用，以建立人际交往的过程，其本质是结合游戏的形式来达到干预目标的一种心理服务活动，使患者在温馨自由的环境中自由表达特殊情绪和社会交往困难的信息。此外，感觉统合训练、结构化教育、音乐疗法、针灸疗法和生物相关疗法等干预手段也在一定程度上丰富了自闭症感觉统合障碍儿童的干预手段，启发干预者们创新性地设计更多干预手段。

目前传统自闭症感觉统合障碍的干预手段仍然存在以下问题：干预者群体数量较少，并且缺乏高学历人才；许多干预手段的外部效度较低，本土化干预手段匮乏；国内关于自闭症感觉统合障碍的研究大多是广泛性的干预研究，缺乏系统性的某一干预方案研究，不能使其具有足够的应用广度；干预重心集中在行为层面，神经层面的研究相对来说较少。在未来的研究中，研究者们可以尝试将事件相关电位和经颅磁刺激技术等电生理技术同脑神经研究相结合,从神经层面探索干预自闭症感觉统合障碍儿童的有效方法,也可以将其应用到多模态教学背景下,探索提升自闭症感觉统合障碍儿童教学效果的方法。关于自闭症感觉统合异常的现代神经干预技术将在下一章进行阐述。

第五章 自闭症感觉统合障碍干预:现代
神经干预技术

上一章我们了解了一些传统的行为干预手段,这些行为干预手段从应用行为分析出发,采用感觉统合的理论及训练方式方法[1]和运动干预方式方法对感觉统合失调的幼儿进行训练,能有效地改善幼儿本体的感知觉。然而,这种侧重教育干预的方法费时费力且效果十分有限。以往,自闭症感觉统合障碍的干预手段主要以传统应用行为分析为主要取向,采用游戏训练作为主要手段。这类干预方案虽能一定程度上提高自闭症儿童的感觉调节和运动协调能力,但存在四个方面的问题:(1)目前常用的游戏训练干预方案侧重行为矫正,主要针对前庭系统失调和本体系统失调的儿童。这类游戏训练本身并非针对自闭症儿童,且无个别化的深层心理机制分析作为支撑,因此适用性不佳。(2)干预过程忽略环境和刺激信息的可持续性和多样性,即便对单通道感觉统合障碍有所改善,但并不适用于跨通道的感觉统合障碍。(3)干预方法并无发展心理学和神经生理学的理论作为支撑,容易忽略个体感觉统合训练干预背后的深层神经系统变化和神经发育过程。(4)干预治疗过程耗时费力,对患儿家庭造成较大经济负担,但对自闭症核心症状的治疗作用依然非常有限。[2] 因此,从自闭症的感觉统合障碍机制出发,运用当前新的干

---

[1] Ayres A J. Improving academic scores through sensory integration [J]. Journal of Learning Disabilities, 1972, 5(6): 338-343.

[2] 陈墨,韦小满. 自闭症弱中央统合理论综述 [J]. 中国特殊教育, 2008(10): 79-86.

预手段成为儿童自闭症教育康复技术发展的必然需求。①

　　随着神经科学技术的不断发展,研究者对自闭症患者的统合异常的神经基础有了更深入的认识,同时,新的技术手段的利用使得研究者能够在无创条件下直接对自闭症进行相应的神经干预。无创神经干预能够通过使用外界的多种物理刺激来直接影响患者大脑的神经活动,如使用有节律的经颅直流电刺激(transcranial direct current stimulation,tDCS)、经颅交流电刺激(transcranial alternating current stimulation,tACS),或者是经颅磁刺激(transcranial magnetic stimulation,TMS)来刺激患者大脑对应的病变脑区,也可以通过类似行为训练的方法,在没有外界物理刺激的干预下,训练患者自发地控制异常的大脑活动,从而达到抑制大脑的不良活动,减轻自闭症症状的目的。

　　虽然到目前为止,非侵入式神经干预技术在解决自闭症的感觉统合障碍方面的研究依然较少,然而,有许多研究表明非侵入式神经干预技术能够有效地提高许多精神疾病患者的认知能力,这说明非侵入式神经干预技术在解决自闭症儿童的感觉统合障碍上有着极大的应用潜力。

　　因此,在本章中,我们将介绍当今非侵入性神经干预在精神疾病中的应用和未来将其应用于解决自闭症患者的感觉统合异常问题上的理论。在第一节中,我们将会介绍两个主要的脑刺激技术:tDCS 及 TMS;而在第二节中,我们将介绍非脑刺激技术中的神经反馈训练。

第一节　非侵入性脑刺激技术

　　随着现代神经科学技术的不断发展,非侵入性脑刺激(non-invasive brain stimulation,NBS)技术越来越受到人们的关注。非侵入性脑刺激是相对于临床上已经成熟应用的侵入性脑刺激治疗而言的。在此类侵入性治疗

① 贾磊,金冰. 儿童自闭症感觉统合障碍干预的新视角:rTMS 技术及其理论基础 [J].
科教导刊,2018(27):159-160.

中,患者的大脑将会通过脑外科手术被植入电极,而植入的电极则会通过持续地放电来抑制异常的大脑放电活动,从而达到治疗脑疾病的目的。侵入式治疗已经在帕金森病、癫痫等脑疾病中获得了广泛的应用。尽管侵入式治疗在技术上非常安全,然而,脑外科手术不可避免地存在风险,它可能导致患者大脑的出血或者是感染,而且手术费用高昂。

相较于侵入性脑刺激治疗,非侵入性脑刺激技术在脑部功能研究及治疗方面具备无创性、易操作、价格低廉等优势。与侵入性脑刺激技术相同,非侵入性脑刺激技术同样是通过外界物理刺激影响大脑,不过,非侵入性脑刺激技术不依靠外部手术等有创操作,而是利用磁场或电场作用于大脑的特定部位,从而起到调节大脑皮层神经元活动的作用。在非侵入性脑刺激中,最具代表性的是经颅直流电刺激(tDCS)和经颅磁刺激(TMS)。在 TMS 中,颅内电流由波动的颅外磁场在皮层中诱导,而在 tDCS 中,恒定的电流通过头皮电极传导到大脑。这两种技术都具有调节区域皮层兴奋性的能力,而且儿童和成人都能很好地耐受。这也为感觉统合障碍的干预带来了一定的转机。相较于以往传统干预手段的耗时耗力、适用性差及效果有限等特点,应运而生的经颅磁刺激技术具有得天独厚的优势。

一、经颅直流电刺激

第一个关于电流刺激临床应用的系统性报告可以回溯到 18 世纪时期,意大利生理学家阿尔迪尼(Giovanni Aldini)等人采用经颅电刺激治疗抑郁症。在 20 世纪 60 年代的早期实验中,人们对直流电刺激大脑的兴趣第一次达到了高峰。直到 21 世纪初,人们对 tDCS 的研究热情才又被重新点燃。

当前,tDCS 作为一种非侵入性的脑部干预技术被重新认可和接受。原因如下:(1)对动物和人类的研究为 tDCS 影响神经可塑性的机制及电流分布与刺激区域相关提供了证据。(2)研究者的后续研究证明了微弱直流电可以有效地透过颅骨进行传导并能在皮层上诱发双向的、极性相关的改变。具体而言,阳极的直流电刺激可以增加皮质的兴奋性,而阴极的直流电刺激可以降低皮层兴奋性。(3)tDCS 的技术特点(如无创、非侵入性、耐受较好、作用短暂、副作用轻微等)也点燃了临床应用研究的热情,相关研究大幅增加。尽管研究结果存在差异且都提出需要进一步的研究证实,但是绝大多数的研究结果都对 tDCS 技术寄予厚望。

　　tDCS 已被证明对各种疾病有好的治疗效果,如中风[①②]和难治性癫痫[③];精神症状,如慢性抑郁症[④]和毒瘾[⑤];疼痛状况,如纤维肌痛和创伤性脊髓损伤[③]。在自闭症治疗上,tDCS 是一种有前景的新型治疗方法。相关研究发现 tDCS 技术一定程度上改善了自闭症儿童的大脑结构和功能,有效地促进了自闭症儿童的社会功能、运动技能等。因此,tDCS 在自闭症治疗领域被予以关注。

(一)tDCS 的原理

　　与其他非侵入性脑刺激技术如经颅磁刺激不同,tDCS 不是通过阈上刺激引起神经元放电,而是通过调节自发性神经元网络活性来发挥作用。tDCS 是一种通过阳性和阴性电极在头皮特定位点施加微弱电流(1～2 毫安)调节大脑皮质兴奋性的非侵入性技术。tDCS 有一个直流微电刺激器(供

---

①　Fregni F, Boggio P S, Mansur C G, et al. Transcranial direct current stimulation of the unaffected hemisphere in stroke patients [J]. Neuroreport, 2005, 16(14): 1551-1555.

②　Hummel F, Celnik P, Giraux P, et al. Effects of non-invasive cortical stimulation on skilled motor function in chronic stroke [J]. Brain, 2005, 128(3): 490-499.

③　Fregni F, Gimenes R, Valle A C, et al. A randomized, sham-controlled, proof of principle study of transcranial direct current stimulation for the treatment of pain in fibromyalgia [J]. Arthritis & Rheumatism: Official Journal of the American College of Rheumatology, 2006, 54(12): 3988-3998.

④　Boggio P S, Nunes A, Rigonatti S P, et al. Repeated sessions of noninvasive brain DC stimulation is associated with motor function improvement in stroke patients [J]. Restorative Neurology and Neuroscience, 2007, 25(2): 123-129.

⑤　Fregni F, Liguori P, Fecteau S, et al. Cortical stimulation of the prefrontal cortex with transcranial direct current stimulation reduces cue-provoked smoking craving: A randomized, sham-controlled study [J]. Journal of Clinical Psychiatry, 2008, 69(1): 32-40.

电电池设备）、一个阴极电极和一个阳极电极,外加一个控制软件用来设置刺激类型的输出。在使用时,一个电极放在刺激的皮质区域的颅骨上方,另一个电极放在对侧的眼窝之上,参照电极也可置于肩上或颅外的其他部位,保证两个刺激电极板之间相互干扰最小。电极放置在大脑表面后,刺激器输出1～2毫安的微弱直流电,使电流从阳极流动到阴极,从而形成一个环路。一部分电流在通过头皮和颅骨时衰减,另一部分电流则穿过颅骨作用于大脑皮质,进而调节大脑皮质活动,影响相应的感知觉、运动和认知行为。电刺激时,通常采用一对浸有生理盐水的海绵或棉布电极对头颅的选定部位进行刺激,生理盐水的最佳浓度范围在 15～140 毫摩尔每升,也有研究认为在电极上用导电膏更有助于电流的导入。通过给极化的神经元施加额外的电刺激可以调节神经元的兴奋性。

　　tDCS 的刺激器由一组电池供电,能产生直流电。刺激器的阳极和阴极分别通过导线连接两个导电橡胶电极,在进行刺激时,为了增强导电性,会将浸有低浓度盐水的海绵套包裹在橡胶电极上,用可调节的固定带,将阳极电极固定于某个大脑区域对应的颅骨位置上,将阴极电极置于远离阳极电极的不相关区域。刺激过程中,使电流从阳极流出,阴极流入,形成一个环路,从而形成该脑区的阳极刺激模式。如果调换两个电极的放置位置,则形成阴极刺激模式。通常,tDCS 的电流刺激强度为 1～2 毫安,刺激时间从 5 分钟到20 分钟不等。tDCS 的对照假刺激模式则是进行短暂的通电,时长为 30 秒,使被试产生类似真刺激带来的刺痛等感觉。

　　tDCS 是一种非侵入性的大脑神经调控技术。根据电极放置位置和刺激时间的不同,tDCS 有三种常见的刺激模式:阳极经颅直流微电刺激,即阳极电极置于目标脑区位置;阴极刺激,即阴极电极置于目标脑区位置;对照假刺激(伪刺激),即给予非常短暂的电流刺激(约 30 秒),仅使被试产生与真刺激相同的主观感觉,而对照假刺激的电极放置模式一般与其相应的真刺激的电极放置模式一致。阳极刺激通常能提高刺激部位神经元的兴奋性,阴极刺激则降低刺激部位神经元的兴奋性。伪刺激多是作为一种对照刺激。神经生理实验证明,神经元会通过放电频率改变对静态电场(直流电)做出反应。因此,tDCS 能够双向调控大脑的活动。

（二）tDCS 的神经生理影响

1. 应用期间的神经生理影响

弱极化电流的影响似乎严重地依赖于电流的强度和应用的持续时间。直流刺激通常用电荷密度（C/cm²）来描述,其中 1 库仑(C)是 1 安培的稳定电流在 1 秒内传输的电荷量。早期在动物中使用 0.00013～0.3 C/cm² 的直接皮层刺激的研究表明,由于阈下膜偏振变化[①],如果阳极被放置在皮层之上或内部,自发神经元活动增加,而阴极极性导致自发单位放电减少[②]。然而,整个皮层的神经元并不是以一种均匀的方式被调节的。深层皮层的神经元通常被阳极抑制而被阴极激活。这表明,神经元相对于电场的定向等同于它们对刺激的反应,是至关重要的。此外,不同的神经元亚群具有不同的调节阈值。非锥体束神经元在总电荷比锥体束神经元更低的条件下被刺激,只有在电荷密度大于 0.008 mC/cm² 时,锥体束神经元的活动才会被调节。这些发现对人类研究很重要,因为它们表明 tDCS 可以刺激锥体束神经元和中间神经元。

2. 应用后的神经生理影响

神经元的放电调节发生在电流关闭后,实际上,在电流停止几分钟后可以达到最大的效果。以大鼠为对象,25 毫安的阳极电流通过皮质 8 分钟,导

---

① Purpura D P, Mcmurtry J G. Intracellular activities and evoked potential changes during polarization of motor cortex[J]. Journal of Neurophysiology, 1965, 28(1): 166-185; Scholfield C. Properties of K-currents in unmyelinated presynaptic axons of brain revealed by extracellular polarisation [J]. Brain Research, 1990, 507(1): 121-128.

② Bindman L J, Lippold O, Redfearn J. The action of brief polarizing currents on the cerebral cortex of the rat (1) during current flow and (2) in the production of long-lasting after-effects[J]. Journal of Physiology, 1964, 172(3): 369-382; Creutzfeldt O D, Fromm G H, Kapp H. Influence of transcortical d-c currents on cortical neuronal activity [J]. Experimental Neurology, 1962, 5(6): 436-452.

致神经元兴奋性增加至少 50 分钟。在类似的时间内，阴极电流会导致神经元的兴奋性下降，条件是施加阴极电流超过 5 分钟。电流应用后的效应取决于电流的强度：25 毫安阳极电流会导致神经元活动的增加，而 200 毫安的阳极电流施加 2 秒钟就会导致所有神经元活动的消失，在接下来的 30 分钟里才慢慢恢复，这可能是去极化阻滞所起的作用。

电流施加的后续效应取决于施加的电流超过施加的总电荷的持续时间。例如，施加在猫身上的总电荷密度为 0.06 C/cm^2，超过 40 秒后，只产生了几秒钟的后续效应①，而采用 0.03 C/cm^2 的剂量在 20 分钟或更长的时间内会使老鼠的神经元活动发生数十分钟的变化③。

这些长期效应不仅是一种电现象，而且还取决于蛋白质合成。① 最近的研究表明，阳极刺激提高了细胞内钙离子水平和早期基因表达。虽然这些实验中 30 分钟的刺激比标准 tDCS 实验中使用的刺激要大，但这些效应被证明是依赖于 N-甲基-D-天冬氨酸受体（N-methyl-D-aspartic acid receptor，NMDA）受体。②③ 这种刺激持续时间的差异可能很重要，因为 0.068 C/cm^2 减少了环腺苷酸受体蛋白质（cyclic amp receptor protein，cAMP），而同样的电流施加 10 倍以上的时间则增加了 cAMP。④

---

① Gartside I B. Mechanisms of sustained increases of firing rate of neurones in the rat cerebral cortex after polarization: Role of protein synthesis [J]. Nature, 1968, 220 (5165): 383-384.

② Islam N, Aftabuddin M, Moriwaki A, et al. Increase in the calcium level following anodal polarization in the rat brain [J]. Brain Research, 1995, 684(2): 206-208.

③ Islam N, Moriwaki A, Hattori Y, et al. C-Fos expression mediated by N-methyl-D-aspartate receptors following anodal polarization in the rat brain [J]. Experimental Neurology, 1995, 133(1): 25-31.

④ Hattori Y, Moriwaki A, Hori Y. Biphasic effects of polarizing current on adenosine-sensitive generation of cyclic AMP in rat cerebral cortex [J]. Neuroscience Letters, 1990, 116(3): 320-324.

（三）tDCS 应用研究:自闭症治疗

1.脑靶区:背外侧前额叶皮层

在运用 tDCS 时,最常见的脑靶向区域是背外侧前额叶皮层（dorsolateral prefrontal cortex,DLPFC）。但以往的研究在选择脑区具体位置、刺激次数和刺激时间长度上存在较大差异性,有的使用阳极 tDCS 刺激在F3 区域,阴极刺激在右侧背外侧前额叶皮层[1][2],有的采用 tDCS 刺激在两侧背外侧前额叶皮层,使用电极 FC1 和 FC2（两个电极点）在阳极位置,而 FP1和 FP2 在阴极位置上[3]。由于沿皮层表面流动的电流不同,这意味着前额叶皮层的不同脑区可能受到了不一样的刺激。

tDCS 刺激背外侧前额叶皮层缓解了自闭症儿童的核心症状。在一项有关运用 tDCS 技术治疗自闭症儿童的研究中,研究者对 20 名自闭症患儿采用随机交叉实验,研究中采用 1 毫安的阳极 tDCS 在儿童的脑区左侧背外侧前额叶皮层上持续 20 分钟,增加了峰值 a 频率（与认知表现相关的脑电图测量）,并显著提高了《自闭症治疗评估检查表》（Autism Treatment Evaluation Checklist,ATEC）的得分,且两者呈正相关。[2]在另一项 20 名儿童的交叉实验的研究中,对儿童的左侧额顶叶使用 1 毫安的阳极 tDCS 刺激 20 分钟后,在《儿童孤独症评定量表》和《自闭症治疗评估检查表》的得分率有所降低,自

---

[1]　Amatachaya A，Auvichayapat N，Patjanasoontorn N，et al. Effect of anodal transcranial direct current stimulation on autism: A randomized double-blind crossover trial [J]. Behavioural Neurology,2014,2014(1):1-7.

[2]　Amatachaya A，Jensen M P，Patjanasoontorn N，et al. The short-term effects of transcranial direct current stimulation on electroencephalography in children with autism: A randomized crossover controlled trial [J]. Behavioural Neurology，2015，2015(1)：1-11.

[3]　Hadoush H，Nazzal M，Almasri N A，et al. Therapeutic effects of bilateral anodal transcranial direct current stimulation on prefrontal and motor cortical areas in children with autism spectrum disorders: A pilot study [J]. Autism Research，2020，13(5)：828-836.

闭症表现均有显著改善。①

　　tDCS 刺激背外侧前额叶皮层还能改善自闭症儿童其他的功能缺陷。该技术可以提高自闭症儿童的语言能力,研究发现言语能力较弱的自闭症儿童进行双语失语症测试时,对大脑左侧背外侧前额叶皮层进行 2 毫安的阳极 tDCS 刺激 30 分钟后可以改善语法习得。② 该技术还能缓解自闭症儿童的紧张状态,当阳极 tDCS 刺激大脑区域 F3,阴极 tDCS 刺激大脑区域 F4,经过 28 次 1 毫安的 tDCS 刺激(20 分钟),该名患紧张症的自闭症患者的症状得到长达一个月的改善。③ 也有研究发现,tDCS 技术的干预可以改善自闭症核心症状的行为④和提升工作记忆能力⑤。

①　Amatachaya A, Jensen M P, Patjanasoontorn N, et al. The short-term effects of transcranial direct current stimulation on electroencephalography in children with autism: A randomized crossover controlled trial [J]. Behavioural Neurology, 2015, 2015(1): 1-11.

②　Schneider H D, Hopp J P. The use of the Bilingual Aphasia Test for assessment and transcranial direct current stimulation to modulate language acquisition in minimally verbal children with autism [J]. Clinical Linguistics & Phonetics, 2011, 25(6-7): 640-654.

③　Costanzo F, Menghini D, Casula L, et al. Transcranial direct current stimulation treatment in an adolescent with autism and drug-resistant catatonia [J]. Brain Stimulation: Basic, Translational, and Clinical Research in Neuromodulation, 2015, 8(6): 1233-1235.

④　Amatachaya A, Auvichayapat N, Patjanasoontorn N, et al. Effect of anodal transcranial direct current stimulation on autism: A randomized double-blind crossover trial [J]. Behavioural Neurology, 2014(1): 1-7; Hadoush H, Nazzal M, Almasri N A, et al. Therapeutic effects of bilateral anodal transcranial direct current stimulation on prefrontal and motor cortical areas in children with autism spectrum disorders: A pilot study [J]. Autism Research, 2020, 13(5): 828-836.

⑤　Van Steenburgh J J, Varvaris M, Schretlen D J, et al. Balanced bifrontal transcranial direct current stimulation enhances working memory in adults with high-functioning autism: A sham-controlled crossover study [J]. Molecular Autism, 2017(8): 1-15.

2. 脑靶区：运动皮层

有研究者运用 tDCS 技术刺激运动区域且结合了运动技能训练。[1] 该研究同样针对自闭症患儿，结果发现：tDCS 的结合促进了运动训练的积极效果。运动能力损伤在自闭症患者身上是一个经常发生的问题[2]，并且在神经解剖学和神经功能水平上与运动功能相关的异常有关[3]，这使得 tDCS 刺激于运动区域成为这一领域有趣的治疗方法。两名学者的发现与一些研究表现一致[4]，这些研究表明，tDCS 在调节神经激活及运动系统的连接和兴奋性方面是有效的[5]。研究者利用磁共振波谱[6]（magnetic resonance spectroscopy，MRS）和经颅磁刺激[7]指出，自闭症中运动皮层（motor cortex，M1）与 GABA 相关的改变，指出了一种可能的潜在机制。运动皮层特别适合用于自闭症 tDCS 反应的机制研究，结合 tDCS-运动皮层的刺激和经颅磁

① Mahmoodifar E，Sotoodeh M S. Combined transcranial direct current stimulation and selective motor training enhances balance in children with autism spectrum disorder [J]. Perceptual and Motor Skills，2020，127(1)：113-125.

② Miyahara M. Meta review of systematic and meta analytic reviews on movement differences，effect of movement based interventions，and the underlying neural mechanisms in autism spectrum disorder [J]. Frontiers in Integrative Neur-oscience，2013(7)：1-7.

③ Mosconi M W，Sweeney J A. Sensorimotor dysfunctions as primary features of autism spectrum disorders [J]. Science China Life Sciences，2015(58)：1016-1023.

④ Mahmoodifar E，Sotoodeh M S. Combined transcranial direct current stimulation and selective motor training enhances balance in children with autism spectrum disorder [J]. Perceptual and Motor Skills，2020，127(1)：113-125.

⑤ Gao Y，Cavuoto L，Schwaitzberg S，et al. The effects of transcranial electrical stimulation on human motor functions：A comprehensive review of functional neuroimaging studies [J]. Frontiers in Neuroscience，2020(14)：1-16.

⑥ Ajram L A，Pereira A C，Durieux A M，et al. The contribution of [1H] magnetic resonance spectroscopy to the study of excitation-inhibition in autism [J]. Progress in Neuro-Psychopharmacology and Biological Psychiatry，2019(89)：236-244.

⑦ Masuda F，Nakajima S，Miyazaki T，et al. Motor cortex excitability and inhibitory imbalance in autism spectrum disorder assessed with transcranial magnetic stimulation：A systematic review [J]. Translational Psychiatry，2019，9(1)：1-9.

刺激及脑电图可以直接洞察皮质兴奋性的变化[1]，以及个人对大脑刺激的敏感性的影响[2]。因此，这可能是一个能进一步研究 tDCS 在自闭症中的作用机制的有趣方法。

3. 脑靶区：颞顶叶交界处

威尔逊（Esse Wilson）等人选择了颞顶联合区（temporo-parietal junction，TPJ）作为靶区[3]，该区域与自闭症高度相关，因为它是所谓的"社会大脑"的一部分[4]，并介绍了几种与自闭症相关的社会认知功能[5]。初步证据表明，tDCS 与社会认知任务相结合，可以提高情感词汇的语言流畅性。以健康个体为对象的研究证实，在颞顶联合区被刺激后，其中几个相关的社会认

---

[1] Mana B，Aminitehrani M，Zoghi M，et al. The effects of transcranial direct current stimulation on short-interval intracortical inhibition and intracortical facilitation：A systematic review and meta-analysis [J]. Reviews in the Neurosciences，2017,29(1)：99-114.

[2] Foerster Á，Dutta A，Kuo M F，et al. Effects of anodal transcranial direct current stimulation over lower limb primary motor cortex on motor learning in healthy individuals [J]. European Journal of Neuroscience，2018，47(7)：779-789；Labruna L，Stark-Inbar A，Breska A，et al. Individual differences in TMS sensitivity influence the efficacy of tDCS in facilitating sensorimotor adaptation [J]. Brain Stimulation，2019，12(4)：992-1000.

[3] Esse Wilson J，Trumbo M C，Wilson J K，et al. Transcranial direct current stimulation (tDCS) over right temporoparietal junction (rTPJ) for social cognition and social skills in adults with autism spectrum disorder (ASD) [J]. Journal of Neural Transmission，2018(125)：1857-1866.

[4] Frith U，Frith C. The social brain：Allowing humans to boldly go where no other species has been [J]. Philosophical Transactions of the Royal Society B：Biological Sciences，2010，365(1537)：165-176.

[5] Donaldson P H，Rinehart N J，Enticott P G. Noninvasive stimulation of the temporoparietal junction：A systematic review [J]. Neuroscience & Biobehavioral Reviews，2015(55)：547-572.

知领域得以改善。① 然而，由于该研究样本量非常小（$N=6$），只发现了语言流畅任务（verbal fluency task，VF）的影响，而没有发现社会技能知识的影响。此外，语言流畅任务的测量仅基于刺激之后进行测量（即假动作后和主动刺激后），将刺激之后的社交技能知识测量与刺激前获得的基线测量相比较。同样不幸的是，自闭症症状的可能变化没有被进一步研究，因为颞顶联合区可能是一个有趣的靶区，可以改善自闭症的社会交流和交互领域相关的症状。此外，随访评估缺少交叉设计的使用，阻碍了得出与颞顶联合区刺激相关的长期结果的任何结论。未来研究还需要进一步的探究来确定刺激颞顶联合区是否真的对改善社会认知问题和自闭症核心症状有效。

（四）tDCS 应用研究：其他精神疾病治疗

由于 tDCS 技术具有较多优势，如无创、非侵入性、耐受较好、作用短暂、副作用轻微等，该技术也被广泛应用于其他精神障碍疾病，包括重度抑郁症、注意力缺陷多动障碍、癫痫等。在这些疾病上的成功应用可以证实，tDCS 可以改善注意力和工作记忆等方面的能力。

1. 注意力缺陷多动障碍

近些年来，研究发现 tDCS 被用于注意力缺陷多动障碍（attention deficit hyperactivity disorder，ADHD）的治疗。青少年左侧背外侧前额叶皮层接受 1.5 毫安的阳极 tDCS 刺激 8 分钟，提高了 Go-no Go 任务中的 Go 反应的准确性，而接受了 1.5 毫安的阴极 tDCS 刺激 8 分钟，提高了 no Go 反应的准确性，青少年的抑制控制表现得到了改善。② 同样，使用慢振荡 tDCS 对患有注

①　Santiesteban I, Banissy M J, Catmur C, et al. Enhancing social ability by stimulating right temporoparietal junction [J]. Current Biology, 2012, 22(23): 2274-2277; Ye H, Chen S, Huang D, et al. Modulation of neural activity in the temporoparietal junction with transcranial direct current stimulation changes the role of beliefs in moral judgment [J]. Frontiers in Human Neuroscience, 2015(9): 1-10.

②　Soltaninejad Z, Nejati V, Ekhtiari H. Effect of anodal and cathodal transcranial direct current stimulation on DLPFC on modulation of inhibitory control in ADHD [J]. Journal of Attention Disorders, 2019, 23(4): 325-332.

意力缺陷多动障碍的儿童在非快速眼动睡眠时期进行 5 次治疗(每次治疗 5 分钟,间隔 1 分钟,阳极电极在 F3 和 F4,电流强度为 0～250 微安,振荡频率为 0.75 赫兹),结果在第二天发现:儿童在做 Go-no Go 任务的反应时间都有效地缩短了。[①] 另外,tDCS 技术还可以提高儿童的注意力水平,降低出错的频率。

2. 抑郁症

tDCS 技术对抑郁症情况也能有所改善。在治疗抑郁症患者时,参照了电休克疗法将阳极和阴极分别置于左侧额颞区和右侧额颞区 2.5 毫安,和治疗前 30 分钟比较《艾森伯格抑郁评定量表》的评估,发现抑郁症症状得到 49.6% 的改善,并且通过计算机建模发现直流电提高了前扣带回和脑干等深部脑区功能的兴奋性。布鲁诺尼(Andre R. Brunoni)等使用 tDCS 刺激抑郁症患者的背外侧前额叶,在治疗前,患者对消极情绪词汇的反应时长显著长于积极情绪词汇,在治疗后,两者的反应时无明显差异[②],并且抑郁症患者经过积极情绪的注意训练后抑郁症状得到了显著改善,也使得背侧扣带回与额中回的功能连接增强。研究者认为 tDCS 可能是通过阳极刺激来提高背外侧前额叶的兴奋性,改善其注意控制、工作记忆等认知功能;并增强了其与情绪信息加工有关的扣带回等边缘系统功能连接,对边缘系统进行自上而下的情绪调节,从而调整患者对负性情绪的注意偏向,改善其抑郁症状。[③]

(五)tDCS 的未来发展

目前来讲,尽管目前还没有研究指出 tDCS 能够改善自闭症儿童的统合障碍或者提高自闭症儿童在多模态教学环境下的表现,tDCS 依然表现出了

---

① Munz M T, Prehn-Kristensen A, Thielking F, et al. Slow oscillating transcranial direct current stimulation during non-rapid eye movement sleep improves behavioral inhibition in attention-deficit/hyperactivity disorder [J]. Frontiers in Celluar Neuroscience, 2015(9): 1-8.

② Brunoni A R, Nitsche M A, Bolognini N, et al. Clinical research with transcranial direct current stimulation (tDCS): Challenges and future directions [J]. Brain Stimulation, 2012, 5(3): 175-195.

③ 朱明预,余凤琼,张骏,等. 经颅直流电刺激的研究进展[J]. 中国神经精神疾病杂志,2017(6): 382-384.

在自闭症治疗中的巨大潜力。

首先,tDCS 的应用具有丰富的理论支撑。tDCS 的作用原理是使用微弱外界电流刺激来调节大脑的自发性神经元网络活性来达到认知干预的效果。自闭症有着大量的大脑异常放电的研究证据,这些证据能够对 tDCS 应用于缓解自闭症儿童的症状起到关键指导作用。其次,tDCS 已经被证明了在多种心理疾病的治疗中存在着显著的疗效,能够显著地提升患者的认知能力。这说明 tDCS 是一种能够有效治疗心理及神经疾病的工具。

除此以外,tDCS 被广泛应用于有关视听整合的研究中,而且获得了相当可观的研究成果。有研究者使用 tDCS 对正常被试的额叶和顶叶进行电刺激,发现当对被试的后顶叶皮层进行电刺激时,被试的视听整合时间窗显著地缩小,幅度达到了 30% 之多。[①] 这说明 tDCS 能够显著地增加跨通道的知觉整合。马奎斯(Lucas M. Marques)等在 2014 年使用 tDCS 刺激被试的后顶叶,影响了被试的麦格克效应。[②] 这些有关跨通道感觉统合的研究都成功使用 tDCS 技术操纵被试的跨通道统合,这些研究为使用 tDCS 解决自闭症儿童的感觉统合障碍提供了经验,在未来,使用 tDCS 技术改善自闭症儿童的感觉统合障碍成为可能。

二、经颅磁刺激技术

因为 TMS 技术对大脑有较强的干预能力,所以在非侵入性脑刺激技术中,TMS 技术更受人关注。该技术为人们更加深入地认识大脑提供了一个有力的工具。TMS 技术主要是针对电刺激的缺陷而发展起来的,它具有很多电刺激所不具有的优点,是一项非常具有发展潜力的神经电生理技术。相对于电刺激,TMS 具有更多优势,首先,TMS 更容易实现脑颅深部刺激。

---

① Zmigrod S, Zmigrod L. Zapping the gap: Reducing the multisensory temporal binding window by means of transcranial direct current stimulation (tDCS) [J]. Consciousness and Cognition,2015(35): 143-149.

② Marques L M, Lapenta O M, Merabet L B, et al. Tuning and disrupting the brain—Modulating the McGurk illusion with electrical stimulation [J]. Frontiers in Human Neuroscience,2014(8): 1-9.

tDCS 技术采用表面电极进行刺激时,电场迅速发散,根本无法达到脑颅深部;而植入型电刺激则由于其创伤性而无法得到广泛的应用。而对于 TMS 来说,骨骼、肌肉等电的不良导体对磁的损耗很小,因此可以刺激到脑颅深部。其次,TMS 产生的人体不适感可忽略不计,而电刺激对头皮和颅骨都有很强的刺激作用,使人产生较强的不适感。最后,TMS 符合非侵入性脑刺激技术的特点,与人体无接触,属于无创治疗的一种。[①] 近年来,由于 rTMS 在精神疾病上的运用,本节将关注点放在 TMS 技术和 TMS 技术与自闭症的相关治疗上。

(一)TMS 的发展历史

磁刺激对大脑的影响很早就被人们观察到了。1891 年,磁致闪光现象发现变化磁场能够使人产生光幻觉,20 世纪上半叶也陆续有相似现象的报道,但是由于没有应用上的迫切需要,所以进一步的研究没有深入开展起来。直到进入 20 世纪 80 年代,由于各方面技术的成熟和人们对大脑研究的兴趣日增,磁刺激技术才真正作为一个重要的研究方向发展起来。特别是在 1981 年,英国谢菲尔德(Shifield)大学伯克(A. Bakrer)等人成功用磁场刺激浅表外周神经,并在附近肌肉上记录到动作电位。1985 年,放置于健康的人的运动皮质区相应的头皮上,可以观察到手部肌肉抽动。同时将表面电极贴在小指外展肌,可记录到运动诱发电位(motor evoked potentials,MEP),这一成果宣告经颅磁刺激技术诞生。同年,巴克(Baker)成功研制出第一台经颅磁刺激仪,并率领研究小组成立英国磁刺激公司。

从诞生到现在的几十年内,TMS 技术有了快速的发展。率先发展起来的是单脉冲磁刺激技术和双脉冲磁刺激技术,它们主要用来测量皮层可兴奋阈值和运动神经传导,应用范围相对狭窄。1988 年,华中科技大学同济医院成功研制出中国第一台经颅磁刺激仪。1992 年,美国公司推出了第一台重复经颅磁刺激仪,大大扩展了 TMS 的应用范围,因为它可以非侵入性地关闭

---

① 吕浩,唐劲天. 经颅磁刺激技术的研究和进展 [J]. 中国医疗器械信息,2006, 12 (5): 28-32.

或影响大脑特定皮质区的功能,并对一些精神疾病病灶的定位和治疗显示出了非常独特的功效。2005 年,国内研制出中国第一台 rTMS 设备。2006 年,北京安定医院、北京大学第六医院相继启动了经颅磁刺激治疗精神病业务;2010 年,北京市科委牵头正式开展世界首个"经颅磁刺激临床治疗精神障碍规范"研究课题。

1. 基本原理

TMS 是对一组高压大容量的电容进行充电,并用电子开关向磁场刺激线圈放电,在不到 1 毫秒的时间内流过数千安培的脉冲电流,瞬时功率达到几十兆瓦,刺激线圈表面产生的脉冲磁场可达 $1 \sim 4T$(tesla,T;特斯拉)。TMS 不是直接刺激神经,其基本原理是根据麦克斯韦方程组中的法拉第电磁感应定律,时变磁场可以感生出电场。人体各种组织的电导率差别很大,神经组织的电导率很大,而肌肉、骨骼的导电率很小,因此在肌肉、骨骼中感应电流较小,所以几乎不会使疼痛感受器兴奋,也因此磁刺激技术是无痛的。当电流超过神经组织的兴奋阈值的时候,可引起局部大脑神经细胞的去极化,引起兴奋性动作电位及产生一系列的生理生化反应,如改变神经细胞功能,引起神经网络激活,促进神经递质释放等。

TMS 包括两个主要部分:作为能源的储存电荷的电容器和用于传递能量的位于刺激线圈中的感应器。当电容器内的电荷迅速释放形成脉冲电流时,能使线圈表面产生脉冲磁场,在颅内大脑皮层产生逆向的可传导感应。通过产生变化的磁场,经颅磁刺激可以以非侵入的方式无衰减地透过头皮、颅骨和脑组织,并在脑内产生反向感生电流,从而刺激皮层神经元和皮层联络细胞,改变皮层电活动进而影响神经或精神活动。它可以无创伤地在皮层产生可传导性电流,从而对刺激位点或有突触联系的远处皮层兴奋性产生抑制或易化。

2. 刺激模式

近年来,TMS 技术有了快速的发展,率先发展起来的是单脉冲经颅磁刺激(single-pulse transcramal magnetic stimulation,spTMS)、双脉冲经颅磁刺激(paired pulse transcramal magnetic stimulation,ppTMS),它们主要用来

测量皮层可兴奋阈值和运动神经传导，应用范围相对狭窄。1992年，重复经颅磁刺激（repetitive transcramal magnetic stimulation，rTMS）的出现大大扩展了TMS的应用范围，因为它可以非侵入性地改变或影响大脑特定皮质区的功能，且对一些精神疾病病灶的定位和治疗显示出了非常独特的功效。

（1）单脉冲经颅磁刺激技术。使用单脉冲经颅磁刺激技术时，每次输出只传出一个磁刺激脉冲，一般以手持式操作为主。该技术可用于电生理检查，测量运动阈值、运动诱发电位、中枢运动传导时间、功能区定位，也可用于刺激外周神经根、神经干，测量外周神经传导速度等。其中，重要的应用就是对中枢运动神经传导的测量。这种测量可以得到一些非常重要的生理参数，如中枢运动传导时间，对于深入认识人体生理机能和一些疾病的检测有重要意义。另一个应用是评价运动皮质兴奋性。通过测量TMS的运动阈值和运动诱发电位的静止期等参数可以对运动皮质的兴奋程度进行测量，从而刻画某些运动神经疾病导致的神经生理变化。

（2）双脉冲经颅磁刺激技术。使用双脉冲经颅磁刺激技术时，每次成对（配对）输出两个脉冲，双脉冲经颅磁刺激的两个脉冲的间歇时间在0毫秒至50毫秒范围内且可以调节。两个脉冲既可以输出到同一个刺激线圈，作用在大脑的同一个部位；也可以分别输出到两个刺激线圈，成对并相继作用在大脑的不同部位。第一个刺激是条件刺激（conditioning stimulus，CS），第二个刺激是实验刺激（test stimulus，TS）。

双脉冲经颅磁刺激可以瞬间关闭给定皮质区的功能，实现大脑局部功能的虚拟性损毁。以前，研究者对大脑特定皮质的功能的认识只能借助于对大脑损伤者的研究，但是皮质损伤往往不会只破坏一个特定功能区域，很难建立特定脑区与具体功能的因果联系；而TMS的这个效应则有可能让人们达到这个目的，通过磁刺激大脑某一皮层，观测其引起的各种反应，从而确定该皮层对于完成某项任务是不是必要的，就可以精确确定特定皮层的功能。

（3）重复经颅磁刺激。使用重复经颅磁刺激时，每次输出两个以上成串的有规律的 rTMS，这是一种有规律、有节律的重复刺激，频率小于 1 赫兹称为低频 rTMS 或慢速 rTMS；刺激的重复频率大于 1 赫兹称为高频 rTMS。高频与低频的划分主要是根据不同频率刺激的生理作用和风险，一致认为 1 赫兹以下的低频刺激会引起皮质功能抑制并且没有刺激风险，而高频刺激的作用相反，一般频率高于 10 赫兹的刺激容易引起皮质兴奋性增高，同时副作用的风险也增高。[①]

rTMS 的主要传递方式是 θ 脉冲刺激（theta-burst stimulation，TBS），和配对联想刺激范式（paired associative stimulation，PAS）相结合。TMS 脉冲以间隔 200 毫秒的每 3 秒 50 赫兹脉冲方式传递（如用 5 赫兹的突发频率）。连续 θ 脉冲刺激（continuous theta pulse stimulation，cTBS）抑制皮质兴奋性，间歇 θ 脉冲刺激（intermittent theta pulse stimulationi，TBS）每 10 秒给予 2 秒 θ 脉冲刺激，对皮质有兴奋作用[②]，而配对联想刺激范式包括重复传递两对（180 次，0.1 赫兹，30 分钟）刺激：（1）右正中神经的周围神经电刺激，25 毫秒后；（2）TMS 脉冲传递到对侧运动皮层（即 PAS-25）。对侧运动皮层可导致长期电位增强上的相似神经可塑性，表现为单脉冲 TMS 后运动诱发电位增强。

改变大脑局部皮层兴奋度是 rTMS 的独有效应，也是 rTMS 之所以受到如此重视的重要原因。应用快速 rTMS 于运动皮质可以瞬间提高运动皮质兴奋性，有神经元局部兴奋作用，而低速 rTMS 有抑制兴奋作用，很多实验都证明了这个结论。目前已知部分神经和精神疾病，如抑郁症、癫痫等都可归咎于特定大脑皮质区域神经细胞兴奋阈值的改变，所以通过改变皮质兴奋性是成功治疗这些神经和精神疾病的关键。

---

① 温秀云，谢旻君，陈尚杰，等. 重复经颅磁刺激结合电针干预遗忘型轻度认知障碍的临床研究［J］. 中国中西医结合杂志，2020，40(10)：1192-1195.

② Huang Y-Z, Edwards M J, Rounis E, et al. Theta burst stimulation of the human motor cortex［J］. Neuron, 2005, 45(2)：201-206.

（二）TMS 的操作与安全性

任何一项医疗技术的开发都应该首先考虑其安全性，市场上销售的
TMS 设备都是经过了国家权威质检部门的严格检验并通过国家有资质医院
的临床试验证实为安全有效的，取得了注册证的设备。目前尚未见到关于设
备本身不安全的报道。

关于 rTMS 的安全性，世界各地的实验室开展了大量的探索性实验。对
各种生理生化指标、心理测试都进行了对比测试。瓦塞尔曼（Eric M.
Wassermann）对 10 名健康受试者进行了不同刺激频率和不同刺激强度的
rTMS 之后，发现在瞬时记忆、语言的流利程度、催乳素水平及脑电图等方面
均无明显变化。同时发现使用 20 赫兹刺激有改善记忆的趋势，而 1 赫兹刺
激对皮质有抑制作用，后者或许可以减少癫痫发作的可能。[①] 总的说来，低
频的 rTMS 是安全的，而频率过高、长时程刺激过强及刺激间歇缩短都有诱
使癫痫发作的可能，低频 rTMS 可能具有抑制癫痫的作用。主要刺激参数的
设定需要有安全指南来限定，刺激方案只要不超过安全指南所规定的范围，
其可能带来的临床风险和副作用很小，但超过安全指南范围的、新的、没有检
验过的刺激方案仍然需要谨慎对待。

尽管大家公认 TMS 是安全的，但为了防止意外情况的出现及 TMS 的
滥用，国际经颅磁刺激学会（international society for transcranial stimulation，
ISTS）在 1998 年制定了经过多次修订的 TMS 安全指南，规定了对 rTMS
的最大刺激强度、频率、作用时间、刺激间歇等参数的限制，列出了 TMS 的
主要参数。已经证明 1998 年发布的 rTMS 安全指南对于预防正常受试者
和神经精神疾病患者的兴奋扩散和癫痫发作是有效的。当 TMS 的刺激参
数超过安全指南的范围时，最好是对受试者进行有效的生理监督。如使用

① Wassermann E M. Risk and safety of repetitive transcranial magnetic stimulation：
Report and suggested guidelines from the international workshop on the safety of
repetitive transcranial magnetic stimulation[J]. Electroencephalography and Clinical
Neurophysiology，1998，108(1)：1-16.

脑电技术监测刺激是否引起癫痫棘波的后放电和皮质兴奋性的扩散，对认知功能、神经心理进行监视。下文将简单介绍 TMS 的安全注意事项和禁忌：(1)对于 TMS/rTMS 唯一的绝对禁忌是靠近线圈刺激部位有金属或电子仪器，如脉冲发生器、电子耳蜗、医疗泵等体内置入体，若存在这些设备，则有被损坏的风险；(2)有诱导癫痫发作的风险或不确定的风险。

(三)TMS 应用研究：自闭症治疗

1.作用机制

大量研究表明：异常的神经可塑性导致了自闭症的病理性。[①] 事实上，从遗传[②]到动物研究[③]、神经成像[④]和脑科学[⑤]所有的研究都表明自闭症存在异常的神经可塑性。神经可塑性指的是神经元对外界环境的输入做出反应，重组和改变其解剖和功能连接的能力。长期电位增强（long-term potentiation，LTP）和长期抑制(long-term depression，LTD)是神经可塑性的两个原型[⑥]，前者表明突触效能的净增加，后者表明突触效能的净减少。长期电位增强和长期抑制的一个关键调节因子是抑制性中间神经元释放的 γ-

① Markram K，Markram H. The intense world theory—A unifying theory of the neurobiology of autism [J]. Frontiers in Human Neuroscience，2010(4)：1-29；Murdoch J D，State M W. Recent developments in the genetics of autism spectrum disorders [J]. Current Opinion in Genetics & Development，2013，23(3)：310-315.

② Dölen G，Bear M F. Fragile x syndrome and autism：From disease model to therapeutic targets [J]. Journal of Neuro developmental Disorders，2009(1)：133-140.

③ Markram K，Rinaldi T，Mendola D L，et al. Abnormal fear conditioning and amygdala processing in an animal model of autism [J]. Neuropsychopharmacology，2008，33(4)：901-912.

④ Courchesne E，Campbell K，Solso S. Brain growth across the life span in autism：Age-specific changes in anatomical pathology [J]. Brain Research，2011(1380)：138-145.

⑤ Oberman L，Eldaief M，Fecteau S，et al. Abnormal modulation of corticospinal excitability in adults with Asperger's syndrome [J]. European Journal of Neuroscience，2012，36(6)：2782-2788.

⑥ Bliss T V，Cooke S F. Long-term potentiation and long-term depression：A clinical perspective [J]. Clinics，2011(66)：3-17.

氨基丁酸(GABA)。① 在突触水平上,兴奋(由谷氨酸介导)和抑制(由 γ-氨基丁酸介导)之间的微妙平衡可能对神经可塑性的最佳水平至关重要。②

　　在动物研究中发现了异常神经可塑性与自闭症之间的关联。最著名的与自闭症相关的动物研究是丙戊酸对大鼠自闭症模型的探究。该模型预测自闭症患者的大脑可能是增生性的。研究发现,遵循赫布(Hebbian)配对刺激方案,与对照组相比,丙戊酸处理的大鼠在新皮层和杏仁核中测量的突触后长期电位增强量增加了一倍。③ 然而,其他使用转基因小鼠的动物模型表明,自闭症大脑以神经可塑性受损和增强为主要特征。在这些动物实验中,关于神经可塑性方向存在不同结果可能是由于所使用的基因改造的性质及其对神经可塑性大脑基质的影响。然而,从这些动物模型中得出:如果大脑的可塑性变得不足或过度,认知和行为就会受到影响。有研究表明,最佳水平的可塑性对于最佳认知和行为表现是必要的④,而这一过程本质上是将兴奋性保持在正常的生理范围内⑤。

　　在人类研究上也有类似的发现,研究者认为神经可塑性的兴奋-抑制失衡(excitation/inhibition ratio,E/I R)可能是神经发育障碍异常,如自闭症等

----

①　Li R，Huang F-S，Abbas A-K，et al. Role of NMDA receptor subtypes in different forms of NMDA-dependent synaptic plasticity [J]. BMC Neuroscience，2007，8(1)：1-12.

②　Baroncelli L，Braschi C，Spolidoro M，et al. Brain plasticity and disease：A matter of inhibition [J]. Neural Plasticity，2011，2011(1)：1-11.

③　Markram K，Rinaldi T，Mendola D L，et al. Abnormal fear conditioning and amygdala processing in an animal model of autism [J]. Neuropsychopharmacology，2008，33(4)：901-912.

④　Pascual-Leone A，Freitas C，Oberman L，et al. Characterizing brain cortical plasticity and network dynamics across the age-span in health and disease with TMS-EEG and TMS-fMRI [J]. Brain Topography，2011(24)：302-315.

⑤　Fitzgerald P B，Fountain S，Daskalakis Z J. A comprehensive review of the effects of rTMS on motor cortical excitability and inhibition [J]. Clinical Neurophysiology，2006，117(12)：2584-2596.

的关键决定因素。① 这种缺陷可能在神经元成熟过程中发生。在突触水平，异常增加的 NMDA 介导的兴奋状态和/或异常减少的 GABA 介导的抑制状态可能导致神经元兴奋性和神经可塑性异常。在神经成像层面，大多数的自闭症症状的发展中，在生命最初的几年突触发生快速发展和成熟，而通过自闭症的结构神经影像学研究，发现其中最一致的形态是早期大脑过度生长。② 这种不典型的大脑增大似乎在 2—5 岁之间最为显著，并且它优先影响额叶和颞叶皮质。③ 此外，最新的证据表明，自闭症受试者的不典型皮质发育会持续到幼儿期之后。特别是在青少年和年轻人中观察到皮层变薄的证据④，而在遗传研究上，基本上所有与全基因有关的研究报告了自闭症相关基因编码与突触形成相关的蛋白质，涉及自闭症患者的遗传。研究结果表明:支持突触成熟和神经可塑性的几个基因的突变始终存在关联。这些突变涉及:(1)突触成熟的关键基因⑤;(2)神经元迁移⑥;(3)树突发育⑦。

① Baroncelli L，Braschi C，Spolidoro M，et al. Brain plasticity and disease：A matter of inhibition [J]. Neural Plasticity，2011，2011(1)：1-11.

② Courchesne E，Campbell K，Solso S. Brain growth across the life span in autism：Age-specific changes in anatomical pathology [J]. Brain Research，2011(1380)：138-145.

③ Chen J A，Peñagarikano O，Belgard T G，et al. The emerging picture of autism spectrum disorder：Genetics and pathology [J]. Annual Review of Pathology：Mechanisms of Disease，2015，10(1)：111-144.

④ Wallace G L，Eisenberg I W，Robustelli B，et al. Longitudinal cortical development during adolescence and young adulthood in autism spectrum disorder：Increased cortical thinning but comparable surface area changes [J]. Journal of the American Academy of Child & Adolescent Psychiatry，2015，54(6)：464-469.

⑤ Morrow E M，Yoo S-Y，Flavell S W，et al. Identifying autism loci and genes by tracing recent shared ancestry [J]. Science，2008，321(5886)：218-223.

⑥ Durand C M，Betancur C，Boeckers T M，et al. Mutations in the gene encoding the synaptic scaffolding protein SHANK3 are associated with autism spectrum disorders [J]. Nature Genetics，2007，39(1)：25-27.

⑦ Durand C M，Marr K A，Arnold C A，et al. Detection of cytomegalovirus DNA in plasma as an adjunct diagnostic for gastrointestinal tract disease in kidney and liver transplant recipients [J]. Clinical Infectious Diseases，2013，57(11)：1550-1559.

经颅磁刺激技术的出现对自闭症病理的探究和治疗方面都起到了重要作用。TMS最开始被用于研究自闭症的兴奋-抑制失衡。采用配对联想刺激范式来评估皮层抑制（cortical inhibition，CI）和促进作用。皮层抑制是抑制性GABA中间神经元能选择性减弱皮层锥体神经元活动的神经生理过程。有研究表明，皮层抑制是调节自闭症神经可塑性的关键。rTMS的治疗效果可能是通过诱导皮层抑制的局部变化来介导的。[①] rTMS可以调节GABA-B受体，该受体通过两种方式调节神经可塑性：（1）它们通过调节长效抑制突触后电位（inhibitory postsynaptic potential，IPSPs）来调节抑制作用；（2）它们通过抑制性中间神经元的突触前抑制来减少GABA-A受体介导的抑制。[②] 而rTMS技术对神经可塑性产生影响的基本前提是rTMS可以在一段时间内调节目标大脑区域的活动，其持续时间可以超过刺激本身的影响。[③] 目前，两种rTMS范式以θ脉冲刺激（TBS）和配对联想刺激范式的形式用于评估自闭症患者的神经可塑性。

2.重要指标

神经活动的节奏模式在脑电图（electroencephalo-graph，EEG）中表现为电压振荡，该模式已经与各种认知功能相联系，如知觉、注意、记忆和意识。激发（锥体细胞）和皮层激活过程中的抑制（中间神经元）是脑电波振荡的形成机制。那些在30～90赫兹之间最高频率的脑电波构成γ振荡波段。[④] 为

---

① Fitzgerald P B，Fountain S，Daskalakis Z J. A comprehensive review of the effects of rTMS on motor cortical excitability and inhibition [J]. Clinical Neurophysiology，2006，117(12)：2584-2596.

② Deisz R. Gabab receptor-mediated effects in human and rat neocortical neurones in vitro [J]. Neuropharmacology，1999，38(11)：1755-1766.

③ Pascual-Leone A，Freitas C，Oberman L，et al. Characterizing brain cortical plasticity and network dynamics across the age-span in health and disease with TMS-EEG and TMS-fMRI [J]. Brain Topography，2011(24)：302-315.

④ Buzsáki G，Wang X-J. Mechanisms of gamma oscillations [J]. Annual Review of Neuroscience，2012，35(1)：203-225；Snijders T M，Milivojevic B，Kemner C. Atypical excitation-inhibition balance in autism captured by the gamma response to contextual modulation [J]. NeuroImage：Clinical，2013(3)：65-72.

锥体细胞的胞外抑制提供快速尖峰放电的中间神经元,控制了这些高频振荡的节奏(时钟机制)。这些细胞的免疫细胞化学特征表明它们是一种钙结合蛋白(parvalbumin,PV)。钙结合蛋白细胞是最大的皮层中间神经元亚群,其高代谢活性使其极易受到氧化损伤。这种病理状态有助于解释他们与许多精神疾病中γ氨基丁酸能(GABA-ergic)与神经传递异常的假定关系。在人类大脑样本[①]和自闭症谱系障碍动物模型[②]中,钙结合蛋白表达细胞数量减少。更重要的是,钙结合蛋白表达水平的降低与自闭症相似行为缺陷(如社交能力、发声能力等)相关,且与通常归因于自闭症共病的症状(如疼痛敏感性、癫痫发作等)相关。[③] 在这些动物模型中,通过药物或细胞类型特异性基因来长期逆转钙结合蛋白的缺陷,使得认知功能障碍和社交缺陷正常化或使之减少。[④] 因此,现有研究表明:异常的γ表达可能提供了自闭症的生物标记。γ波幅(Gamma-band-based)指标可能是公认的"电生理表型"的钙结合

① Hashemi E, Ariza J, Rogers H, et al. The number of parvalbumin-expressing interneurons is decreased in the prefrontal cortex in autism [J]. Cerebral Cortex, 2017, 27(3): 1931-1943.

② Lee E, Lee J, Kim E. Excitation/inhibition imbalance in animal models of autism spectrum disorders [J]. Biological Psychiatry, 2017, 81(10): 838-847.

③ Saunders J A, Tatard-Leitman V M, Suh J, et al. Knockout of NMDA receptors in parvalbumin interneurons recreates autism-like phenotypes [J]. Autism Research, 2013, 6(2): 69-77;Wöhr M, Orduz D, Gregory P, et al. Lack of parvalbumin in mice leads to behavioral deficits relevant to all human autism core symptoms and related neural morphofunctional abnormalities [J]. Translational Psychiatry, 2015, 5 (3): 1-15.

④ Mukherjee A, Carvalho F, Eliez S, et al. Long-lasting rescue of network and cognitive dysfunction in a genetic schizophrenia model [J]. Cell, 2019, 178(6): 1387-1402;Selimbeyoglu A, Kim C K, Inoue M, et al. Modulation of prefrontal cortex excitation/inhibition balance rescues social behavior in CNTNAP2-deficient mice [J]. Science Translational Medicine, 2017, 9(401): 1-10.

蛋白病理学和神经学之间的平衡指标①,可作为针对自闭症谱系障碍的病理基础的测量干预结果。

γ 神经活动被认为反映了大脑区域内和区域间神经网络信息整合的机制。② γ 节律通常被定义为 30～90 赫兹(或更高)频率范围内的 EEG 频带,但有的观点认为不同频带(如 30～35 赫兹、40～48 赫兹等)可能具有不同的功能意义,以 40 赫兹为中心的 γ 射线范围内的振荡活动与格式塔知觉及注意、学习和记忆等认知功能有关。③ 通过同步 γ 频率活动结合广泛分布的细胞组合被认为是大脑内聚性刺激表征的基础。④ 有人提出,自闭症患者的"中央一致性弱"可能是由于依赖 γ 同步的时间结合缺陷导致大脑中专门局部网络整合的减少。⑤ 需要强调的是自发性 γ 幂、诱发性 γ 幂和相干性及事件相关诱发 γ 幂和相干性在功能上有明显的区别。感觉诱发的 γ 相干性反映了由感觉刺激激活的模态特异性网络的性质。事件相关(或认知)诱发 γ

① Snijders T M, Milivojevic B, Kemner C. Atypical excitation-inhibition balance in autism captured by the gamma response to contextual modulation [J]. NeuroImage: Clinical, 2013(3): 65-72.

② Casanova M F, Baruth J, El-Baz A S, et al. Evoked and Induced Gamma-frequency Oscillations in Autism [M]// Imaging the Brain in Autism. New York: Springer, 2013: 87-106.

③ Kahana M J. The cognitive correlates of human brain oscillations [J]. Journal of Neuroscience, 2006, 26(6): 1669-1672; Kaiser J, Lutzenberger W. Induced gamma-band activity and human brain function [J]. The Neuroscientist, 2003, 9(6): 475-484.

④ Tallon-Baudry C, Bertrand O. Oscillatory gamma activity in humans and its role in object representation [J]. Trends in Cognitive Sciences, 1999, 3(4): 151-162; Tallon-Baudry C, Bertrand O, Hénaff M-A, et al. Attention modulates gamma-band oscillations differently in the human lateral occipital cortex and fusiform gyrus [J]. Cerebral Cortex, 2005, 15(5): 654-662.

⑤ Brock J, Brown C C, Boucher J, et al. The temporal binding deficit hypothesis of autism [J]. Development and Psychopathology, 2002, 14(2): 209-224; Brown C, Gruber T, Boucher J, et al. Gamma abnormalities during perception of illusory figures in autism [J]. Cortex, 2005, 41(3): 364-376.

及其相干性表现了由认知任务需求所触发和支配的感觉和认知网络的相干性活动。在自闭症中，这些神经网络之间的同步是异常的，反映了大脑皮层的兴奋/抑制偏倚的失衡。① 研究表明，静息 γ 功率似乎与《社会反应量表》（Social Response Scale，SRS）所测量的自闭症严重程度呈负相关。

布朗（Caroline Brown）等人在一项实验中测试了自闭症青少年，该实验呈现了带有视觉错觉的卡尼萨（Kanizsa）图形，并报告了刺激后 80 毫秒和 120 毫秒过度诱发的 γ 及增强的诱发 γ（200～400 毫秒）。② 当有多个选择时，无法减少 γ 活动将导致无法决定哪个事件需要注意。在自闭症中，不受抑制的 γ 活动表明：由于太多的神经回路同时活跃，大脑中的任何一个回路都不能发挥主导作用。γ 同步异常可导致显著的认知缺陷，如注意力控制降低及自闭症出现的其他功能障碍。此外，在卡尼萨图形任务期间的 EEG 记录显示：与正常人相比，自闭症患者的 γ 振荡活动总体增加。这些发现被认为反映了由于抑制处理减少而导致的"信号—噪声"水平的降低。这些观察具有临床意义，因为目前已有几项关于自闭症的研究报道：低频 TMS 可使 γ 振荡异常归一化。这种神经调节疗法也可以改善重复行为和执行功能。

3. 应用研究

（1）自闭症的神经和皮质评估研究。TMS 技术可用于评估自闭症患者的皮质和脊髓兴奋性。有些研究者采用独立研究的方法，使用单脉冲 TMS，发现自闭症患者和神经正常患者在 TMS 阈上脉冲的运动阈值（诱发运动电

---

① Snijders T M，Milivojevic B，Kemner C. Atypical excitation-inhibition balance in autism captured by the gamma response to contextual modulation [J]. NeuroImage：Clinical，2013(3)：65-72.

② Brown C，Gruber T，Boucher J，et al. Gamma abnormalities during perception of illusory figures in autism [J]. Cortex，2005，41(3)：364-376.

位所需的最低刺激强度）或运动诱发电位大小方面没有差异①，这些结果表明了运动皮层兴奋性在自闭症中不受影响。但其他研究评估了自闭症患者在观察他人行为时，通过单脉冲 TMS 测量运动皮层兴奋性的调节。在神经典型的个体中，研究者观察另一个人的行为会导致观察者的感觉运动系统同时激活，这种现象被称为人际运动共振（interpersonal motor resonance，IMR），并被认为是镜像神经元系统活动的假定指标。② 在评估自闭症个体人际运动共振的研究中，结果存在差异。这些差异似乎受到刺激属性的影响，如刺激是否具有自我中心或非自我中心特征、行为是否涉及传递性，以及刺激所包含的社会情感内容。这些结果表明，人际运动共振反应的异常可能是自闭症在视觉处理或对特定刺激的注意差异的结果，但却是自闭症对其他刺激的典型反应。③

---

① Oberman L，Eldaief M，Fecteau S，et al. Abnormal modulation of corticospinal excitability in adults with Asperger's syndrome ［J］. European Journal of Neuroscience，2012，36(6)：2782-2788；Enticott P G，Kennedy H A，Rinehart N J，et al. GABAergic activity in autism spectrum disorders：An investigation of cortical inhibition via transcranial magnetic stimulation ［J］. Neuropharmacology，2013(68)：202-209；Enticott P G，Kennedy H A，Rinehart N J，et al. Interpersonal motor resonance in autism spectrum disorder：Evidence against a global "mirror system" deficit ［J］. Frontiers in Human Neuroscience，2013(7)：1-8；Enticott P G，Rinehart N J，Tonge B J，et al. A preliminary transcranial magnetic stimulation study of cortical inhibition and excitability in high-functioning autism and Asperger disorder ［J］. Developmental Medicine & Child Neurology，2010，52(8)：e179-e183；Minio-Paluello I，Baron-Cohen S，Avenanti A，et al. Absence of embodied empathy during pain observation in Asperger syndrome ［J］. Biological Psychiatry，2009，65(1)：55-62；Théoret H，Halligan E，Kobayashi M，et al. Impaired motor facilitation during action observation in individuals with autism spectrum disorder ［J］. Current Biology，2005，15(3)：R84-1285.
② Uithol S，Van Rooij I，Bekkering H，et al. Understanding motor resonance ［J］. Social Neuroscience，2011，6(4)：388-397.
③ Desarkar P，Rajji T K，Ameis S H，et al. Assessing and stabilizing atypical plasticity in autism spectrum disorder using rTMS：Results from a proof-of-principle study ［J］. Clinical Neurophysiology，2022(141)：109-118.

　　最近研究者还通过使用 θ 脉冲刺激和配对联想刺激方式进行 rTMS 研究,得到阿斯佩格综合征的异常神经可塑性的直接证据。这些研究评估了运动皮层的神经可塑性。在一个相对较大的阿斯佩格综合征成人样本中(17人),研究发现 θ 脉冲刺激(cTBS 和 iTBS)两种形式的神经可塑性(反映出异常的超可塑性)具有更显著、更持久的调节。另外,使用配对联想刺激范式检测了患有阿斯佩格综合征的青少年和成人的混合组中的长期电位增强上的相似神经可塑性也得到了类似的结果[1];然而,异常神经可塑性的发展方向却不尽相同。萨卡尔(P. Desarkar)等人的研究发现:与正常发育的受试者相比,阿斯佩格综合征组配对联想刺激范式诱导的长期电位增强表现上相似可塑性明显缺失,反映了异常的可塑性减退。[2]

　　对于自闭症患者,现有的利用 rTMS 的研究都评估了运动神经可塑性自闭症大脑的运动皮层区。未来的研究需要关注自闭症大脑中其他潜在区域的神经可塑性。关于选择哪些部位来评估自闭症大脑的神经可塑性的信息可能来自现有的 rTMS 干预研究,主要集中在自闭症大脑的四个区域——背外侧前额叶皮层、内侧前额叶皮层(medial prefrontal cortex,mPFC)、辅助运动区,以及右三角部和盖骨部。[3] 背外侧前额叶皮层与大脑中其他专门的分布式和局部网络有着广泛的网络连接。[4] 背内侧前额叶皮层(dorsomedial prefrontal cortex,dmPFC)是刺激的另一个关键区域,它被认为与思维能力

① Jung N H, Janzarik W G, Delvendahl I, et al. Impaired induction of long-term potentiation-like plasticity in patients with high-functioning autism and Asperger syndrome [J]. Developmental Medicine & Child Neurology, 2013, 55(1): 83-89.

② Desarkar P, Rajji T K, Ameis S H, et al. Assessing and stabilizing atypical plasticity in autism spectrum disorder using rTMS: Results from a proof-of-principle study[J]. Clinical Neurophysiology, 2022(141): 109-118.

③ Oberman L M, Rotenberg A, Pascual-Leone A. Use of transcranial magnetic stimulation in autism spectrum disorders [J]. Journal of Autism and Developmental Disorders, 2015, 45(2): 524-536.

④ Casanova M F, Sokhadze E, Opris I, et al. Autism spectrum disorders: Linking neuropathological findings to treatment with transcranial magnetic stimulation [J]. Acta Paediatrica, 2015, 104(4): 346-355.

有独特的联系。① 最近一项深度 rTMS 双侧传递到 dmPFC 的试验显著改善了自闭症受试者的社会关系。② 因此，背外侧前额叶皮层和 mPFC 都可能是研究自闭症神经可塑性的潜在靶点。其他与心理化相关的大脑区域，如颞顶交界处③和面部处理区域，如颞上沟④，也可能是刺激的潜在部位。

从大脑的这些关键区域建立一个可靠的刺激模式来评估神经可塑性是很有挑战性的，然而，TMS 与脑电图（TMS-EEG）的结合为研究人员提供了一个令人振奋的机会，使研究者能够从大脑的这些区域收集更直接的神经可塑性的测量结果。之前研究证实 TMS-EEG 可以作为一种可靠的方法来测量运动皮层和背外侧前额叶皮层的神经可塑性。⑤ 最近，使用一种将配对联想刺激范式（PAS）与 EEG 结合的先进技术——"PAS-EEG"进行评估并成功地证明了配对联想刺激范式诱导的皮层诱发活动的电位增强，这反映了背外侧前额叶皮层中的长期电位增强的相似神经可塑性。⑥ 类似的 TMS-EEG 方法可能有助于研究大脑其他关键区域的神经可塑性。例如，θ 脉冲刺激可以与脑电图结合来研究神经可塑性。

未来 TMS-EEG 还可与多种社会认知任务和功能性神经成像相结合，以

① Gallagher H L，Frith C D. Functional imaging of "theory of mind" [J]. Trends in Cognitive Sciences，2003，7(2)：77-83.

② Enticott P G，Fitzgibbon B M，Kennedy H A，et al. A double-blind，randomized trial of deep repetitive transcranial magnetic stimulation（rTMS）for autism spectrum disorder [J]. Brain Stimulation，2014，7(2)：206-211.

③ Kennedy D P，Adolphs R. The social brain in psychiatric and neurological disorders [J]. Trends in Cognitive Sciences，2012，16(11)：559-572.

④ Nomi J S，Uddin L Q. Face processing in autism spectrum disorders：From brain regions to brain networks [J]. Neuropsychologia，2015(71)：201-216.

⑤ Daskalakis Z J，Farzan F，Barr M S，et al. Long-interval cortical inhibition from the dorsolateral prefrontal cortex：A TMS-EEG study [J]. Neuropsychopharmacology，2008，33(12)：2860-2869.

⑥ Rajji T K，Sun Y，Zomorrodi-Moghaddam R，et al. PAS-induced potentiation of cortical-evoked activity in the dorsolateral prefrontal cortex [J]. Neuropsychopharmacology，2013，38(12)：2545-2552.

更好地阐明自闭症的脑行为关系。最终,TMS-EEG 将与遗传研究相结合,以更好地阐明潜在的遗传因素(即多态性)与神经可塑性畸变之间的联系,使研究人员能通过此项技术更直接地捕捉到这些畸变。

(2)自闭症的治疗干预研究。因为异常的神经可塑性已经与自闭症的发病机制联系在一起[1],所以当前迫切需要探索能够稳定异常的神经可塑性的治疗模式,从而可能促进患者的社交和认知表现,改善自闭症的限制性和重复性行为。

在健康成人中,应用于运动皮层上的 rTMS 已被证明可以随着刺激频率的增加,通过延长皮层沉默期(cortical silent period,CSP)来增强 GABA 介导的抑制性神经传递。皮层沉默期是反映 GABA-B 介导的抑制性神经传递的一种皮层抑制测量指标,研究发现,增强到 20 赫兹[2]时能达到最大。这一发现打破了高频刺激导致兴奋,而低频刺激导致抑制的传统认识,因为 20 赫兹的 rTMS 而不是 1 赫兹的 rTMS 导致皮层沉默期延长。[3] 一种解释是,20赫兹的 rTMS 可能通过选择性地影响一些抑制性中间神经元的网络来发挥其抑制作用,这种神经元包含主要以较高频率(即 30~70 赫兹)振荡的快速峰值。最近的一项研究对健康受试者使用不同的持续时间或剂量的 rTMS诱导皮层抑制(cortical inhibition)作用在运动皮层区,结果发现:与其他模式相比,甚至单次 TMS 刺激中扩展剂量为 6000 脉冲和高频为 20 赫兹脉冲显著地延长了 GABA-B 诱导的皮层沉默期,这种效应在1200 脉冲或3600 脉冲的主动或虚假 1 或 20 赫兹 rTMS 刺激方案中没有看到。根据抑制的方向和程度,GABA-B 受体介导的神经传递可能会减弱神经可塑性。事实上,巴氯

[1] Markram K, Markram H. The intense world theory—A unifying theory of the neurobiology of autism [J]. Frontiers in Human Neuroscience, 2010(4):1-29.
[2] Fitzgerald P B, Fountain S, Daskalakis Z J. A comprehensive review of the effects of rTMS on motor cortical excitability and inhibition [J]. Clinical Neurophysiology, 2006, 117(12): 2584-2596.
[3] De Jesus D R, De Souza favalli G P, Hoppenbrouwers S S, et al. Determining optimal rTMS parameters through changes in cortical inhibition [J]. Clinical Neurophysiology, 2014, 125(4): 755-762.

芬(Baclofen)作为一种 GABA-B 激动剂显著降低了配对联想刺激范式诱导的运动皮层中长期电位增强上的相似神经可塑性。① 由于这种特定的高频(20 赫兹)rTMS 方案的延长剂量(即 6000 次脉冲)似乎最大限度地增强了 GABA-B 介导的抑制性神经传递,未来需要评估这些方案是否能够稳定自闭症中出现的异常高的神经可塑性。② 由于 TMS 的简单和可靠性,实验可以从运动皮层开始,探究 6000 次 20 赫兹脉冲的传输是否可以稳定自闭症受试者异常的神经可塑性。这些初步研究可能会刺激上述自闭症脑的关键区域,即背外侧前额叶皮层、颞顶联合区和 dmPFC,因此需要确定关键的刺激参数、每次治疗的持续时间等。

卡萨诺瓦(Manuel F. Casanova)发现 γ 振荡活动可以作为自闭症异常的指标③,他在研究中发现:与正常患者相比,自闭症患者在基线(TMS 前)中诱发和诱导的 γ 振荡都表现出显著差异。这种差异在对非目标线索的反应中最为显著,如额叶和顶叶。经颅磁刺激治疗后,自闭症患者表现出的对任务无关刺激的 γ 反应显著减少。诱发 γ 反应的正斜率区和负斜率区也有显著变化。与对照组相比,自闭症受试者的调制波形上升得更高,经颅磁刺激治疗后,波形逐渐向对照组水平下降。随着行为的改变,振荡逐渐正常化,结果还表明:易怒、过度活跃和重复性得分有所下降。此外,在经颅磁刺激治疗后,参与者犯的错误较少。TMS 技术通过将 γ 振荡的包络线从类似于斜坡或锯齿波(基线)转换为对称结构(后处理),提高了该系统的灵敏度。在实验组中,主动治疗以前,γ 振荡的包络上升到一个峰值、振幅高于对照组。该波形具有较长的峰值延迟和较短的稳定时间。因此产生的非正弦性质的包络

① Mcdonnell M N, Orekhov Y, Ziemann U. Suppression of LTP-like plasticity in human motor cortex by the GABA B receptor agonist baclofen [J]. Experimental Brain Research, 2007, 180(1): 181-186.
② Fatemi S H, Folsom T D, Reutiman T J, et al. Expression of GABA B receptors is altered in brains of subjects with autism [J]. The Cerebellum, 2009(8): 64-69.
③ Casanova M F, Shaban M, Ghazal M, et al. Effects of transcranial magnetic stimulation therapy on evoked and induced gamma oscillations in children with autism spectrum disorder [J]. Brain Sciences, 2020, 10(7): 1-19.

使其难以识别主导频率,并在其更尖锐的拐点产生谐波失真。谐波相关的振荡产生了额外的信号,这些信号被注入到系统中,使得这个患者群体中的高频脑电图记录不可靠。另外,在索哈泽(Estate M. Sokhadze)等的一项研究中,TMS 被用于改善自闭症患儿的错误处理,这是通过与错误反应相关的事件相关电位(event-related potential,ERP)来测量的,如错误相关负向(error related negativity,ERN)。[1] 经颅磁刺激后的结果显示,错误相关负向等反应锁定的事件相关电位存在显著差异,行为反应监测措施表明错误监测和纠正功能有所改善。在另一项初步研究中,研究者关注在 12 次 rTMS 期间自闭症儿童的神经指标的每分钟变化,结果发现交感神经活动减少。[2]

　　TMS 技术对脑区的影响范围应当更加广泛。神经解剖学研究表明,高阶关联大脑区域表现出明显的异常,而独特型大脑区域则在当前还陷入争论。此外,在自闭症儿童中,rTMS 刺激背外侧前额叶皮层会产生积极的行为、临床和电生理功能结果。[2]广泛性神经发育障碍(如自闭症)是否可以用单一脑区(即 DLPC)的病理来解释是值得怀疑的。然而,"正常化"像背外侧前额叶皮层这样的生理依赖于分布式网络的区域可能会在次要部位提供有益的级联效应。[3] 由于单一脑区的解剖和功能连接,有研究者猜测基于 TMS 的干预不会局限于磁刺激部位,而是可以推广到其他皮层和皮层下区域。实际上,初步研究结果显示 ERP 的变化和诱发的 γ 振荡不仅在额叶而且在远端皮层区域(顶叶、顶枕叶等)。rTMS 对背外侧前额叶皮层的影响也可能扩展到旁边缘和边缘结构。卡萨诺瓦研究了 18 次低频 rTMS 对自闭症儿童自主神经功能的影响,每次记录 rTMS 前后及其间的心电图(electrocardiog-

① Sokhadze E M, Baruth J M, Sears L, et al. Prefrontal neuromodulation using rTMS improves error monitoring and correction function in autism [J]. Applied Psychophysiology and Biofeedback, 2012, 37(2): 91-102.

② Hensley C T, Wasti A T, Deberardinis R J. Glutamine and cancer: Cell biology, physiology, and clinical opportunities [J]. The Journal of Clinical Investigation, 2013, 123(9): 3678-3684.

③ Walsh V, Pascual-Leone A. Transcranial Magnetic Stimulation: A Neurochronometrics of Mind[M]. Cambridge: MIT Press, 2003.

ram，ECG）和皮肤电活动（electrodermal activity，EDA）。[1] 具体为通过心电图测量心率变异性，如 R-R 间隔、心脏间隔标准差、pNN50（与前一个间隔差值＞50 毫秒的百分比）、心率变异性（heart rate variability，HRV）频谱高频功率、低频分量、低频/高频比值等。18 次 TMS 后的行为评估显示，易怒、多动、刻板印象行为和强迫行为评级下降，而自主测量显示心脏间隔变异性显著增加，紧张性皮肤电导水平（skin conductance level，SCL）下降。结果表明，18 次低频 rTMS 在自闭症患者中可导致心脏迷走神经控制的增强和交感神经唤醒的降低。王瑶等的研究也呈现出相同的结果。[2]

（四）TMS 应用：其他精神疾病治疗

1. 帕金森病

帕金森病（Parkinson's disease，PD）以黑质多巴胺能神经元变性缺失和路易小体形成为病理特征，临床表现为静止性震颤、行动迟缓、肌僵直和步态不稳等。言语障碍也是帕金森病患者常见的症状之一。目前，以左旋多巴为代表的药物治疗仍然是帕金森病最有效的治疗手段，然而长期使用该类药物常会导致部分患者出现症状波动和异动症等副作用。丘脑或苍白球毁损术对部分帕金森患者有效，但由于手术创伤大、副作用多，多数患者难以接受。

近年的研究表明，rTMS 可显著改善帕金森病患者症状，对其具有潜在的治疗价值。巴斯库尔-里昂（A. Pascual-Leone）及其同事首次发现，经颅磁刺激对帕金森病患者有一定的治疗作用，给予初级运动皮质阈下高频经颅磁

---

① Casanova M F，Hensley M K，Sokhadze E M，et al. Effects of weekly low-frequency rTMS on autonomic measures in children with autism spectrum disorder［J］. Frontiers in Human Neuroscience，2014(8)：1-11.
② 王瑶，李小俚，欧阳高翔，等. 孤独症脑调控康复与效果评估研究［J］. 北京师范大学学报（自然科学版），2016，52(6)：773-780.

刺激后患者的运动状况可明显改善。① 另外,池口(M. Ikeguchi)等人采用 2
赫兹的 rTMS 对 12 名帕金森病患者进行治疗,利用 99m-Tc-ECD 单光子发
射计算机化成像(single-photon emission computed tomography,SPECT)观
察 rTMS 前后区域性脑血流,发现该频率下的 rTMS 能够降低刺激部位皮层
的兴奋性。② 有研究显示,短时间的高频 rTMS(10 赫兹)阈下刺激作用于症
状对侧的手部运动区,可改善患者伴随的语言发音障碍。使用低频重复经颅
磁刺激治疗帕金森病具有疗效确切、安全可靠、不良反应少的特点,可将其作
为一项无创性物理治疗帕金森病的措施。③

2. 阿尔茨海默病

阿尔茨海默病(Alzheimer's disease,AD)主要是侵犯大脑皮质神经元引
起进行性痴呆的变性疾病。记忆障碍是阿尔茨海默病早期和最突出的症状,
早期表现为近期记忆障碍。在记忆障碍的基础上,几年内患者会渐渐出现其
他认知功能障碍、非认知功能障碍和精神行为障碍,严重影响患者日常生活
和工作,最后,患者往往因其夹杂着其他疾病而死亡。

当前较多研究主要应用 TMS 技术从生理学方面鉴别阿尔茨海默病患者
并监测药理学药剂的疗效。如纳尔多尼(R. Nardone)等人利用 TMS 技术
发现早期阿尔茨海默病患者的短潜伏期传入性抑制(short-latency afferent
inhibition,SAI)明显比健康的人要低,这项研究第一次从生理方面证实了早

① Pascual-Leone A, Valls-Sole J, Brasil-Neto J, et al. Akinesia in Parkinson's disease.
Ⅱ. Effects of subthreshold repetitive transcranial motor cortex stimulation [J].
Neurology, 1994, 44(5): 892-892.

② Ikeguchi M, Touge T, Nishiyama Y, et al. Effects of successive repetitive
transcranial magnetic stimulation on motor performances and brain perfusion in
idiopathic Parkinson's disease [J]. Journal of the Neurological Sciences, 2003, 209(1-
2): 41-46.

③ 吴卓华,崔立谦,许启锋,等. 低频重复经颅磁刺激在帕金森病康复治疗中的应用价
值 [J]. 中国现代神经疾病杂志, 2013(7): 601-605.

期阿尔茨海默病患者会出现中枢胆碱能障碍。① 但是,近年来已有学者开始转向研究 TMS 提高阿尔茨海默病患者的认知能力上来。这些应用虽然处在发展的阶段,但是它们向人们展示了未来治疗阿尔茨海默病患者的前景。例如,命名障碍(anomia)是阿尔茨海默病的语言功能受损的最早的临床表现之一。科泰利(Maria Cotelli)等采用 online 模式(执行任务时刺激)治疗命名障碍,研究使用 20 赫兹的 rTMS 对 15 例轻中度的阿尔茨海默病患者进行双侧前额叶背外侧皮质刺激,刺激持续时间为 600 毫秒。结果表明,rTMS 经治疗后动作命名精确性提高,动作命名障碍的症状得到了改善,而物体命名无改善。② 这就显示出 rTMS 可能会引起大脑自动修复补偿某些受损的功能,从而使患者的认知能力得到恢复。为了进一步研究 rTMS 对阿尔茨海默病的命名障碍的治疗作用,科泰利等人依据阿尔茨海默病患者认知功能受损程度将其分为轻度和中重度两组,采用与之前相同的刺激方式,刺激持续时间为 500 毫秒。通过对比观察 2 个星期、4 个星期及 8 个星期以后患者的认知能力来评价 rTMS 的治疗效果,研究发现,rTMS 可以很好地改善患者对所听语句的理解能力。这就为 rTMS 治疗阿尔茨海默病患者的听话理解能力提供了证据,rTMS 有望与其他的医学方法一起成为治疗阿尔茨海默病患者语言功能的新途径。

3.注意力缺陷和多动障碍

rTMS 对注意力缺陷多动障碍的治疗卓有成效。薛青等探索了低频 rTMS 治疗注意力缺陷和多动障碍的效果。③ 研究将患儿根据随机数字表分为真刺激组和假刺激组,真刺激组给予 0.5 赫兹的 100% 静息运动阈值的刺

① Nardone R, Bergmann J, Kronbichler M, et al. Abnormal short latency afferent inhibition in early alzheimer's disease: A transcranial magnetic demonstration[J]. Journal of Neural Transmission, 2008, 115(11): 1557-1562.
② Cotelli M, Calabria M, Manenti R, et al. Improved language performance in Alzheimer disease following brain stimulation [J]. Journal of Neurology, Neurosurgery & Psychiatry, 2011, 82(7): 794-797.
③ 薛青, 戚小红, 高乐虹, 等.采用视听整合测试评估经颅磁刺激治疗注意缺陷多动障碍的效果[J].中国医药导报,2017,14(29): 69-71,79.

激,假刺激组给予0.5赫兹的10%静息运动阈值的刺激。结果发现与治疗前相比,真刺激组的听觉反应时间、听觉正确反应数、视觉反应时间、视觉正确反应数均在治疗结束时有显著改善,低频rTMS刺激右侧顶区皮层能改善注意力缺陷、多动障碍儿童和青少年的症状。

（五）TMS的未来发展

经颅磁刺激在人体中的使用通常是安全的,且耐受性良好,而且经颅磁刺激已经被正式批准用于耐药的重度抑郁症的治疗。[①] 由于这些原因,经颅磁刺激已成为一种有吸引力的自闭症治疗手段,尤其引起了自闭症患者及其父母的兴趣,创新性治疗是他们关注的重点。不幸的是,在自闭症的治疗库中rTMS是否真的有一席之地仍未确定。在2016年发表的一篇叙述性综述中,奥伯曼（Lindsay M. Oberman）等综合了12项研究和3份病例报告,描述了rTMS方案在自闭症治疗意图中的使用。[②] 刺激参数和靶点在不同的研究中差异很大,而且大多数都是开放试验（open-label trial）。其结论是,在特定的皮质区域使用rTMS改善特定的自闭症相关行为症状的证据虽然令人鼓舞,但仍然有限。事实上,在个体水平上的结果是不同的,而且缺乏大规模的对照试验。

不过值得庆幸的是,现有证据已经支持rTMS对自闭症的某些方面有治疗作用——尽管这些证据必须谨慎对待。因为大多数研究没有充分控制安慰剂效应。有研究者使用rTMS刺激自闭症儿童的背内侧前额叶皮层,成功减弱了自闭症儿童的社会交往障碍表现和社会焦虑[③];他们还使用了rTMS

① Rossi S, Hallett M, Rossini P M, et al. Safety, ethical considerations, and application guidelines for the use of transcranial magnetic stimulation in clinical practice and research [J]. Clinical Neurophysiology, 2009, 120(12): 2008-2039.

② Oberman L M, Enticott P G, Casanova M F, et al. Transcranial magnetic stimulation in autism spectrum disorder: Challenges, promise, and roadmap for future research [J]. Autism Research, 2016, 9(2): 184-203.

③ Enticott P G, Fitzgibbon B M, Kennedy H A, et al. A double-blind, randomized trial of deep repetitive transcranial magnetic stimulation (rTMS) for autism spectrum disorder [J]. Brain Stimulation, 2014, 7(2): 206-211.

刺激自闭症儿童的右侧颞顶联合处（the right temporo-parietal junction，rTPJ），提高了自闭症儿童的社会交流能力[①]；而索哈泽等人同样使用1赫兹的 rTMS 刺激自闭症的背外侧前额叶皮层，并且提高了自闭症儿童的认知纠错能力[②]。这些研究指出，rTMS 能够有效地缓解自闭症儿童的典型症状，并且提高他们的认知能力。尽管目前还没有使用该技术提高自闭症儿童统合障碍的研究，但是 rTMS 的这些成功经验使其在提高自闭症儿童的整合能力上表现出了巨大的潜力。

第二节　基于 γ 振荡的生物反馈训练

生物反馈是利用现代科学技术，将人们通常意识不到的自身生物信号，如肌电、脑电、心率、血压等信息，转换成能被个体知觉到的信息，如视觉信息、听觉信息等。个体可以根据反馈信号的变化学会在一定范围内调节自己体内不随意的（或不完全随意的）、无法感受到的生理活动，通过反复学习与训练，帮助个体学会有意识地控制自身生理和心理活动，纠正偏离正常范围的生理心理活动，从而达到调节自身生理功能及治疗某类身心性疾病的目的。[③]

20 世纪 60 年代以来，世界上一些发达国家陆续开始开展生物反馈治疗，

---

① Enticott P G, Rinehart N J, Tonge B J, et al. Repetitive transcranial magnetic stimulation (rTMS) improves movement-related cortical potentials in autism spectrum disorders [J]. Brain Stimulation, 2012, 5(1): 30-37.

② Sokhadze E M, Baruth J M, Sears L, et al. Prefrontal neuromodulation using rTMS improves error monitoring and correction function in autism [J]. Applied Psychophysiology and Biofeedback, 2012, 37(2): 91-102.

③ Blanchard E B, Young L D. Clinical applications of biofeedback training: A review of evidence [J]. Archives of General Psychiatry, 1974, 30(5): 573-589; Moore N C. A review of EEG biofeedback treatment of anxiety disorders [J]. Clinical Electroencephalography, 2000, 31(1): 1-6; Schoenberg P L, David A S. Biofeedback for psychiatric disorders: A systematic review [J]. Applied Psychophysiology and Biofeedback, 2014, 39(2): 109-135.

我国目前已有不少地区及医院应用了该项技术。生物反馈治疗极大程度地丰富了传统治疗学的内容，成为防病、治病的有效手段之一。目前该项技术凭借着无痛、无创、无毒副作用等优势，已在全球范围内被广泛应用于医疗、教育、体育、军事及特殊行业。在欧美等发达国家和地区中，生物反馈技术的应用已较为成熟，并获得医疗保险、健康保险的认可，建立了规范的生物反馈治疗师职业认证制度（biofeedback federation of Europe，BFE；biofeedback certification institute of America，BCIA）。

一、生物反馈原理

我们的机体是一台精密的仪器，这个仪器需要不停地调节自身，以达到最好的环境适应。通常来讲，我们体内的环境，如激素水平等，对我们的认知活动会产生很大的影响。如过高的肾上腺素会使我们情绪激动，而多巴胺偏低会使我们情绪低落，甚至是抑郁。我们的激素水平会随着我们的环境变化而调整，以达到最佳的适应能力。人体自我调节主要有三种方式，分别是神经调节、体液调节和器官组织的自我调节，其中神经调节是最主要的调节方式。神经调节是指我们的中枢神经根据感受到的内外环境变化，激活或抑制相应的效应器，使机体内环境发生变化以适应环境的过程。体液调节是通过人体内分泌腺体分泌的多种激素，在血液循环过程中输往全身，调节人体新陈代谢、生长发育等重要功能。血液激素的浓度始终维持在相对恒定的水平，激素过多或不足，都会引起功能紊乱。所谓器官组织自我调节，是指身体内、外环境发生变化时，这些器官和组织不依赖神经、体液调节所产生的适应性反应。如脑血管的血流量在很大程度上取决于动脉血压的变化，平均动脉压的升降，脑血管收缩或舒张，使脑血流量保持在恒定的水平。

生物反馈作用原理在于通过反馈仪的信息反馈，使机体获得自身内脏活动的信息，以自身的主观努力去改善机体的内脏活动，通过反复学习与训练，学会有意识地控制、调整自身的生理、心理活动，改变不良的生理、心理模式，

从而起到调节机体功能、提高应激能力等作用，达到防病治病的目的。^①

（一）神经系统和反射系统

神经系统是我们体内最精细、结构和功能最复杂的系统。神经系统的基本组成单位是神经元。神经元是一种能够相互传递电信号的细胞。处于静息状态下的神经元的钾离子通道打开，膜内钾离子外流，形成了膜内外的电压差，这就是静息电位，当神经元被刺激激活时，钠离子通道就会打开，膜外钠离子进入膜内，形成电流信号，电流信号传导至轴突末梢，诱发突触释放神经递质，神经递质被下一个神经元的树突或胞体的受体接收并激活或抑制接收神经元的兴奋，以此达到神经元间的信息传递。

数量众多的神经元之间相互连接，形成了复杂的神经网络，进而形成了我们的神经系统。神经系统由不同的部分组成，根据信息处理中扮演的角色，主要可以分为外周神经系统和中枢神经系统两类。其中，中枢神经系统是我们处理接收到的信息并且产生指令的系统，而外周围神经系统则将中枢神经系统与躯体或内部器官的感受器和肌肉相连，前者被称为躯体神经系统，而后者被称为自主神经系统。神经系统的分类关系如图 5-1 所示。神经系统的基本形式是反射，例如，进食引起的消化腺体分泌，疼痛导致的局部肢体回缩，环境温度升高致使皮肤血管的扩张与出汗，运动之后心率加快和呼吸频数增多等。这都说明在中枢神经系统的参与下，机体对内、外环境刺激产生了自我调节和适应性的反应。一个典型的神经反射过程有五个环节，按照信号传递方向依次为感受器—传入神经纤维—中枢—传出神经纤维—效应器。这五个环节一起组成了一个反射弧。在反射弧中任何一个环节被破坏，都将导致这种反射不能出现或发生紊乱，从而导致神经调节

---

① Blanchard E B, Young L D. Clinical applications of biofeedback training: A review of evidence [J]. Archives of General Psychiatry, 1974, 30(5): 573-589; Moore N C. A review of EEG biofeedback treatment of anxiety disorders [J]. Clinical Electroencephalography, 2000, 31(1): 1-6; Schoenberg P L, David A S. Biofeedback for psychiatric disorders: A systematic review [J]. Applied Psychophysiology and Biofeedback, 2014, 39(2): 109-135.

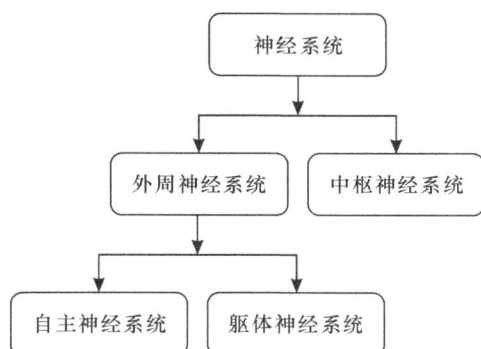

图 5-1　神经系统结构

功能失常。例如，当我们不小心触碰到滚烫的开水时，我们会本能地缩回手。在此反射过程中，我们的信号传递方向为：手指热感受器—传入神经纤维—神经中枢（脊髓）—传出神经纤维—效应器（肌肉收缩）。当然，如果我们是为了捞出热水中的某些东西，这时候我们就不会缩回我们的手，这说明我们的大脑能够控制基本的反射，我们能够在有刺激输入的时候抑制我们的效应器做出反应。反射可以是生来就有的，如瞳孔反射，也可以是后天学习的，如运动员听到发令枪声就冲刺，巴甫洛夫将前者称为非条件反射，而后者称为条件反射。[①] 美国的行为心理学家斯金纳（Burrhus F. Skinner）进一步完善了巴甫洛夫的条件反射理论。斯金纳认为，反应可以分为"引发反应"和"自发反应"。而我们的大脑可以控制我们的反射活动，让我们在感受器接收到刺激的情况下，抑制我们效应器的活动，也可以让我们的效应器在没有刺激时做出反应。斯金纳还提出了强化理论，强调强化在条件反射中的作用。强化是指能够增加反应可能性的刺激，比如给予奖励，强化

---

① Pavlov I P. The reply of a physiologist to psychologists [J]. Psychological Review, 1932, 39(2)：91-127；Pavlov I P, Gantt W. Lectures on conditioned reflexes：Twenty-five years of objective study of the higher nervous activity (behavior) of animals [J]. Journal of the American Medical Association, 1928, 92(12)：1010-1011.

是条件反射建立的必要条件。[①]

斯金纳的理论极大地推动了行为主义心理学的发展,同时也为心理疾病的治疗提供了许多新的思路。许多行为主义疗法都源自斯金纳的操作性反射理论,而生物反馈疗法也受到了斯金纳理论的启发。

通常来讲,我们对躯体神经系统的反射能够被我们所意识且控制,如前文所述,我们能够意识到被烫伤,也可以控制我们是否做出反应(缩回手)。然而,自主神经系统的反射常常是自动化的,他们既很难被我们的意识感受,也往往不受我们意识的控制。比如,我们吃东西时,唾液是自动分泌的,又比如,当感觉到威胁时,我们的肾上腺素会上升,这些都是不被我们意识所知觉或控制的。然而,通过特殊的训练,我们也能够有意识地控制自主神经系统的反射,以达到控制体内环境的目的,这就是生物反馈疗法的作用原理。不仅如此,由于我们的大脑还具有可塑性,长期的条件联结训练能够改变我们大脑的结构,对病变区域进行机体层面的修复。

(二)生物反馈疗法形成的条件

生物反馈治疗常常需要借助能够监视我们身体内环境的反馈仪来完成。反馈仪获得我们体内的信息后,将这个信息转换成能够被患者轻松感知的声、光信号,而患者则可以通过这个信号,去学习如何抑制不正常的生理活动,强化良好的生理活动。生物反馈疗法同样讲究对症下药,比如,国际上常常将我们的脑电波分为 δ 波(0.5～4Hz)、θ 波(4～8 赫兹)、α 波(8～13 赫兹)、β 波(13～30 赫兹)及 γ 波(>30 赫兹),这些脑电波分别与不同的认知功能相关联。β 波被认为与注意集中相关,注意力缺陷的儿童常常伴随着较低的 β 波活动,因此,如果利用生物反馈技术改善因注意障碍引起的学习障碍时,传感器需要监视 β 波的活动并将电信号转换为声音信号或者图像信号,

---

① Dews P B, DeWeese J. Schedules of reinforcement［M］//Handbook of Psychopharmacology：Volume 7：Principles of Behavioral Pharmacology. Boston：Springer US，1977：107-150；Skinner B. Science and Human Behavior［M］. New York：Simon and Schuster，1965.

通过监视器的反馈训练儿童增强 β 波的活动,以达到改善学习障碍的目的。在这个治疗过程中,β 波的活动被称为靶反应,而转换后能被患者获得的声光信号为强化刺激,监视脑电变化的脑电仪为该生物反馈疗法中的工具。此三者为生物反馈疗法形成的基本条件。

1. 靶反应

靶反应(target response)是实验者和被试均希望得到的一种目标反应,又叫主体反应。即由被训练的被试体内发出的一种自发的、持续性的信号,它与治疗训练过程直接相关。靶信号是由病人体内某一器官或组织生理活动所产生的。例如脑电、心电(ECG)、肌电(electromyogram,EMG)、心率、皮肤温度及皮肤电位等。

2. 强化刺激

强化刺激(reinforcing stimulus)是当靶反应出现时在生物反馈仪上立即显示的各种信号。这些信号,如光线、声音等,作为刺激不断地通过病人的感觉器官反馈给病人,使其及时了解到自身体内各项功能的活动状态。

3. 工具

工具(instrument)是指各种类型的生物反馈电子仪器。其功能是通过放置在病人体表或者体内的各种传感器,将接收到的主体信号传输至仪器中。通过仪器进行放大处理,将其转换成声、光等信号。再由显示系统反馈给患者,以便其了解和控制自身的某些非随意功能。经过专业指导和反复训练,让个体在不使用仪器的情况下,也可以达到控制自身某些不随意活动的目的。

生物反馈仪上显示的信号,是作为强化刺激的条件与主体反应之间的联系,本来并没有被病人所认识。但是在训练者指导下进行的治疗训练中,一旦主体反应被显示出来,立即给个体呈现强化刺激,逐渐使两者之间产生暂时性联系。经过多次反复自我训练后,上述联系逐渐牢固加深,从而使个体通过调节主体反应能够随意控制某些体内的功能活动。最后个体可以脱离仪器,在不呈现强化刺激的情况下,也可以进行自主地调节和控制,从而达到恢复功能、治疗疾病的目的。

以神经生物反馈治疗为例,在治疗过程中,通常患者的脑电图或脑磁图(magnetoencephalography,MEG)会被仪器记录,近年来随着血液动力学的发展,通过静息态功能磁共振图像的 BOLD 信号也会被用来作为神经信号指标记录。这些被记录的信号通过光声的方式反馈给患者,而一种常见的方法是电脑游戏。在电脑游戏中,某一物品的运动会与大脑皮层的活动相关,如飞机的高度。患者被鼓励通过调整大脑的神经活动来使物品按照规定的形式运动。当正确的调节出现时,患者会获得正强化。通过不断的重复训练的过程,患者最终能够获得良好的神经活动模式并改正不良的神经活动。①

（三）生物反馈训练常见的类型

从生物反馈疗法原理来说,各种能被监控的生物信息都可以用于生物反馈疗法。根据监控的生物信息的区别,目前常用的生物反馈有:肌电生物反馈、皮肤电生物反馈、脑电生物反馈、心电生物反馈和血压生物反馈等,下面介绍其中的三种。

1.肌电生物反馈

肌肉细胞和神经元类似,适当刺激能使其兴奋并产生动作电位的细胞。当我们的肌肉兴奋收缩时,会产生微弱的电流,这就是肌电。肌电可以反映患者的身心状态,如焦虑症患者的异常肌电。肌电能够被肌电图仪记录,而肌电生物反馈就是一种利用电子设备记录人的肌电并让患者看到或者听到这种肌电变化的过程。肌电生物反馈疗法通过将肌肉活动信号与患者在不同认知过程中的意识和心理活动联系起来,使得患者能够学会有意识地控制由于疾病或损伤而异常活动的肌肉。当前,该方法已被广泛应用于对焦虑症患者的治疗,而且疗效显著。焦虑症患者常常表现出持续性精神紧张和发作

---

① Cortese S, Kelly C, Chabernaud C, et al. Toward systems neuroscience of ADHD: A meta-analysis of 55 fMRI studies [J]. American Journal of Psychiatry, 2012, 169 (10): 1038-1055; Lubar J F, Shabsin H S, Natelson S E, et al. EEG operant conditioning in intractable epileptics [J]. Archives of Neurology, 1981, 38(11): 700-704.

性惊恐，肌肉时常处于紧绷状态，发生不自主震颤，就会出现不正常的肌电。对焦虑症患者的肌电反馈治疗通常会使用仪器将患者的骨骼肌活动信号反馈给患者，并由心理治疗师引导患者训练对骨骼肌的活动的控制，逐渐达到治疗焦虑症的目的。此外该技术还用于治疗脊髓损伤、多发性硬化症等疾病，这些疾病妨碍了个体对自身肌肉的充分控制，通过肌电反馈，同样可以增强患者对自身肌肉的控制能力。肌电生物反馈主要检测的是骨骼肌的活动，这是因为骨骼肌是受随意神经控制的，它最接近骨骼的肌肉，反馈更容易被捕捉到，治疗方法也更容易被患者接受，是目前临床应用范围最广的一种反馈疗法。

2.皮肤电生物反馈

当我们受到外界刺激或情绪改变时，自主神经会控制皮肤内血管的收缩和舒张及汗腺的活动，从而引起汗液的分泌。汗液中的盐分会导致皮肤导电能力的变化，汗液分泌增强皮肤导电能力上升，分泌减弱皮肤导电能力则下降，因此皮肤电的指标往往是测量皮肤两个测试点间的导电性。皮肤电能够间接反映自主神经的变化，也可以反映情绪唤醒度变化和心理活动。与肌电生物反馈相似，皮肤电生物反馈治疗通过使用仪器记录并使用声光信号反馈患者的皮肤电信号，训练被治疗者随意地使交感神经兴奋性降低，从而缓解异常的心理生理现象，如减少小动脉痉挛，减低动脉管壁张力，以使局部血液循环改善，焦虑情绪降低。应用皮肤电生物反馈可以调节情绪、血压和周围血管张力，从而治疗与交感神经兴奋性增高有关的疾病。此方法经常用来治疗由交感神经兴奋性增高而引起的各种综合征。然而，皮肤电的特异性较差，许多与心理无关的刺激均能引起皮肤电的变化，如温度的变化必然导致汗液分泌的变化，这些无关因素会对皮肤电生物反馈治疗的疗效产生显著影响。

3.脑电生物反馈

我们的大脑是我们身体中最复杂的器官，它接收来自我们躯体、内脏的神经信号，并且在对信息进行处理后返回指令，是我们信息处理的中心，几乎完成了我们所有的高级认知过程和意识体验，大脑的损伤将会导致我们机体或认知功能的紊乱。大脑中神经元的数量超过 100 亿,这些神经元无时无刻不在受到其他神经元的影响。当受到特定刺激时,大脑中的某一部分神经元会形成有规则的一致性的活动,尽管单个神经元产生的电压极小以至于难以被监测,然而,大量同时同向激活的神经元却可以很容易被仪器监测,这就是脑电图的原理。最早记录脑电活动的是德国神经学科教授哈姆贝尔格(Ham Berger),他将两根针状电极插入颅骨受损患者的大脑皮层,并成功记录了有规则的脑电活动。后来的研究进一步证实,这种脑电活动的监测并不一定要将电极插入颅内,单单使用贴于头皮的电极也可以获得脑电信号,现在许多公司都提供了非侵入式脑电记录仪。脑电有着时间精确性高、反应灵敏、设备成本低廉的优势,因此脑电的研究也在过去几十年获得了蓬勃的发展,目前脑电生物反馈也已越来越受到临床工作者和科研人员的重视。除了刺激诱发的脑电活动,大脑中的神经元也在进行着有规律的放电,这种有规律的脑电波主要可以被分为五个频段的活动,它们的频率由低到高分别是 δ、θ、α、β 和 γ 波段,其中 δ 波和 θ 波常被称为慢波,β 波和 γ 波则被称为快波,不同频段的信号往往对应着不同的生理或心理活动。

δ 波(0.5~4 赫兹):δ 波是大脑内最慢的波,最常出现于正常成年人的深度睡眠状态,也常见于婴儿大脑。很少见于清醒状态的正常成年人的脑部活动,若在清醒状态出现大量 δ 波则往往意味着大脑的病变。

θ 波(4~8 赫兹):θ 波常见于成年人浅度睡眠状态下,婴儿在 6 个月左右,大脑的主导脑波会由 δ 波逐渐转向 θ 脑波。清醒状态的正常成年人的脑部活动同样不该伴随大量的 θ 波,大量 θ 波则往往也意味着大脑的病变。

α 波(8~13 赫兹):α 波是正常成年人在清醒状态下的主导波形,当大脑放松时,α 波会大量出现,而当受到刺激,进行认知活动时,α 波会有正常的衰减。儿童的 α 波不是很规则,但随着年龄的增长,儿童的 α 波会逐渐变得稳定且取代 θ 波成为主导脑电波。成年人步入老年后 α 波的频率会变慢。α 波在全脑均可被检测到,但主要在枕叶最高,它的稳定性和规则性常常是判断成年人大脑是否健康的一项重要指标。

β 波(13~30 赫兹):β 波也是健康成年人清醒状态下的主导脑电波。β

波也可以在全脑被检测到，但是主要集中于额叶和顶叶区域。β波在推理、计算、思考等认知活动中扮演着重要的作用，较低和不正常的β波可能反映了认知能力的缺陷。

γ波（＞30赫兹）：γ波是高频低幅波，参与了大量的认知、学习、问题解决、注意力和记忆等大脑高级功能，已经越来越被神经科学研究所重视，神经系统疾病的破坏将会导致大脑的γ波出现异常。

脑电生物反馈和其他生物反馈一样，是将脑电波通过声、光等信息反馈给患者，让患者认识信号特征，并训练患者控制不正常的脑电波，或者通过特定刺激诱发或加强目标频段的脑电波以达到治疗心理疾病的目的。目前，脑电生物反馈常用δ波和θ波作为反馈信息，治疗过程中使用声、光等反馈信息诱发δ波，让患者认识信号特征，并通过训练增加δ波的成分。θ波脑电生物反馈训练，其训练目标是增加θ波的波幅。这种方法常用于治疗神经衰弱、精神抑郁、癫痫、失眠等病症。将脑电生物反馈运用在治疗训练时，将电极置于头部并让患者注意到训练过程中仪器中显示的声、光反馈信号的变化，一旦特定的脑电节律出现即告知患者认清并记住当时显示的反馈信号的特征。在治疗过程中，要求患者努力寻求出现这种信号时大脑和身体的活动状态，并逐渐找到诱导这种信号产生的方法。比如在癫痫患者的治疗中，多采用加强感觉运动节律的方法。感觉运动节律是由大脑中央回诱发的脑电波，其频率为12～15赫兹。一般认为，感觉运动节律的出现，就意味着感觉运动系统受到了抑制。训练时要求患者必须注意仪器呈现的反馈信号，一旦感觉运动节律出现，即刻让患者记住当时的信号特征。然后要求患者通过主观意念去寻求这种信号产生时的状态和方法。通过训练，使患者脑电的感觉运动节律得到加强，同时使频率为4～7赫兹的脑电波受到抑制，从而缓解癫痫发作。

二、神经生物反馈训练在自闭症中的具体应用

神经生物反馈训练应用于心理疾病的治疗已经经历了数十年时间，而且在多种疾病，如物质成瘾、情绪障碍，尤其是注意力缺陷、多动障碍的治疗上，取得了显著的治疗效果。目前，神经生物反馈训练已经被认为是注意力缺陷

多动障碍治疗的最有效的疗法之一，被认为能够显著提高注意力缺陷多动障碍患者的认知能力，这使研究者对将该方法应用在自闭症患者治疗中表现出浓厚的兴趣。鉴于 γ 频段脑电节律与自闭症儿童感觉统合障碍存在以上特殊关联，因此根据这一关联特性设计生物反馈系统，进行自闭症感觉统合障碍的筛查、诊断和干预治疗成为当前研究发展的一大趋势。本部分将介绍神经反馈训练在自闭症治疗中的研究现状及如何通过有针对性地训练反馈 γ 波来提高自闭症儿童的多模态教学成绩。

（一）神经生物反馈在注意力缺陷多动障碍中的应用

谈到神经生物反馈训练在治疗心理疾病上的应用，我们不得不讨论其在治疗儿童注意缺陷和多动障碍中的重要地位。神经反馈应用于与该障碍相关的研究中已有 40 余年的历史，一直在改善注意力、冲动性、多动性和智商等方面发挥作用。这一成功的研究背景已经成为将神经反馈与自闭症结合的基础，并为神经反馈训练应用于自闭症的治疗提供了重要的思路。

和自闭症类似，注意力缺陷多动障碍同样也是常见于儿童中的一种发展障碍，发病率为 $0.6\% \sim 5\%$，具体表现为注意力难以集中、过多的活动及情绪容易激动。注意力缺陷多动障碍儿童同样表现出异常的脑电状态，如在静息状态下相较于正常儿童过于强烈的 δ 和 θ 波以及减弱的 α 和 β 波。因此，在以往的针对注意力缺陷多动障碍儿童的神经反馈治疗中，目标常常是训练儿童降低 θ/β 波的比率，也就是减少注意力缺陷多动障碍儿童的 θ 波的活动及增加 β 波的活动。也有的研究会加入对感觉运动节律（sensorimotor rhythm，SMR；12～15 赫兹）的调节，训练儿童减少 θ/SMR 比率或增大儿童 β/SMR 比率。[1]

在神经反馈训练应用于注意力缺陷多动障碍的数十年中，大量的研究证明其能够有效地改正注意力缺陷多动障碍的认知缺陷。临床神经生理学和

---

[1]　Lubar J F, Shabsin H S, Natelson S E, et al. EEG operant conditioning in intractable epileptics [J]. Archives of Neurology, 1981, 38(11)：700-704；纪林芹，娄萍，赵慧林，等. 心理行为问题的神经反馈治疗：以 ADHD 为例 [J]. 中国特殊教育，2019 (8)：70-75.

神经心理学的研究发现,在某些大脑神经活动中,自闭症和注意力缺陷多动障碍存在着相似性,而且,自闭症和注意力缺陷多动障碍存在着普遍的共存现象;流行病学的统计发现,超过一半的确诊自闭症的儿童伴有注意力缺陷多动障碍的现象,而确诊注意力缺陷多动障碍的儿童中,也有超过 1/4 的患者存在低水平的自闭症症状。这些因素促使研究者将广泛应用于注意力缺陷多动障碍的神经生物反馈训练用于自闭症儿童,如下调 Cz 或 FCz 脑区的 θ/β 的活动比率,或在调高 C3 或 C4 的脑区的感觉运动节律活动的同时降低大脑中前部的 θ 波活动。研究者相信,运用于注意力缺陷和多动障碍患者的方法同样也适用于自闭症患者,而且这种方法的有效性已经在许多研究中得到了证实。[①]

(二)针对自闭症儿童 γ 振荡的神经生物反馈训练

如前文所述,自闭症患者脑电波存在广泛性的异常,如 δ 波和 θ 波的增加、α 波的减少及 β 波和 δ 波的增加。[②] 在自闭症儿童不同频段的脑波异常中,γ 波异常受到了越来越多研究者的关注。比如,在听力领域中,自闭症参

① Coben R, Chabot R J, Hirshberg L. EEG Analyses in the Assessment of Autistic Disorders [M]. New York: Springer, 2013: 349-370; Coben R, Ricca R. EEG biofeedback for autism spectrum disorder: A commentary on Kouijzer et al. (2013) [J]. Applied Psychophysiology and Biofeedback, 2015, 40(1): 53-56; Jarusiewicz B. Efficacy of neurofeedback for children in the autistic spectrum: A pilot study [J]. Journal of Neurotherapy, 2002, 6(4): 39-49; Keizer A W, Verschoor M, Verment R S, et al. The effect of gamma enhancing neurofeedback on the control of feature bindings and intelligence measures [J]. International Journal of Psychophysiology, 2010, 75(1): 25-32.
② Chan A S, Sze S L, Cheung M-C. Quantitative electroencephalographic profiles for children with autistic spectrum disorder [J]. Neuropsychology, 2007, 21(1): 74; Murias M, Webb S J, Greenson J, et al. Resting state cortical connectivity reflected in EEG coherence in individuals with autism [J]. Biological Psychiatry, 2007, 62(3): 270-273; Orekhova E V, Stroganova T A, Nygren G, et al. Excess of high frequency electroencephalogram oscillations in boys with autism [J]. Biological Psychiatry, 2007, 62(9): 1022-1029; Pop-Jordanova N, Zorcec T, Demerdzieva A, et al. QEEG characteristics and spectrum weighted frequency for children diagnosed as autistic spectrum disorder [J]. Nonlinear Biomedical Physics, 2010, 4(1): 1-7.

与者在 40 赫兹时减少对听觉刺激的夹带。[①] 相反,在视觉感知过程中,有证据表明 γ 振荡既活动过度又活动不足,因而提出了该病的高频振荡与知觉功能障碍之间的联系的问题。[②] 奥列霍夫(E. V. Orekhova)等报告了自闭症儿童的脑电 γ 频段活动水平较高,他们使用 EEG 观察到自闭症儿童前颞、后颞和枕部的 γ 波升高。[③] 关于自闭症的 γ 振荡异常的生物基础可以详见本书第四章。许多研究表明,γ 振荡在注意、学习和记忆方面有着重要的作用。[④]更重要的是,多神经细胞信息之间的 γ 振荡的同步性被认为是大脑整合信息的基础,按照这个理论,40 赫兹左右的 γ 振荡很有可能是格式塔知觉和跨通道整合的基础,因此,γ 振荡的异常可能导致了自闭症患者的感觉统合异常,而感觉统合异常也进一步导致了自闭症儿童在多模态教学中的劣势。因此,针对 γ 振荡的脑电生物反馈训练可能是提高自闭症儿童在多模态教学中的表现的有效方法。

然而,目前针对自闭症儿童的神经生物反馈训练主要集中于低频振荡。有研究者针对自闭症儿童的位于 Cz 和 CFz 电极的 δ 和 θ 波进行了脑电生物反馈训练,发现脑电生物反馈训练成功使其中 54% 的儿童的慢波活动显著减少,而且在接下来的 6 个月中,这种减少获得了维持。还有研究发现减少慢波活动后,自闭症儿童的认知灵活性(cognitive flexibility)获得了显著的增

---

① Cornew L, Roberts T P, Blaskey L, et al. Resting-state oscillatory activity in autism spectrum disorders [J]. Journal of Autism and Developmental Disorders, 2012, 42 (9): 1884-1894.

② Wilson T W, Rojas D C, Reite M L, et al. Children and adolescents with autism exhibit reduced MEG steady-state gamma responses [J]. Biological Psychiatry, 2007, 62(3): 192-197.

③ Orekhova E V, Stroganova T A, Nygren G, et al. Excess of high frequency electroencephalogram oscillations in boys with autism [J]. Biological Psychiatry, 2007, 62(9): 1022-1029.

④ Kaiser J, Lutzenberger W. Induced gamma-band activity and human brain function [J]. The Neuroscientist, 2003, 9(6): 475-484.

强——尽管患者的症状并未减轻。①

有心理学家对自闭症儿童进行了神经生物反馈训练,训练了更广范围的脑波。在其训练中,向 24 名自闭症儿童反馈了 C4 电极的 θ 波,α 波和高频 β 波(22～30 赫兹),而且有针对性地提高了 α 波的活动,降低了高频 β 波和 θ 波的活动,并使用自闭症治疗评估核对表对自闭症儿童进行前后测,发现这种训练有效地缓解了患者的症状。②

而在针对 γ 振荡的神经生物反馈训练中,其实早在 20 世纪 70 年代末期,谢尔(D. E. Sheer)领导的团队就开始对正常人进行针对 γ 振荡,尤其是 40 赫兹的 γ 振荡的神经生物反馈训练。③ 在过去的 10 年中,许多研究对 γ 振荡的生物训练进行了补充。④ 其中,有一些研究发现针对 γ 的神经生物反馈训练相较于感觉运动节律训练对认知能力的提升不明显,但也有一些研究

① Kouijzer M E, Van Schie H T, Gerrits B J, et al. Is EEG-biofeedback an effective treatment in autism spectrum disorders? A randomized controlled trial [J]. Applied Psychophysiology and Biofeedback, 2013, 38(1): 17-28.

② Jarusiewicz B. Efficacy of neurofeedback for children in the autistic spectrum: A pilot study [J]. Journal of Neurotherapy, 2002, 6(4): 39-49.

③ Bird B L, Newton F A, Sheer D E, et al. Behavioral and electroencephalographic correlates of 40 Hz EEG biofeedback training in humans [J]. Biofeedback and Self-regulation, 1978, 3(1): 13-28.

④ Keizer A W, Verschoor M, Verment R S, et al. The effect of gamma enhancing neurofeedback on the control of feature bindings and intelligence measures [J]. International Journal of Psychophysiology, 2010, 75 (1): 25-32; Keizer A W, Verment R S, Hommel B. Enhancing cognitive control through neurofeedback: A role of gamma-band activity in managing episodic retrieval [J]. Neuroimage, 2010, 49 (4): 3404-3413; Kober S E, Witte M, Neuper C, et al. Specific or nonspecific? Evaluation of band, baseline, and cognitive specificity of sensorimotor rhythm-and gamma-based neurofeedback [J]. International Journal of Psychophysiology, 2017 (120): 1-13; Sedley W, Cunningham M O. Do cortical gamma oscillations promote or suppress perception? An under-asked question with an over-assumed answer [J]. Frontiers in Human Neuroscience, 2013 (7): 1-17; Staufenbiel S, Brouwer A-M, Keizer A, et al. Effect of beta and gamma neurofeedback on memory and intelligence in the elderly [J]. Biological Psychology, 2014(95): 74-85.

发现 γ 训练显著地提升了被试的认知能力。凯泽尔（Andre W. Keizer）等在 2013 年使用神经反馈训练，成功地增强了被试 Oz 电极的 γ 振荡（36～44 赫兹），而且经过训练后，被试的特征整合能力和智力都得到了提升。[①] 不仅如此，通过神经反馈训练提高 γ 振荡也被发现提高了被试的认知控制能力和知觉能力。[②]

　　尽管已有不少针对 γ 的神经生物反馈训练，然而，很少有针对自闭症儿童的 γ 神经反馈训练。

　　索哈泽（E. M. Sokhadze）等使用 PBHT（peak brain happiness trainer, PBHT）神经反馈仪对自闭症儿童进行了针对 γ 振荡的训练。[③] 在训练中，索哈泽将集中注意指标和前额 AFz 脑区的 40 赫兹 γ 指标作为靶点，要求患者观看 BBC 的纪录片《行星地球》和《生命》系列中的片段。所有的训练都在 Bio-Explorer（cyberevolution，Seattle，WA，USA）软件平台上运行，程序会根据 GI 和 FI 指标，改变视频的亮度、大小和持续性，同时也会调整视频的声音大小。索哈泽对自闭症儿童每次的训练时间为 25～30 分钟，每周进行一次或两次，一共训练了 24 次。最后，索哈泽等发现，其研究中的"Focus/40 Hz Gamma"程序能够显著提高自闭症儿童的 γ 活动。

　　在国内，也有研究者尝试使用神经反馈训练自闭症儿童的 γ 振荡。王瑶等以背外侧前额叶皮层的 40 赫兹的 γ 振荡为操作条件，对 18 名自闭症患者进行了每次 20 分钟，共计 18 次的神经反馈训练。研究发现，随着神经反馈训练的进行，自闭症儿童的 γ 相对功率显著提高，而且 θ/β 比率显著降低，说

---

① Keizer A W, Verschoor M, Verment R S, et al. The effect of gamma enhancing neurofeedback on the control of feature bindings and intelligence measures [J]. International Journal of Psychophysiology, 2010, 75(1): 25-32.

② Salari N, Büchel C, Rose M. Neurofeedback training of gamma band oscillations improves perceptual processing [J]. Experimental Brain Research, 2014, 232(10): 3353-3361.

③ Opris I, Lebedev M A, Casanova M F. Modern Approaches to Augmentation of Brain Function [M]. Cham: Springer International Publishing, 2021.

明了针对 γ 振荡的神经反馈训练在我国自闭症儿童治疗中的可行性。[①]

　　但是,神经生物反馈训练运用于自闭症儿童尚处于起步阶段,而针对 γ 波的研究则更加稀少。尽管索哈泽训练了自闭症儿童的 γ 振荡,却未探究这种训练能否提升自闭症儿童的跨通道整合能力,更没有证明对 γ 振荡的训练是否能够提高自闭症儿童在多模态教学环境中的学习表现。不过,他证明了对自闭症儿童的 γ 振荡进行训练的可行性,这种可行性能够为未来提升自闭症儿童在多模态教学环境中的学习成绩提供一种新的思路。

小　结

　　在多模态教学的趋势下,自闭症儿童群体面临着巨大的挑战。由于当代的多模态教学旨在让学生结合更丰富的视听刺激信息来达到促进学习效果的目的,然而自闭症儿童普遍存在感觉统合障碍,导致自闭症儿童在这种教学环境下表现不佳,这可能进一步加大自闭症儿童和正常儿童之间的认知差距。

　　随着神经科学技术的发展,研究者逐渐了解了自闭症儿童的感觉统合障碍的神经基础,本章主要介绍了现代的神经干预技术在自闭症儿童的研究和应用方面的现状。本章主要介绍了典型的非侵入式神经干预 tDCS 和 TMS 及神经反馈训练的原理与在自闭症和其他心理疾病中的应用。其中,我们尤其需要关注应用神经反馈方法进行自闭症统合障碍的治疗,它有下列几个优势:(1)神经反馈治疗相较于其他神经方法副作用小。即使是非侵入式的tDCS 和 TMS,都需要借助仪器给予的外界电刺激或磁刺激,因此,不恰当剂量的刺激容易造成不良反应,如呕吐、头晕、瞌睡等。但是神经反馈是一种让患者获得自己的神经状态信息并进行训练的方法。神经反馈不需要外界的刺激,而是训练患者控制自己的不正常的神经活动,因此几乎没有副作用,安全性好。(2)神经反馈的目的是训练患者形成抑制不正常生理活动的能力,

---

① 　王瑶,李小俚,欧阳高翔,等. 孤独症脑调控康复与效果评估研究[J]. 北京师范大学学报(自然科学版),2016,52(6):773-780.

具有长效性。(3)神经反馈方法已经在注意力缺陷多动障碍儿童中取得了巨大的疗效,甚至成为注意力缺陷多动障碍治疗中最有效的治疗方法。作为一种广泛性的发育障碍,自闭症和注意力缺陷多动障碍有着非常相近的表现,而且在两种疾病中有着相当高的共患病率。对注意力缺陷多动障碍的成功干预能够为自闭症的治疗带来相当多的经验。(4)神经反馈具有更强的靶向性。研究者可以更有针对性地对患者某一神经活动进行训练,这在提高自闭症患者的感觉统合能力中有十分重要的影响。大量的研究已经证明了自闭症儿童的γ振荡异常可能是导致其感觉统合障碍的原因,因此,如果要提升自闭症儿童的感觉统合能力,有针对性地训练自闭症儿童形成健康的γ振荡可能是十分有效的。然而,作为一种自闭症治疗的新兴方法,神经反馈的干预依然存在相当多的局限性。首先,目前使用神经反馈治疗自闭症的研究依然较少,而且还没有研究通过针对训练自闭症儿童的γ振荡来提高自闭症儿童的感觉统合能力。值得庆幸的是,随着多模态教育的发展,如何提高自闭症儿童的感觉统合能力已经获得了越来越多的研究者的关注。到目前为止,依然有大量问题等待研究者去解决,比如找到合适的反馈电极、治疗需要的最佳时长、最佳的训练时间等,这些依然需要更多的研究数据进行支撑。但不可否认的是,在提高自闭症儿童的感觉统合能力上,神经反馈训练表现出了巨大的潜力和广阔的前景。